BULLETIN

DE LA

SOCIÉTÉ DES SCIENCES

HISTORIQUES & NATURELLES

DE LA CORSE

IXᵉ ANNÉE

AVRIL-MAI-JUIN 1889 — 100ᵉ-101ᵉ-102ᵉ FASCICULES

BASTIA

IMPRIMERIE & LIBRAIRIE Vᵉ OLLAGNIER

1889.

SOMMAIRE

DES ARTICLES CONTENUS DANS LE PRÉSENT BULLETIN

Pages

Mémoires historiques sur la Corse, par un officier du régiment de Picardie, (1774-1777), publiés par M. V. de Caraffa . . . . . . 1 à 240
Table alphabétique des matières d'après la pagination du MS. original . . . . 241 à 266

Pour paraître prochainement :

Chronique de Pietr'Antonio Filippini, (3ᵉ vol. de l'Histoire de la Corse).

MÉMOIRES HISTORIQUES

SUR LA CORSE

SOCIÉTÉ DES SCIENCES HISTORIQUES ET NATURELLES
DE LA CORSE

MÉMOIRES HISTORIQUES

SUR LA CORSE

PAR UN OFFICIER DU RÉGIMENT

DE PICARDIE

1774-1777

PUBLIÉS PAR M. V. DE CARAFFA

BASTIA
IMPRIMERIE ET LIBRAIRIE Vᵉ EUGÈNE OLLAGNIER

1889

PRÉFACE

Le manuscrit que nous publions est conservé à la Bibliothèque de la ville de Bastia. Il a 257 pages, y compris la table, et est écrit en grande partie de la main de la fille aînée de feu M. Philippe de Caraffa, Bibliothécaire. Il a été copié sur le manuscrit original de 200 pages appartenant à M. Marie Reynaud, qui a habité Bastia pendant quelque temps, vers l'année 1850, s'y livrant à des recherches historiques.

L'auteur, officier dans le régiment de Picardie, est venu en Corse avec son régiment, en juin 1774, et y est resté trois ans. Les mémoires qu'il a écrits, et qui débutent par un rapport justificatif de M. de Cursay (1) et une lettre de M. de Chauvelin sur les événements de 1747, nous ont paru très intéressants. Nous les reproduisons fidèlement, sans en rien retrancher, bien que dans la partie anecdotique l'auteur

---

(1) Une partie de ce rapport, ou Mémoires, a été publiée dans l'*Aigle Corse* des 5 et 15 juin 1868.

ait, selon nous, ajouté trop de foi aux récits de sa femme de service, et à ceux qui lui ont été faits par des personnes que le dépit ou la jalousie animait. Nous avons eu soin cependant, en cette partie, de supprimer les noms propres pour ne froisser aucune susceptibilité.

Comme la table des matières est faite d'après la pagination du manuscrit original nous donnerons cette pagination au bas de la page.

V. DE C.

MÉMOIRES HISTORIQUES
SUR LA CORSE

INTRODUCTION

Depuis la conquête de la Corse faite en 1769 par M. le Marquis (1) de Vaux, Lieutenant Général au service de la France, nous fûmes inondés de relations sur cette île et sur ses habitants. La plupart de celles que j'ai lues me parurent si singulières, si outrées, si dissemblables entre elles, que je ne crus pas devoir les prendre pour des sources d'instruction, surtout ayant sous les yeux les mémoires de M. le Marquis de Cursay, qui fut envoyé dans cette île en 1747 pour faire lever le siège de Bastia que faisaient les Piémontais. La seule induction que je tirai de ces relations fut qu'elles avaient été faites, plutôt sur des ouï-dire que sur des observations, par des particuliers peu ou point instruits, ennuyés ou mécontents du séjour qu'ils avaient fait, et qu'ils n'avaient observé cette île ainsi que ses habitans que du point de vue où ils avaient été placés par leurs fonctions. La connaissance de quelques cantons d'une île aussi étendue et aussi variée que l'est la Corse ne suffit pas

(1)

---

(1) Comte.

plus pour décider de la fertilité ou de la stérilité de son sol que quelques actions vicieuses ou vertueuses pour prononcer sur le caractère et sur les mœurs d'une nation.

Mémoires des opérations de M. le Marquis de Cursay envoyé en Corse en 1747.

Je fus détaché en Corse avec le bataillon de mon régiment dans le temps que les Piémontais assiégeaient Bastia avec deux autres bataillons de troupes réglées et six à sept cents paysans. J'y arrivai le siège levé et les ennemis retirés à Saint-Florent. Je n'avais reçu d'autres instructions que de défendre la ville. Personne n'était en état de m'en donner, y ayant même à Gênes très peu de gens qui connaissent cette île.

Je m'empressai de trouver les moyens de chasser les ennemis de l'île. Je crus ce projet-là facile, et qu'on pourrait se servir de l'affection naturelle des peuples pour les Français pour y parvenir.

Je m'instruisis de ce qui s'était passé avant moi, tant sous M. le duc de Wurtemberg que sous M. le maréchal de Maillebois, et j'en conclus que la force, pour faire rentrer les peuples dans le devoir, était aussi inutile que préjudiciable ; que le seul bon gouvernement était capable de produire la tranquillité ; qu'il fallait attaquer tous ceux qui avaient intérêt de maintenir les désordres ; qu'il n'y avait pour cela que des règlements qui fussent assortis à la nature du peuple qu'il fallait gouverner. Tout ce qui est dans l'île a un intérêt réel à maintenir la révolte : les officiers de la

République d'abord, parce qu'ils sont plus à portée de continuer leurs malversations ; les chefs du peuple pour dominer et s'enrichir ; le reste pour vivre dans l'indépendance. Peu de gens désirent la paix, parce que peu sont assez fermes pour être indépendants de ces trois objets.

Quant au premier objet il est facile d'y remédier : le Souverain sent lui-même les abus de ses ministres. On s'est débattu longtemps sur divers points, et j'ai avancé qu'on ne doit pas décider de ces insulaires sur les connaissances qu'on a des autres peuples.

J'avais donc deux points à gagner : les chefs et le peuple. Il est nécessaire pour faire un projet solide que les chefs répondent du peuple, et le peuple des chefs. Je commencerai par le dernier.

Les fondemens de la révolte avaient été les abus dans l'exécution de la justice et la faiblesse dans la punition des crimes. Tout le monde en Corse possède quelque chose, et suffisamment même pour la simple subsistance. Comme il n'y a pas de pauvres, aussi n'y a-t-il personne de riche. En exerçant la justice la plus intègre et la sévérité la plus grande j'étais assuré de gagner un peuple qui se voyait tranquille dans ses possessions. Maître de lui, je le devenais des chefs qui n'avaient d'autre parti à prendre que de s'attacher à moi. C'est ce qui fit que du temps même des Piémontais j'étais déjà entré en traité avec eux parce qu'il ne leur restait plus d'autre ressource. Les chefs ont beaucoup de crédit pour faire du mal et aucun pour déterminer au bien. Toutes les fois qu'il est question de marcher contre la République ils ont sa confiance entière, et n'en ont nulle lorsqu'il est question d'entrer en accommodement. Il m'était pourtant nécessaire de les gagner, parce que répandus dans les différentes pièves ils pouvaient maintenir le peuple dans le système qu'il était nécessaire d'établir.

Tous les fondemens que je viens d'établir étaient jetés lorsque j'eus ma première conférence à Biguglia. On me remit les places ; on me vit traverser toute la Corse sans escorte, y exercer un pouvoir absolu. Tout cela se fit en un jour, eut l'air d'un miracle, et tout cela était préparé depuis six mois que j'étais en Corse. Les chefs, à cette assemblée, se dépouillèrent d'un pouvoir qu'ils ne pouvaient plus garder et que la République ne pouvait plus reprendre. Ils me remirent l'exercice de la justice ; j'en fus le dépositaire, et je crus que pour encourager les peuples à la soumission il fallait ôter à cet exercice tout air de poursuite de rébellion. Les soulèvements ont été occasionnés en Corse par la forme dont on s'est servi dans l'exercice de la justice. Les Génois conviennent eux-mêmes de l'abus, et tout ce que j'en dirai ne saurait être contredit. C'est un point sur lequel il est nécessaire de statuer, et la Cour, dans les règlements qui lui ont été présentés, a été sagement ferme sur ce fait de la justice contentieuse. Il me paraissait inouï qu'un étranger exerçât la justice dans les Etats d'un prince souverain ; mais entre deux maux il fallait éviter le pire. Celui de voir subsister la rébellion était le pire. Et quel inconvénient y avait-il à laisser exercer une branche d'autorité qui devait nécessairement cesser par les règlements que la bonté du Roi avait promis.

La République se tut pendant quelque tems, réclama ensuite des droits qui ne lui étaient pas contestés, porta des plaintes à la Cour contre ma conduite. Je représentai avec force et vérité que c'était tout perdre que de remettre à ses ministres l'exercice d'une justice que la sagesse des règlements avait anéantie ; qu'au reste il était facile de faire cesser les plaintes ; qu'il n'y avait qu'à publier les règlements ; que la République jouissant alors de ses droits, tout prétexte cesserait, et que les sujets restant dans leur devoir,

(4)

comme j'en répondais sur ma tête, il n'y aurait plus ni droits à réclamer ni usurpation dont on pût se plaindre.

La République représenta que c'était se soumettre que de publier les règlements dans un temps où ils ne seraient peut-être pas acceptés; que le crédit que j'affectais sur les peuples n'était pas plus réel que les demandes que je prétendais leur avoir fait faire. La Cour, en doute de ce que j'avais exposé, fit passer M. de Chauvelin ici, et la République nomma un commissaire général. M. de Chauvelin ne connaissait point la Corse. Il lui avait paru absurde, sur la simple spéculation, qu'un étranger exerçât la justice. Il n'y a personne à qui cela ne parût tel. Peut-être même aurait-il laissé entrevoir que c'était un abus auquel il remédierait. Les Génois s'en étaient flattés. Il arriva, ne fit que confirmer à la Cour ce qui avait été authentiquement fait dans trois assemblées, vit par lui-même qu'il était impossible de rendre la justice; que c'était vouloir perpétuer la révolte, et que pour maintenir le calme dont il fut témoin il fallait être inflexible sur cet article.

On indiqua une assemblée générale. Je savais que M. de Grimaldy nommé commissaire général était avide de gloire. Je cherchai à le gagner en faisant faire à un peuple révolté ce qu'il n'avait jamais fait pour un représentant dans le temps qu'il était plus fidèle. Je fis écrire une lettre par la Nation. Je la fis confirmer par une députation solennelle des premiers sujets de l'île qui étaient les plus échauffés. Le peuple en lui marquant la joie de son arrivée se félicitait de pouvoir rentrer sous ses maîtres pendant son gouvernement. La réponse qu'il donna par écrit et signée de sa main fut de les conseiller de s'adresser directement à la République pour obtenir des règlements, et de renoncer à la garantie du Roi de France. Quoique cette réponse ne parût pas placée sous les yeux du Ministre qui venait de promettre des règlements garantis par Sa Majesté, cependant on regarda cette démarche comme un effet de son idée pour sa République.

M. de Grimaldy, imaginant que cette démarche de la Nation était plutôt naturelle que suggérée, travailla sur ce système à gagner les principaux. Livré de tout temps à ses plaisirs, il s'en rapporte assez volontiers à ceux qui l'entourent, ou à ceux qu'on lui a donnés à Gênes pour l'aider dans ses détails. On lui représenta que la Corse était soumise; que c'était moi seul qui lui aliénais les esprits; que tout le monde désirant de retourner sous ses maîtres, il trouverait une très grande facilité à faire recevoir des règlements émanés de la République seule. Je voyais l'erreur, et je sentais le préjudice qui pourrait en résulter. J'eus une conversation avec lui. Je m'efforçai de le désabuser de toutes les fausses idées qu'on pourrait lui donner. Je lui dis d'abord que je ne concevais pas comment la République voulait se faire des partisans en Corse; qu'elle ne devait penser qu'à y avoir des sujets; que je voyais avec douleur qu'en cherchant à en séduire quelques-uns il perdait cette considération qui lui était si nécessaire pour le temps où il gouvernait; que tous ceux qui lui faisaient des promesses le trompaient; que la Corse était pleine en détail de gens qui vendaient leur patrie, mais qui réunis la défendaient jusqu'à la mort; que quand il lui serait possible de gagner les cœurs un à un il n'aurait rien encore, et qu'à la première assemblée ils seraient tous ses ennemis; que les moyens de force qu'on avait mis en usage avaient ruiné la République et accru la révolte. Ruiné la République, c'était une vérité qu'il ne pouvait nier. Accru la révolte: on a vu que cette force ne pouvant être toujours présente, elle cherchait à accomplir son ouvrage et à le déterminer par un désarmement. L'avidité des ministres de la République, chose à laquelle sa Constitution ne permettait pas qu'elle remédiât, avait bientôt détruit, pour s'enrichir, tout l'ouvrage qu'on venait d'opérer; qu'il fallait donc assujettir ce peuple par des lois sages, qui le gouvernassent sans cette force dont la République n'était pas en état de faire usage; que ce qui avait entretenu la révolte jusqu'ici était la défiance des peuples pour la République; qu'elle avait éprouvé en 1744 qu'en accordant plus que les peuples ne pouvaient prétendre elle n'avait rien gagné, parce que les peuples ne pouvaient pas s'y fier; qu'il ne se flattât pas d'obtenir d'eux les mêmes égards qu'il leur voyait pour moi; que le seul moyen, le plus efficace qu'il pût employer, était de se tenir intimement lié avec moi; que le peuple, accoutumé depuis deux ans à obéir, suivrait, lorsque son sort serait fixé, une habitude que les lois publiées lui rendaient douce.

M. de Grimaldy me dit alors que, son emploi étant un des plus représentants de la souveraineté, il ne pouvait souffrir qu'on en violât les droits sous ses yeux en exerçant la justice. Je lui répondis qu'en lui accordant les droits imaginaires je lui ferais perdre les réels; que je ne connaissais que deux partis à prendre : celui de m'abstenir de rendre la justice; qu'alors je lui prédisais ce qui arriverait; que les peuples se créeraient entr'eux des magistrats; que ses tribunaux n'en seraient pas plus fréquentés; qu'au lieu de se plaindre d'une tolérance il aurait à réclamer contre une usurpation; que voilà ce qui regardait la justice civile; que quant à la justice criminelle il savait mieux que moi qu'il n'avait pas présentement les forces suffisantes pour l'exercer; que n'osant pas envoyer dix soldats dehors, que serait-ce quand il faudrait en exposer cent ou deux cents à trente lieues de chez eux? Il convint avec moi qu'il n'était ni dans le pouvoir ni dans le dessein de l'exercer. Quoi! lui dis-je, lorsque vous abandonnez les droits du Souverain, puisque

(7)

rien ne le caractérise davantage que le pouvoir de vie et de mort, vous pensez à en réclamer l'ombre, surtout lorsqu'elle peut vous replonger dans l'état dont vous venez de sortir. Enfin pour vous prouver que je ne mets en tout ceci que le désir du bien, le peuple m'a remis la justice en dépôt et m'a prié de la garder jusqu'aux règlements qui doivent constater son sort, je vais l'assembler, si vous voulez, je lui représenterai vos demandes de la façon du monde la plus favorable; s'il y consent, je serai trop heureux de vous satisfaire. Il ne voulut point accepter ma demande. Quoique j'eusse parlé à M. de Grimaldy avec toute la vérité dont je suis capable, il aima mieux s'en rapporter à ceux dont l'intérêt réel était de le tromper. Il chercha à se former des partisans des principaux d'une pièvre voisine qui y avaient du crédit, mais qui méditaient une vengeance. Dans l'attente ils se jetèrent dans ses bras. Il les assura de sa protection. Ils s'en servirent pour faire assassiner un des principaux de la Nation. Je fus obligé de punir un crime aussi éclatant. Quoique M. de Grimaldy n'eût d'autre part que d'avoir accordé légèrement sa protection, il commença dès lors à perdre la considération que je lui avais ménagée. Il continua à se former des partisans. Ebloui des noms et de la quantité il envoya cette liste à Gênes, où on ne douta pas qu'il ne fût maître de dicter les lois qu'il jugerait à propos. Il avait une confiance aveugle dans l'autre partie des monts. Je ne sais pas pourquoi M. Mary y avait dépensé deux millions en paies. Ces peuples lui avaient manqué la seule fois qu'il eût eu besoin de les employer. Malgré ces exemples et ce que je pus lui dire, il fit partir un piquet de troupes pour Quenza. Il envoya son conseil pour m'en faire part. Je lui mandai que cette démarche était pernicieuse et inutile. Pernicieuse, en ce que l'établissement de Quenza ne le rendait pas maître de la Corse; qu'elle augmentait dans ces peuples la défiance

(7)

dont il était nécessaire de les guérir ; qu'on leur avait promis de ne rien innover jusqu'aux règlements ; que quoique la République n'eût rien dit de formel, cependant, n'ayant fait aucune entreprise depuis quatre ans, il semblait qu'elle y consentît, et qu'il était toujours dangereux de faire connaître à des peuples qu'on était peu religieux observateur de sa parole. Inutile, en ce que cet endroit ne défendant ni ne protégeant rien, il était d'autant plus hors de place qu'il ne pouvait plus se soutenir si les peuples venaient à lui manquer de respect. Ils ont voulu marcher bien des fois, et j'ai jusqu'à présent mis tous les moyens en usage pour les en empêcher. Enfin il forma le projet le plus extraordinaire qu'il soit possible d'imaginer. Se fiant sans doute sur les listes des noms qu'on lui avait remis, il entreprit de traverser la Corse sans d'autres préparations. Son projet fut exécuté avec tout le mystère imaginable. Arrivé à la première piève il n'osa débarquer, il capitula avec les peuples ; à la seconde piève il s'enfuit ; à la troisième il faillit être pris. Il proposa de publier des règlements, que les peuples ne recevront jamais sans la garantie du Roi parce que rien au monde ne peut calmer leur défiance.

Les mauvais succès et les exemples passés auraient dû faire ouvrir les yeux à la République. Elle a cru que le nombre des troupes pourrait augmenter sa puissance. C'est une erreur. Eût-elle vingt mille hommes de ses troupes, elle n'en serait pas plus absolue. Ce n'est pas la force, c'est le nom. Elle y avait six mille hommes après le départ de M. de Maillebois ; les peuples étaient désarmés, les Génois n'en furent pas moins battus. Il est impossible que la République ait de bonnes troupes ; sa Constitution y répugne ; on ne peut donc rétablir l'estime et le respect qu'elles doivent inspirer et imprimer à un peuple indiscipliné.

Je crois avoir suffisamment répondu à la première accusation, que je maintenais les peuples dans la révolte, que je les aliénais loin de les soumettre. Ce n'est point de moi que cette partie si nécessaire doit émaner, mais bien d'un bon gouvernement. Comme, au reste, ce n'est ni l'ouvrage d'un jour ni l'effet d'un conseil, je suis persuadé que le reproche ne peut être admis. Je me suis formé un plan ; je l'ai suivi avec fermeté, parce qu'elle était une suite indispensable de ce plan ; j'ai répondu sur ma tête de l'acceptation des règlements, parce que mon système mis en pratique rendait mes promesses infaillibles. Une chose seule m'avait arrêté et fait craindre pour le succès ; c'était l'article des impôts. Comment faire payer volontairement un peuple qui s'est révolté pour s'y soustraire ? J'ai fait entreprendre des édifices publics comme des ports et des ponts ; j'en ai fait sentir la nécessité dans les assemblées. Le peuple y a consenti. Les taxes se sont montées à un tiers de plus que celles que l'on payait à la République. Et comme aux règlements ils les trouveront diminuées, ils sentiront le bien présent sans réclamer contre le passé. J'ai profité de l'interrègne, si j'ose m'exprimer ainsi, pour faire des ouvrages utiles auxquels la République aurait été obligée un jour, et pour accoutumer les peuples aux taxes qu'ils ne payaient pas depuis trente ans.

On a encore porté des plaintes contre moi en représentant qu'un particulier usurpait les droits d'un souverain. Je vais répondre à une seconde accusation qui a été fort grave. Lorsque j'arrivai en Corse, les Génois me remirent tous leurs ports qu'ils n'osaient défendre. Je les gardai pendant près de trois ans. La République réclama contre, soutenant que c'était un abus. Je répondis que dans le système établi cette garde, qui m'avait été confiée, était indispensablement nécessaire ; que pour maintenir la tranquillité il fallait bannir de la Corse tous les sujets qui pouvaient la troubler, et empêcher que ceux qui commettaient des crimes ne s'embar-

(9)

quassent avec facilité; qu'en remettant les ports, tous les sujets bannis rentreraient, et tous les assassins s'embarqueraient; que quand même la République prendrait des arrangements solides en apparence, il lui était impossible de les tenir; que le gouvernement de l'île étant entre les mains de plusieurs subalternes, chacun était en droit d'obéir ou non selon les intérêts divers; et qu'enfin la République elle-même ne pourrait pas châtier ceux qui manqueraient aux conventions, parce que les protecteurs dans une république sont aussi puissants que les juges; que tout ce que je faisais devait être regardé comme un abus nécessaire; que tout était suspendu jusqu'aux règlements, et que jusque là on devait regarder la Corse comme révoltée, et que les lois raisonnables et garanties, au défaut des forces de la République, étaient la seule puissance qui devait la faire rentrer dans le devoir.

M. de Chauvelin ne pensa pas de même. Il crut, en rendant les ports, adoucir l'amertume de la conservation de la justice, et se contenta d'une parole d'honneur, que le Commissaire Général lui donna, qu'il ne s'embarquerait ni ne débarquerait aucun déserteur ni banni. Je fus présent à la convention. Je dis au Commissaire Général qu'il ne pouvait la tenir. J'eus raison. Il est entré un nombre considérable de bannis, et jusqu'à vingt à la fois. Ils ont débarqué dans les ports. J'en ai arrêté plusieurs qui ont constaté que les ministres de la République les avaient reçus. Et comment ne l'auraient-ils pas fait? Le Commissaire Général en a dans son château qui ont commis les plus grands crimes, et lorsque je les ai réclamés il m'a répondu que les lois de son Etat s'opposaient à ce qu'il les rendît. On n'a pas été plus scrupuleux pour nos déserteurs. Ils en ont embarqué plus de quatre vingts des seuls piquets du Royal Italien. Les conventions par écrit n'ont pas été mieux observées que les verbales. Je reviens au dernier point d'accusation. On a prétendu que je n'ai point assez ménagé la faiblesse de la République dans sa souveraineté, et que j'avais été trop inflexible. Il faut se représenter la situation où je suis. J'ai de huit cents (1) à deux mille hommes qui sont dispersés dans différentes pièves. Ce n'est pas la force qui les y soutient, mais la crainte. Si je m'éloigne un moment de la sévérité, toutes les troupes seraient en danger. Tout peuple désire être indépendant. L'impunité affichée le porte à tous les excès. Mais, me dira-t-on, pourquoi les disperser? Si je les tiens réunis dans un même point les pièves éloignées qui n'auront pas de maîtres visibles retomberont dans le désordre. Plus d'union alors au moment des règlements. Par conséquent je ne puis plus me promettre de les faire recevoir. Je suis ici chargé d'un ouvrage qu'il faut remplir sûrement. Mais il est, me dira-t-on encore, un autre moyen : Les criminels vous tombent entre les mains, remettez-les au Souverain. Premièrement ce serait en quelque façon manquer au peuple qui m'a confié un dépôt. J'ai besoin de sa confiance pour un si grand ouvrage, et de le convaincre qu'un engagement est sacré. Je veux encore que je puisse le faire passer sur tous ces points. Il est bon de représenter que presque tous les crimes, par les lois de la République, n'emportent point de peines capitales, mais de simples peines pécuniaires que les Ministres augmentent encore pour leur intérêt, et nous retombons alors dans l'impunité. Les peuples manqueront de respect à leur Souverain, cesseront d'en avoir pour les troupes du Roi. Je perdrai la confiance qui est l'illusion qui me soutient, et je ne serai plus en état de répondre des troupes qui m'avaient été confiées.

(11)

---

(1) De huit cents à mille ?

Le Corse ne juge pas par raisonnement, mais simplement par ce qui se présente à sa vue journellement. Voici donc la conduite que j'ai suivie et celle qui m'a été opposée. J'ai formé un système, je ne m'en suis jamais écarté. Il m'a paru le seul qui puisse contenir les peuples, et j'ose dire le seul qui puisse les rendre à la République. Y employer la force, c'est le plus grand abus. Le Roi peut envoyer dix mille hommes et conquérir l'île; il faudra les y tenir en garnison, parce que la République, incapable après la conquête d'un gouvernement conséquent à la nature du pays, ne sera pas un an sans éprouver la rébellion. Il lui manque, pour venger ses injures, la force, le respect et la confiance. Ses troupes ne sauraient être bonnes; la constitution de son Etat s'y oppose. Elles ne peuvent donc s'attirer le respect nécessaire. Ce n'est pas l'ouvrage d'un jour. Et quand même on entretiendrait six mille hommes à la République, elle ne ferait pas la conquête de la première piève. Les peuples les combattraient avec confiance, lorsqu'ils n'osent se défendre contre mille Français.

Il faut donc en venir aux règlements garantis, adaptés à la nature du pays, qui fixent les droits respectifs, qui corrigent les abus auxquels la République ne peut obvier, qui constatent et assurent les droits des subalternes d'une manière invariable, qui ôtent au Souverain les moyens de tolérer les excès auxquels ils ne peuvent remédier. La confiance étant la base d'un établissement aussi important, il est dangereux d'y porter atteinte, ou de les interpréter. Cette conduite m'a attiré la confiance à un point que les plus grands criminels paraissent sur ma seule parole. Ma fermeté, on peut dire plus, ma sévérité est moins mon caractère que la suite de mon projet. Je n'ai pu m'en écarter, parce qu'il valait mieux ne pas le former que de varier une fois qu'il était pris.

(12)

Lettre de M. le Marquis de Chauvelin, Ambassadeur du Roi à Gênes, adressée au Ministre de la Guerre en justification du système et de la conduite de M. le Marquis de Cursay en Corse.

———

La tournure que les affaires de Corse ont prise dans ces derniers temps est si bizarre, et les moyens que M. de Cursay met en usage pour ramener les peuples de ce royaume à l'obéissance de leur légitime souverain sont au premier aspect si extraordinaires, que rien n'est si naturel que de douter de leur succès. J'ai été moi-même un des plus incrédules sur ce point. Je n'ai vu d'abord dans les Corses qu'un peuple inconstant, indocile et infidèle, qui cherchait plutôt à prolonger sa révolte par une négociation illusoire et infructueuse qu'à se procurer de bonne foi les avantages que le souverain doit, même pour son intérêt, accorder aux sujets tranquilles. Je n'ai vu dans M. de Cursay qu'un homme zélé, à la verité, pour le bien, actif, ferme et désintéressé, mais ardent et prévenu en faveur des Corses par une confiance outrée dans leur faussse sincérité, flatté par des actes apparents d'une soumission simulée, et séduit par les éloges personnels que leur éloquence intéressée n'a cessé de lui prodiguer.

J'étais encore confirmé dans cette opinion par le souvenir toujours présent de tant d'accords inutiles stipulés depuis l'année 1733, même sous la garantie de la France, et les détails historiques dont j'ai cherché à m'instruire me présentant des exemples réitérés de l'infidélité des Corses, de leur penchant à la révolte, et des infractions grossières qu'ils ont fait des articles les plus expressément convenus, je ne pouvais me déterminer à donner plus de confiance aux espérances que M. de Cursay concevait de leur docilité. Si j'ai changé de système, ce n'est pas que je me sois fait une opinion plus favorable du naturel des Corses, ni que la conduite que M. de Cursay a tenue et est encore obligé de tenir quelque temps me paraisse plus naturelle et plus dans le cours ordinaire des événements politiques, mais je pense qu'un homme sensé et animé de zèle pour le bien ne doit pas rougir de changer d'avis lorsqu'il y est déterminé par des raisons suffisantes. J'ai cédé à l'expérience des faits et à un examen plus approfondi tant des principes qui ont excité et soutenu la rébellion que des vues d'intérêt actuel qui entraînent les chefs à se soumettre et les peuples à suivre leur impulsion. Je ne parle pas de cet intérêt délicat, éloigné et imperceptible, que les gens supérieurs aperçoivent et démêlent, mais de cet intérêt présent, frappant et sensible qui est fait pour affecter le commun des hommes.

Avant d'entrer dans le détail des raisons qui m'ont ramené du doute à la confiance, qu'il me soit permis de faire une réflexion simple, qui seule aurait suffi pour me faire adopter le système de M. de Cursay, quand même je n'en aurais pas vu évidemment les premiers succès et conjecturé les autres. La Corse dans l'état de révolte où elle est plongée depuis dix-neuf ans ne peut se ramener que par deux moyens : l'un est la force des armes, l'autre, la voie de la négociation. Le premier moyen est impraticable, puisque la République n'a pas les forces nécessaires pour soumettre les rebelles, et que la France, que je puis dire, sans crainte d'être démenti, son alliée la plus puissante et la plus fidèle, épuisée par une guerre de huit ans, qui lui a coûté nombre d'hommes et de millions, ne peut elle-même dans le moment présent s'engager dans cette entreprise. Il ne reste donc plus que la voie de la négociation. Si on s'y refuse, il faut se résoudre à laisser subsister en Corse le désordre et le brigandage, et par conséquent à perdre un vaste emplacement qu'une administration sage et tranquille peut rendre dans la suite d'un prix inestimable à son souverain. Il ne reste plus à examiner que le point de la négociation, dans l'esprit où M. de Cursay l'a laissée et l'a conduite, pour connaître si elle peut faire parvenir à l'objet qu'on se propose, de pacifier la Corse, et le détail des raisons que je sens pour approuver son système me conduit naturellement à l'exposition des motifs qui me déterminent à bien augurer de la réussite.

Lorsque M. de Cursay a vu que la signature des préliminaires de la paix allait détruire l'influence des puissances étrangères en Corse, par le retour nécessaire des troupes qu'elles y avaient fait passer pour fomenter la rébellion, il s'est appliqué à connaître et à démêler les ressorts secrets qui l'avaient excitée et qui l'alimentaient, dans la vue de considérer si en détruisant le principe il ne pouvait pas anéantir les effets. Il a pénétré que trente particuliers, des plus riches, des plus accrédités et des plus éclairés de l'île, par des mécontentements, ou plutôt par des vues d'ambition et de considération personnelle, avaient profité de la connaissance intime qu'ils avaient du caractère des peuples et de leurs dispositions à la licence et à la révolte pour les réunir sous leur autorité. Il a su qu'ils étaient parvenus à se faire déférer le titre d'honneur et de puissance qu'ils voulaient exercer sur leurs égaux devenus leurs subordonnés. Il a été instruit que l'union la plus étroite et la plus inaltérable régnait entre ces trente chefs, et que Gafforio, homme de beaucoup d'esprit, mais susceptible de vanité et enclin à dominer, était l'âme de cette association. Il a senti qu'une autorité aussi illégitime que la leur, née dans le sein des troubles, ne pourrait avoir une durée solide. Il aurait donc pu s'appliquer à la traverser, à l'affaiblir, et peut-être à l'extirper, mais il a jugé en même temps que ce ne serait que réprimer un mal par un autre, et que s'il détruisait la puissance des chefs par une secousse violente, excitée par les peuples, il ne s'en suivrait de la révolution qui les perdrait qu'un changement du désordre, qui ferait dégénérer une administration vicieuse en chaos qui confondrait tous les états et en même temps tous les talents, et au milieu duquel il ne pourrait se flatter de trouver des gens instruits assez accrédités pour servir de guide à la multitude.

Il pouvait également traiter directement avec les chefs, les attirer par l'espoir des récompenses, les prendre par leur faible, donner de l'argent aux intéressés, des distinctions aux ambitieux, des éloges à ceux qui sont susceptibles de vanité; mais par cette conduite il les aurait perdus prématurément dans l'esprit des peuples, qui n'auraient pas vu sans indignation le sort de toute la nation entre les mains de trente particuliers qu'il aurait sacrifiés à ces peuples. Alors ils auraient rejeté, sans examen, même les conditions avantageuses qui leur auraient été présentées par des gens qu'ils n'auraient plus regardés que comme leurs tyrans.

M. de Cursay, dans cette conjoncture, a pris un parti mitigé qui, en réunissant les avantages des deux méthodes que je viens d'exposer, n'en entrainait pas les inconvénients. Il s'est formé un plan de politique dont je suis en état de prouver qu'il ne s'est jamais écarté, dont la base fondamentale a été de lier les chefs par le peuple pour parvenir à conduire le peuple par les chefs. Dans cette vue il n'a fait à ces chefs aucune espèce d'ouvertures ni de propositions. Il n'a voulu entrer avec eux en aucune négociation. Il a répondu à la multitude que ces chefs, qui n'avaient d'autre but que de l'asservir, la rendaient la victime de leurs passions et de leurs intérêts, et il a profité avec adresse de la circonstance du départ des Autrichiens et des Piémontais, qui transpirait dès lors, pour faire concevoir aux peuples que les chefs les avaient trompés en leur promettant la protection durable de ces puissances, et les avaient livrés par cette démarche à la vengeance de la France, à laquelle ils demeuraient exposés. Il a ajouté cependant qu'un roi qui donnait la paix à l'Europe ne se résoudrait qu'à l'extrémité à anéantir un peuple plus aveugle que criminel, et il s'est prévalu, pour les convaincre de la clémence du prince dont il commandait les troupes, de quelques exemples de douceur et de justice qu'il avait eu l'occasion de faire depuis son arrivée dans l'île.

Lorsque ces insinuations ont été assez accréditées pour émouvoir le peuple et intimider les chefs, M. de Cursay, content d'avoir fait naître parmi cette populace une disposition favorable pour lui, a suspendu toutes ses mesures, et après quelques conversations vagues et sans objet qu'il a eues avec un frère de Gafforio, qui était à Bastia, il lui dit un jour qu'il n'ignorait pas que la situation où se trouvait Gafforio était critique; que le départ des Piémontais allait le laisser exposé à la rage de ses envieux et aux soupçons d'un peuple animé qui lui imputerait ses malheurs; que pour lui il voyait avec peine qu'un homme qui avait montré de l'esprit et du courage, et qui peut-être n'avait agi que par un zèle mal entendu, ne profitât pas du seul moyen qui lui restait de se procurer une situation heureuse et une considération solide; que la France qui désirait la tranquillité de la Corse avait mille moyens de l'assurer, mais que, comme le choix de ces moyens était à sa disposition, il aurait préféré à tout autre celui qui, en remplissant le même objet, aurait mis Gafforio à portée d'être tout à la fois l'instrument des bonnes intentions du Roi et le pacificateur de sa patrie. Gafforio, sur qui le changement qu'il avait démêlé dans l'esprit des peuples avait fait une vive impression, saisit avec avidité un projet qui assurait son état et qui lui promettait un avenir favorable. Il était trop éclairé pour se repaître de la chimère de conserver de l'autorité sur un peuple qui après avoir secoué le joug de ses maîtres n'aurait jamais obéi à un homme d'un état aussi ordinaire. Il résolut de substituer de la considération à un pouvoir qui lui échappait, et de se faire de la protection de la France un appui contre la vengeance de son Souverain et l'inimitié de ses compatriotes. Il ne lui fut pas difficile de faire entrer dans ses vues ses associés qu'il gouvernait. De concert avec eux il eut une entrevue avec M. Patrizi, capitaine dans le Royal Italien, et ce fut là que furent jetés les premiers fondements de la soumission pour les volontés du Roi à laquelle il s'engagea d'amener les peuples. Il prévint dès ce jour même M. Patrizi qu'il ne présumait pas assez de son ascendant sur eux pour oser leur proposer de retourner directement à l'obéissance de la République.

Aussitôt que M. de Cursay se fut assuré de sa sincérité il ne pensa plus qu'à établir le crédit des chefs qu'il avait attirés. Il ne lui fut pas difficile d'y réussir. Le motif principal qui avait aliéné les peuples, en persévérant dans l'attachement pour des chefs liés à leurs ennemis, une fois détruit, dès qu'ils démêlèrent leur liaison avec M. de Cursay, ils envisagèrent encore plus de sûreté à se livrer à lui par le canal des mêmes gens dont ils étaient accoutumés à respecter l'autorité, et dont ils connaissaient la supériorité et l'intelligence.

Je m'engagerais dans un détail trop long et inutile si j'exposais la suite des progrès de la négociation de M. de Cursay avec Gafforio, et si je développais par quelle gradation il l'a amené à la conférence de Biguglia, (elle a été signée de dix-neuf chefs, envoyée à la Cour de France), et de là si je

(17)

passais à la remise des places occupées par les rebelles. Il me suffit d'avoir établi le plan que M. de Cursay s'est prescrit, et d'avoir démontré que ses opérations ne sont pas l'effet du hasard, mais la suite nécessaire d'une disposition bien entendue, dont le mérite est d'avoir substitué une autorité imaginaire et momentanée aux moyens qui lui manquaient alors de rétablir authentiquement celle qui est légitime et qui sera dans peu reconnue.

J'irai plus loin encore sans craindre de me livrer à un préjugé chimérique. La remise des places fortes était prématurée et inutile avant l'assemblée des Corses, et si elle eût été différée jusqu'à cette époque les légères émotions de la Balagne n'auraient pas eu lieu, et toute la Corse, sans contradiction, n'eût pas moins accepté les conditions qui lui seront dictées. M. de Cursay a dû donner quelques preuves solides et réelles de son ascendant à ceux qui n'étant pas témoins de sa manœuvre n'étaient pas à portée d'en voir distinctement les ressorts; et d'ailleurs il était nécessaire d'obliger Gafforio à se décider par un coup d'éclat qui l'oblige à tenir avec sincérité les engagements que la crainte ou l'intérêt peuvent lui avoir suggérés, et que dans d'autres circonstances les mêmes motifs pourraient lui donner la tentation de rompre.

Le jugement que je remarque dans la conduite de M. de Cursay et le succès de ses premières démarches ne sont pas les seules raisons qui autorisent la confiance avec laquelle j'espère la réussite de la négociation; plusieurs autres me déterminent et fondent ma sécurité.

Il est impossible que Gafforio, Giuliani et les autres chefs n'agissent pas de bonne foi. Ils ont pris avec la France un engagement qui rend leur perte certaine s'ils ne réussissent pas à le consommer. Le Roi dont ils ont compromis la dignité ne verrait pas avec indifférence des gens que sa seule protection peut mettre à l'abri de l'échafaud se jouer d'un nom aussi respectable ; et les peuples qu'ils ont entrainés dans des démarches qui, pour être rétractées, n'en seraient pas moins décisives les prendraient pour victimes et les rendraient responsables des malheurs que leur mauvaise foi ou leur imprudence aurait attirés sur eux. On ne peut pas se figurer que des gens riches, établis, accrédités tels qu'ils sont tous, s'exposent volontairement à une perte assurée.

D'ailleurs si les chefs avaient conservé quelque intention de tromper M. de Cursay ils ne se seraient pas dessaisis des places qui font leur sûreté, et qui leur auraient été d'autant plus nécessaires qu'ils s'en seraient servis dans la suite pour obtenir ou le succès ou le pardon de leur perfidie.

En second lieu, ces chefs, de l'aveu de toute la Corse, sont les plus puissants de l'île. Ils ont des amis, de l'argent, un grand nombre de parents ; et, ce qui est encore d'un poids plus considérable, ils y ont exercé une autorité absolue. Ils ont donc un parti considérable dont leur influence détermine les résolutions, et qui exécutera aveuglement tout ce qu'ils voudront lui prescrire.

En troisième lieu, parmi les Corses rebelles qui ne sont pas partisans des trente chefs plusieurs sont las de ces désordres dans lesquels l'île est plongée. Les pauvres sont accablés par les riches, les riches sont exposés au brigandage des gens sans aveu, une grande partie des habitants soupirent après la tranquillité, et l'impression généralement répandue est qu'ils ne peuvent en espérer une durable que par le canal de la France.

En quatrième lieu, M. de Cursay a dans l'île un crédit indépendant de celui des chefs. Le témoignage universel, même des gens indifférents, est qu'il est aimé et considéré. Il a senti de bonne heure qu'on ne se rendait maître de la multitude qu'en lui imprimant du respect et de la crainte. Cette impression n'a pas toujours besoin d'être appuyée par la force réelle. Le duc de Guise apaisa une sédition à Naples en se faisant voir sur la place publique avec une baguette à la main. M. de Cursay, à force de prendre le ton de maître sans avoir le moyen de le devenir, a su persuader au peuple qu'il l'était effectivement. Je n'en veux pas d'autre preuve que l'autorité qu'il exerce. Il a fait faire plusieurs exécutions, même dans les pièves de la montagne qui se sont soumises, sans murmurer, aux jugements qu'il a fait rendre. Les peuples, et même les criminels, vont au devant de ceux à qui M. de Cursay donne la commission de les punir. Il a saisi habilement le prétexte que les Corses prennent sans cesse de demander une justice exacte pour leur ôter la ressource de se plaindre de l'avoir rendue avec rigueur ; et la sévérité est un des principaux ressorts de l'ascendant qu'il a pris sur les esprits, ascendant si réel et si peu dépendant de la force, qu'il prend avec raison le parti d'aller seul à Corte au milieu d'eux. Je conviens que cette justice irrégulière, exercée par un homme qui n'a aucun droit, est un malheur, mais dans le genre politique tout inconvénient momentané qui conduit à un bien durable doit être admis. L'autorité du Souverain légitime ne pouvant être encore en vigueur, il est beaucoup plus décent et beaucoup plus utile qu'elle soit exercée par les armes qu'un allié lui prête, que de laisser impunis des crimes qui se renouvellent sans cesse.

En cinquième lieu, la pacification de la Corse ne serait difficile qu'autant que les demandes des peuples seraient fort éloignées des concessions du Souverain. Il est aisé, en rapprochant les vues que se proposent les Corses des intentions du gouvernement, de connaître que les articles qui formeront la convention n'exigent que de l'examen et de la discussion, et qu'il est facile de concilier les uns et les autres. Deux ou trois points critiques forment le nœud de cette affaire. L'intervention de la France aplanira les obstacles, et tout le ministère du médiateur se bornera à dicter aux Corses les volontés du gouvernement, dont je connais assez les idées sur l'administration de ce pays pour répondre qu'elles seront toutes admises.

Tous ces motifs, qui ont des branches infinies, dont le détail excèderait les bornes d'un mémoire, ont concouru par leur réunion à faire naître et à fortifier en moi le préjugé où je suis que l'accommodement de la Corse sera bientôt aussi heureusement que glorieusement terminé. Ma confiance, sur ce point, ne saurait être suspectée. Plus mon attachement pour les intérêts de la République et le soin de ma réputation doivent me rendre sensible au bonheur de contribuer au succès d'un aussi grand ouvrage, plus ces mêmes motifs doivent m'exagérer la crainte de le voir échouer. Il me serait trop amer et trop douloureux à tous égards de renoncer à l'idée que je me forme de la réussite pour que j'eusse pu me résoudre à en concevoir légèrement une aussi flatteuse espérance. Au reste cette même confiance ne m'endort pas sur les soins qu'exige une affaire aussi délicate et aussi essentielle. Je ne néglige aucun des avis que je reçois sur tout ce qui y a rapport. Je ne retarde pas d'un instant les ordres et les instructions qui peuvent y coopérer. Je regarde comme un des objets les plus dignes de mon attention la nécessité de conserver la dignité d'un Souverain dans les lieux où son autorité est reconnue. Messieurs les Députés savent la précision des ordres que je réitère sans cesse sur ce point à M. de Cursay, et ils savent que si dans bien des occasions je ne lui en ai pas donné de plus sûrs et de plus positifs c'est que nous avons jugé de concert que les objets doivent quelquefois supprimer de petites considérations, ou que le bien de la chose exigeait que j'essayasse sur M. de

Cursay l'effet des insinuations plutôt que de le réduire à la simple obéissance, et que je ménageasse, dans une circonstance dont il n'y a pas d'exemple, une raideur de caractère qui peut-être tient en lui à la fermeté et aux talents qui l'ont rendu propre à imaginer et à faire réussir un système tout nouveau, qui aurait probablement échoué entre les mains d'un homme moins décidé et plus docile.

Suite de l'Introduction.

Eh bien! ce M. de Cursay, si aimé, si craint, si estimé, si considéré des Corses, dont toute la conduite dans cette île méritait des éloges et des récompenses, conduite justifiée et approuvée par M. le Marquis de Chauvelin, ambassadeur à Gênes, fut pourtant sacrifié au ressentiment de la République par des raisons de politique; ressentiment qui m'a fait naître l'idée, comme on le verra dans la suite, que M. de Cursay, pendant son séjour en Corse, s'était plus occupé des intérêts de la France que de ceux des Génois.

Ne retrouvant pas dans les différentes relations dont j'ai parlé le même peuple dépeint dans le mémoire de M. de Cursay j'eus recours aux auteurs qui ont écrit sur la Corse et sur ses habitants. En les comparant les uns aux autres je les ai trouvés remplis de contradictions. Voici celles qui m'ont le plus frappé.

Strabon dit que cette île est mal habitée, et en bien des endroits de difficile accès; que ceux de ces insulaires qui habitent les montagnes ne vivent que de pillage et sont plus féroces que des bêtes; que lorsque les Romains pénètrent

(22)

dans leurs demeures sauvages, ils emmènent avec eux nombre de Corses en esclavage à Rome; que les plus impatients, ne pouvant dans cet état supporter la vie, portent leurs mains violentes sur eux-mêmes, tandis que tous ceux qui consentent de vivre restent dans un tel abattement que ceux qui les ont achetés pour esclaves se trouvent avoir fait un très mauvais marché.

Diodore de Sicile en parle bien différemment. Il dit que les esclaves corses paraissent différer des autres par l'utilité dont ils sont à leurs maîtres pour tous les ouvrages de la vie, auxquels ils sont plus propres par les talents particuliers qu'ils tiennent de la nature; que ces insulaires vivent entre eux avec humanité et avec une justice plus exacte que les autres barbares.

Burnaby pense que ces deux relations, quoique si différentes, peuvent se concilier, en supposant que Strabon ne parle que des Corses ennemis, et Diodore que des Corses amis. « Dans ce dernier cas, dit-il, non seulement ils sont traitables, mais leur caractère répond exactement à celui des Corses d'aujourd'hui. Dans la guerre ils sont féroces comme des lions. La mort n'est rien pour eux. Aucun pouvoir ne peut les faire plier contre leur inclination. Ils s'irritent contre les obstacles et les difficultés. Ils ne peuvent souffrir la contrainte. Lorsqu'ils sont en paix et dans le cours ordinaire de la vie, ils sont doux et justes au plus haut degré, avec toutes les qualités que Diodore leur donne. Lorsque leur service est volontaire, ou qu'ils s'affectionnent à un maître, ils ont toutes les vertus qu'on leur attribue. »

Sénèque le philosophe séjourna sept ans en Corse, où il avait été exilé par l'Empereur. On montre encore aujourd'hui au Cap-Corse une ancienne ruine sur laquelle on a bâti une tour qu'on appelle la tour de Sénèque. C'est là qu'il soulagea son imagination chagrine dans une épigramme

(23)

qui fait de la Corse le tableau le plus affreux. Il y est dit : « O Corse, colonie ancienne des Phocéens, qui fus ensuite appelée Cyrnos par les Grecs ! Corse, que traversent des rivières poissonneuses mais terribles, quand l'été fait sentir ses ardentes chaleurs épargne les relégués qui s'y trouvent déjà comme ensevelis, et que l'air qu'on y respire n'accable pas les vivants ! Corse, terre barbare, entourée de rochers, tu ne présentes de tous côtés que de vastes et affreux déserts. A peine croît-il quelques herbages dans cette terre infortunée ! A peine y a-t-on du pain ! L'eau y manque, et même le dernier honneur du bûcher. Elle n'offre que deux objets : l'exil et les exilés. »

Les habitants de cette île ne sont pas mieux traités par Sénèque dans un autre ouvrage fait également pendant le temps de son exil.

Callimaque, au contraire, compare la Corse à son île favorite, l'île de Délos. « Je place volontiers, dit-il, à côté de cette île charmante l'île Cyrnos, peuplée par les Phocéens, et aussi fertile qu'elle est célèbre. »

Jérôme de Marini, Génois, parle de l'île de Corse en ces termes : « Les entrailles de cette île abondent en fer, comme si la nature par là avait voulu caractériser le naturel de ses habitants, peuple qui porte un cœur de fer, également prompt à courir aux armes et au poignard. Leurs montagnes abondent en essaims d'abeilles, et découlent de lait et de miel ; mais ces abeilles ont un aiguillon, et tel est le génie corse. Avec le lait et le miel sur la langue il cache l'aiguillon dans le cœur. Il montre dans ses réparties quelque chose de piquant qui doit le rendre éloquent et propre au barreau. »

Le roi de Prusse les caractérise en ces termes : « Les Corses sont une poignée d'hommes aussi braves et aussi délibérés que les Anglais. On ne les domptera, je crois, que par la prudence, la patience et la bonté. On peut voir par leur exemple quel courage et quelle vertu donne aux hommes l'amour de la liberté, et combien il est dangereux et injuste de les opprimer. »

Muratori représente ce peuple comme étant d'un caractère féroce et sauvage, porté à la sédition.

Cyrnæus les dépeint comme vivant toujours dans les contentions et les troubles, soit entre eux, soit avec leurs Souverains.

Le marquis d'Argens caractérise cette île en lui appliquant ces deux vers :

> La nature marâtre en ces affreux climats
> Ne produit, au lieu d'or, que du fer, des soldats.

Jean-Jacques Rousseau, parlant de cette nation, dit qu'il aime ces caractères où il y a de l'étoffe, et il regarde ce peuple comme le seul de l'Europe en état de recevoir une excellente législation.

Le cri général des Français aujourd'hui s'accorde à représenter les Corses comme le peuple le plus vicieux et le plus corrompu qui existe sur la terre. Il va même jusqu'à le priver des vertus civiles et patriotiques qui unissent une nation lorsqu'elle rassemble ses forces pour secouer le joug, ou résister à l'oppression.

L'Encyclopédie peint les Corses comme remuants, vindicatifs et belliqueux. La vie qu'ils mènent depuis tant de siècles pour résister à l'oppression ne pouvait les produire sous un autre jour.

Au milieu de tant de contradictions, sans en éprouver aucune, on pourrait bien se dire : Cherche, si tu l'oses, et devine, si tu peux, le vrai caractère de ce peuple. Cependant loin d'affaiblir ma curiosité, elles me donnèrent de nouvelles forces. Pour la satisfaire, je ne laissais échapper aucune occasion de m'entretenir de ce peuple, dans mes différentes garnisons, avec les personnes raisonnables qui avaient fait quelque séjour dans cette île. Toutes ne s'accordaient que sur un seul point. C'était d'en dire beaucoup de mal et peu de bien.

Au milieu de mes enquêtes, le régiment de Picardie reçut en 1773 des ordres pour aller à Toulon. Je crus que je trouverais dans cette ville plus voisine de la Corse des gens plus éclairés et mieux instruits. Je me liai particulièrement avec des officiers de bon sens qui en revenaient, et dont le mécontentement unanime n'épargnait même pas la conduite de M. le comte de Marbeuf, Commandant en chef de cette île. Ne pouvant me persuader tout le mal que j'en entendais raconter, je pensais que l'obligation de s'embarquer, d'être obligé à certaines dépenses, de rester trois ans dans un mauvais pays, sur lequel on était déjà fortement prévenu, au milieu de l'ennui et du mal être qu'on y éprouve dans la plus grande partie des quartiers, du mauvais air qu'on y respire, avec un peuple farouche, méchant, vindicatif et dangereux, d'y être obligé de faire la petite guerre aux bandits, l'hiver comme l'été, et sans aucune espèce de traitement, d'y courir le risque tous les jours d'être assassiné pour peu qu'on s'écarte de son habitation sans escorte, je pensais, dis-je, que tant de motifs pouvaient bien altérer la vérité dans la bouche des officiers qui me parlaient de ce pays. Mais en même temps je me réjouissais d'une lettre de M. de Saint-Sauveur, Inspecteur d'Infanterie, qui nous annonçait notre départ prochain de Toulon pour aller à Montpellier, où il devait venir inspecter notre régiment. C'était avec d'autant plus de raison qu'on parlait beaucoup alors d'une conspiration découverte en Corse contre les Français, et d'une révolte qui s'était élevée en même temps

(25)

dans l'intérieur de l'île. Ma joie fut de courte durée. Trois jours après la réception de cette lettre nous reçûmes des ordres de la Cour de passer en Corse au premier vent favorable.

Ce fut le 17 de juin 1774 que nous reçûmes cet ordre, et le régiment s'embarqua sur treize bâtiments le 21 du même mois, à la petite pointe du jour. Vers les huit heures du matin, après nous être fait touer jusqu'à la rade, nous mîmes à la voile par un vent d'ouest assez frais, et le 22 à six heures du matin nous nous trouvâmes en vue de Calvi, ville de Corse la plus voisine des côtes de France. Un vent de sud-est assez violent s'étant élevé, accompagné d'une forte pluie, nous força de revirer de bord, et nous porta aux îles d'Hyères, où nous mîmes à l'ancre le 23 dans la nuit. Six heures après, le vent s'étant remis à l'ouest, nous remîmes à la voile pour la Corse. Nous nous trouvâmes le 24, vers le midi, en vue bien distincte de Calvi, par le plus beau ciel possible. Nous longeâmes les côtes de Calvi, de la Balagne et du Nebbio, pour gagner le golfe de Saint-Florent.

Prévenu par les tableaux désavantageux qu'on m'avait faits de la Corse, je l'observai attentivement de mon vaisseau. Malgré cette prévention, je fus encore plus étonné de son aspect en approchant des côtes de Calvi. L'île entière ne me parut qu'une vaste solitude, qu'une terre sauvage et déserte, qu'un amas de montagnes entassées et jetées au hasard les unes sur les autres, très élevées, très escarpées, inaccessibles dans bien des endroits, hérissées de rochers, pelées dans des parties, couvertes de bois dans d'autres, quelques unes encore toutes blanches de neige. Elle ne m'offrit qu'un aspect effrayant, digne séjour des habitants qu'on venait de me dépeindre avec de si noires couleurs.

Notre petite flotte arriva sans accident dans le golfe de Saint-Florent le 24 vers les cinq heures du soir. Elle mit à l'ancre dans la cale de Fornali pour y attendre les ordres de notre débarquement. Ils arrivèrent le 25 au soir, et le débarquement se fit dans des chaloupes le 26, à la petite pointe du jour, sur la plage qui est au fond de cette cale. De là nous fûmes à Saint-Florent, d'où le régiment se sépara, les premier et troisième bataillons pour aller à Bastia, le second à Cervioni, et le quatrième à Vescovato. Ma compagnie de grenadiers étant attachée au troisième bataillon, je le suivis à Bastia, où nous arrivâmes le même jour de notre débarquement, c'est-à-dire le 26 de juin 1774. Nous campâmes aux portes de cette ville une quinzaine de jours, dans des vergers d'oliviers sur le bord de la mer, pour attendre le départ du régiment de Beauce qui devait retourner en France sur les mêmes bâtiments qui nous avaient amenés. Après son départ, nous occupâmes la citadelle de Bastia, et deux bataillons de Bourbonnais occupèrent la ville. Je dois à la louange de ce régiment l'aveu de toutes les amitiés et de toutes les honnêtetés dont nous fûmes comblés.

Me trouvant en Corse, pour ainsi dire, sans m'en douter, et dans le temps où j'espérais m'en éloigner, au lieu de m'en affecter, je pris mon parti bonnement, et je projetai de mettre à profit les trois ans que j'avais à y rester, autant pour mon instruction que pour mon amusement. J'avais éprouvé plus d'une fois dans la vie qu'on se procure un grand avantage sur ses semblables lorsqu'on sait se faire une loi de la nécessité. Je pris donc la résolution de connaître la Corse par moi-même, d'y donner tout mon temps et toutes mes occupations, de diriger vers cet objet mes lectures, mes recherches, mes observations, mes courses, mes promenades, et jusqu'aux détachements que ma compagnie de grenadiers me mettait souvent à portée de faire dans l'intérieur du pays, d'y destiner uniquement mes

(27)

liaisons et mes sociétés. Je pourrais même ajouter que quelquefois je ne fréquentais pas trop bonne compagnie, mais je la trouvais excellente pour l'usage auquel je la destinais. Je m'imaginais alors être dans une voiture publique, où l'on est forcé de vivre avec tous ceux qu'elle renferme. Je pris une femme corse à mon service, et peu à peu je l'accoutumai à m'instruire de tout ce qui arrivait ou se disait à Bastia, avec le secours de quelques petits cadeaux que je lui faisais. Ce premier pas, justifié d'ailleurs, me donna bientôt à connaître qu'avec peu d'argent on pourrait tenter beaucoup dans Bastia. Mes mesures bien prises et bien réfléchies, je me mis à l'ouvrage. Mais avant d'en parler, je dois à la droiture de mes intentions l'aveu qui suit.

Comme je n'écris que pour mon utilité à venir si je continue le service, ou pour mon amusement si je l'abandonne, les notes que je recueille ici ne sont destinées que pour moi, et ce sera certainement contre mon gré si elles échappent de mes mains. Aussi l'ordre dans mes recherches, dans mes réflexions, dans le plan que je devrais suivre, le choix dans les matières et le style, dans les faits, ne m'occupent guère. Je recueille et je choisis ce que je peux, j'observe ou je médite selon que je m'y trouve disposé, et toujours selon que les circonstances se présentent. L'occasion seule me détermine, et la vérité seule m'intéresse. Je me la dois à moi-même. Mon intention n'est donc pas de vouloir faire l'apologie des vices qu'on reproche au peuple corse, ni de chercher des motifs d'en faire la satire, encore moins celle de notre gouvernement, ni des commandants qu'elle (la Corse) a eus. J'aimerais mieux me taire. Je voudrais découvrir si, comme on l'assure, ce peuple est incorrigible des vices qu'on lui donne; s'il les doit à son mauvais naturel plutôt qu'à la nécessité qu'ont dû amener les différentes révolutions qu'il a éprouvées depuis tant de siècles, et surtout sous la domination des Génois ; enfin, si ce peuple est indomptable, et si l'on ne s'est pas trompé dans les moyens que le gouvernement a employés pour parvenir à le soumettre et à se l'attacher. Je cherche les raisons de toutes les contradictions que l'on trouve dans les différents récits, et même dans les histoires de la Corse et de ses habitants. Je travaille, si l'on veut, à retirer la vérité du fond de son puits. Je désirerais surtout de ne déplaire à personne, m'instruire, connaître les véritables raisons qui déterminent la France à vouloir conserver cette île à titre de possession, plutôt qu'à titre de protection, malgré ce qu'elle lui coûte annuellement pour la gouverner, et tout ce qu'elle pourrait lui coûter encore pour la garder, à la première guerre. Je le répète donc, je n'observe et ne raisonne que pour moi. J'en fais l'aveu afin qu'on ne puisse m'imputer aucune mauvaise intention si, contre mon attente, ce manuscrit voyait le jour après moi.

CHAPITRE PREMIER.

DE LA RÉVOLTE DES CORSES EN 1774.

J'appris à Bastia que Messieurs les comtes de Marbeuf et de Narbonne Frislard étaient partis avec du canon, avec tous les grenadiers et chasseurs des seize bataillons qui étaient alors dans l'île ; qu'ils avaient établi un camp à Merosaglia pour, de cette position avantageuse, rétablir

(29)

l'ordre et la tranquillité dans le Niolo, partie de la Corse la plus difficile à pénétrer, la plus aisée à défendre, et dans laquelle les habitants avaient pris les armes au nombre de deux cent trente, soutenus par cent cinquante bandits, et dans l'attente que toutes les pièves suivraient leur exemple. Peu de jours après, j'appris que les révoltés, à l'exception des bandits, avaient mis bas les armes, et que tout était rentré dans l'ordre et dans l'obéissance.

Les deux Généraux ne tardèrent pas à rentrer dans Bastia, et les troupes dans leurs quartiers; une soixantaine des plus mutins payèrent pour les révoltés, dans le nombre desquels il y avait quelques curés, prêtres, ou moines, et pas une seule personne arrêtée pour le fait de la conspiration découverte. De ces soixante personnes, onze furent pendues sur le lieu même de la révolte, quelques unes pendues ou rouées à Bastia, quelques autres envoyées aux galères, et le reste dans les prisons de la Tour de Toulon. Une conspiration découverte sans sévir contre personne, une révolte qui éclate en même temps dans l'intérieur de l'île, et la tranquillité qui succède au bout de vingt jours que dura le camp de Merosaglia formé seulement par seize cents hommes, me surprit extraordinairement et me rappela tout ce qu'on m'avait déjà dit de la Corse, du caractère remuant et inquiet de ses habitants, de la conduite vicieuse de notre gouvernement dans cette île, de celle de M. le comte de Marbeuf, et du mécontentement général des troupes et des Corses. Je me ressouvins alors des bruits assez accrédités dans Toulon que la Cour rappelait M. le comte de Marbeuf et le remplaçait par M. le comte de Narbonne, qui ne nous devança que de quelques jours; qu'au lieu de seize bataillons que l'on y tenait ordinairement sous le ministère de M. le marquis de Monteynard, son successeur M. le duc d'Aiguillon ne voulait plus y en laisser que dix. Tous ces bruits, réunis à ce qui venait d'arriver en Corse, me parurent une énigme intéressante à deviner. Pour y réussir, je me liai avec les Français et avec les Corses les plus en état de m'aider, et je m'introduisis dans tous les bureaux de l'administration. Je découvris bien des particularités sur lesquelles on peut m'avoir trompé ou je puis me tromper moi-même, mais qui toutes rassemblées me paraissent assez liées entre elles pour en tirer tout au moins l'apparence de la vérité, sans toutefois la garantir.

§ Ier.

Des motifs de la révolte et de la conspiration découverte et apaisée en 1774.

Je m'informai des preuves qu'on avait eues de cette conspiration. On me répondit assez généralement qu'il n'était rien moins question que d'égorger tous les Français; que M. le comte de Marbeuf en avait reçu plusieurs avis sans vouloir y ajouter foi; qu'enfin M. de Buttafuoco, major du régiment provincial de la Corse, en avait informé M. le comte de Marbeuf avec des particularités assez circonstanciées pour le porter à se tenir sur ses gardes. Personne ne put cependant me dire les liaisons de cette conspiration, et aucun habitant ne fut arrêté à cette occasion. Le seul qu'on arrêta fut précisément celui qui méritait une récompense. Ce fut M. de Buttafuoco, le même qui l'avait révélée. Il fut mis en prison dans la citadelle de Bastia, pour n'avoir pas voulu découvrir le nom des personnes qui l'avaient instruit de cette conspiration. Il répondit avec beaucoup de fermeté que les mêmes sentiments d'honneur qui l'avaient porté à révéler un pareil secret lui fermaient la bouche sur le nom des personnes qui le lui avaient confié. Il a été détenu plus de deux mois dans cette prison, et il n'en a été relâché que sur un ordre du Roi.

Sans vouloir faire le procès de personne, on ne peut s'empêcher de convenir qu'une conduite aussi indiscrète que déplacée suffisait pour forcer au silence tout Corse, quelque bien intentionné qu'il fût pour les intérêts de la France, et se priver des avis aussi nécessaires que salutaires sur les sentiments et les actions d'un peuple tel que le Corse, nouvellement assujetti, peu discipliné, et dont le mécontentement éclatait de toutes parts.

J'appris que depuis la conquête de 1769 le Roi, pour donner aux habitants les moyens de se refaire de leurs pertes, n'avait mis aucune imposition sur le pays pendant les années 1770, 1771 et 1772, mais qu'il les avait taxés pour l'année 1773 à cent vingt mille francs, en tout et pour tout, rendus dans ses coffres; que la répartition de cette imposition n'avait pas été faite avec trop d'équité, soit de la part des officiers du pays, soit de celle des gens du Roi; qu'on avait eu quelque peine à la percevoir, et qu'il avait même fallu envoyer des contraintes dans bien des villages pour les forcer à la payer; qu'après avoir perçu cette première imposition, le Contrôleur Général répétait dans la même année l'imposition, sur le même pied que celle de 1773, pour les trois premières années, que le Roi n'avait pas voulu exiger par ménagement pour le pays; que la première imposition ayant déjà échauffé les esprits, la répétition du Contrôleur Général pour les trois premières années avait fini de les révolter généralement.

J'appris que Pascal Paoli, qui avait gouverné la Corse pendant les treize dernières années qu'elle avait appartenu aux Génois, et qui venait de la disputer aux troupes du Roi lorsqu'elles voulurent en prendre possession en son nom, conformément au traité de cession fait avec cette république, n'était sorti de l'île, après la conquête de 1769, que pour passer en Angleterre, d'où il faisait passer des sommes assez considérables à son frère Clemente Paoli, retiré à Livourne, pour récompenser les chefs qui étaient restés fidèles à son parti, et leur soudoyer à chacun d'eux une troupe de douze à quinze Corses sur le pied de trente sols par jour. Depuis la conquête de 1769, quantité de ces troupes de bandits n'ont cessé d'attaquer nos convois, de tirer sur nos détachements, de faire contribuer les familles corses attachées au gouvernement, de détrousser les Français sur les grands chemins et ailleurs, et de bloquer presque tous nos quartiers de manière à ne pouvoir en sortir sans escorte ou sans courir le risque d'être assassiné. Quelque temps avant l'arrivée du régiment en Corse, M. le comte de Marbeuf crut faire un trait de politique de s'en débarrasser avec de l'argent plutôt qu'avec des troupes. Il capitula avec les chefs, et ils s'obligèrent à sortir de l'île avec leurs troupes et de n'y plus rentrer, moyennant une somme d'argent. Cette somme comptée, ils passèrent à Livourne.

Les chefs les plus considérés de ces troupes de bandits étaient Nicodème, Bidouchy (1), le docteur de la Croce, Thomé, Martino, Corbelloni, Pachemaria, Champulini (2), Lambertini et Padouchi. Lorsque Clemente Paoli eut connaissance de la fermentation que les impositions du Contrôleur Général avaient excitée dans l'esprit du peuple, il fit passer en Corse les chefs Nicodème, docteur de la Croce et Bidouchy. Ces trois hommes, qui jouissent de la plus grande considération parmi les mécontents, passèrent tout l'hiver

(32)

---

(1) Guiducci (note de M. Ph. de Caraffa).
(2) Cappellini ? (id.)

de 1773 à 1774 à parcourir tout l'intérieur de l'île, à échauffer encore les esprits, à les porter à une révolte générale, et à leur promettre des secours prochains. Effectivement Clemente Paoli, avec l'argent que venait de donner M. le comte de Marbeuf, acheta des armes, de la poudre et des balles, pour armer les habitants de Niolo, et il envoya ce convoi en Corse, au commencement de 1774, sous l'escorte d'une douzaine de chefs et de cent cinquante bandits. Ce débarquement fait, la révolte éclata vers la fin du mois de mai dans le Niolo. L'on me dit encore que Pascal Paoli, outre la satisfaction de nous inquiéter, trouvait encore son intérêt personnel à faire exécuter par les chefs de son parti quelque action qui pût faire un certain bruit en Angleterre, parce que c'était le seul moyen d'en tirer des subsides.

D'autres personnes m'assurèrent que cette prétendue conspiration ainsi que la révolte du Niolo n'étaient qu'une fermentation dans les esprits, qu'une émeute que M. le comte de Marbeuf avait qualifiée de révolte générale pour se faire un mérite auprès de M. le duc d'Aiguillon de l'avoir apaisée et pacifiée, en peu de jours et avec fort peu de troupes, par les sages précautions qu'il avait su prendre à propos, et qu'au lieu de profiter du congé qu'il venait de recevoir il était resté en Corse pour ne pas laisser à M. le comte de Narbonne le mérite de cette pacification, espérant sans doute que le succès de cet événement pourrait faire oublier au Ministre le mécontentement général des troupes et des habitants du pays sur son compte.

D'autres personnes qui par leur état devaient être mieux instruites me dirent que cette révolte, sans être l'ouvrage de M. le duc d'Aiguillon, ne laissait pas que de lui appartenir un peu, et qu'on avait de fortes raisons de le soupçonner d'avoir donné des ordres à M. le comte de Marbeuf de fermer les yeux sur beaucoup de choses, autant pour le

(33)

perdre que pour amener une si grande confusion dans les affaires de cette île qu'elle mît, pour ainsi dire, le Roi dans la nécessité d'abandonner l'intérieur du pays, et de ne garder à l'avenir, de cette île, que les places et les ports qui pourraient convenir aux intérêts de la Maison de Bourbon ; que le nouveau plan d'administration, à l'égard de la Corse, adopté par le Ministre et bien opposé à celui de M. le duc de Choiseul, paraissait confirmer ce dernier sentiment, avec d'autant plus de raison que, sans compter ce que cette île coûte annuellement au Roi et le peu qu'elle rapporte, il est encore fort douteux qu'on puisse en conserver l'intérieur, en temps de guerre, si les habitants n'étaient entièrement pour nous, ce qui est très problématique avec un peuple aussi prévenu qu'il l'est aujourd'hui contre le gouvernement français.

Non content de ce que je tenais de ma nation, je voulus encore savoir ce que disaient les Corses pour motiver cette révolte. Je m'adressai à ceux de ma connaissance qui me parurent en état de me satisfaire. Mais comme ces gens-ci disent rarement ce qu'ils pensent, qu'ils pensent encore plus rarement ce qu'ils disent, et qu'ils ne se confient que difficilement, il me fallut faire le Corse avec eux, me plaindre tout le premier, dire passablement de mal de notre administration, et paraître partager leur situation pour en escamoter quelques paroles. Enfin, un peu d'un côté, un peu de l'autre, et avec bien de la persévérance, je suis parvenu à ramasser ce qui suit. Mon opiniâtreté infatigable à renouveler mes questions sur tant d'objets différents doit sûrement me faire passer dans l'esprit de beaucoup de personnes pour un inquisiteur du gouvernement. Je me suis pardonné ma duplicité sans peine et sans remords, par la raison que je ne la mettais pas en usage pour leur nuire.

Les Corses me dirent que notre politique ne se conduisait

point à leur égard avec assez de ménagements dans certaines circonstances, et qu'elle en mettait trop dans d'autres, et jamais relativement aux occasions ; que le peuple corse était moins peuple qu'ailleurs, et que par conséquent il exigeait plus de circonspection ; que les moins éclairés d'entre eux ne pouvaient se persuader que la France fût dans la ferme résolution de conserver la Corse sous sa domination, en comparant sa dépense et sa recette à son égard ; que ce peu qu'elle rapporte au Roi, quoiqu'il ne montât aujourd'hui qu'à cent vingt mille francs par an, excédait encore de beaucoup ce que le pays donnait à Pascal Paoli dans les temps les plus orageux de la guerre civile ; que si cette île retournait jamais sous la domination des Génois, comme un article du traité de cession pouvait le leur faire craindre, la guerre qui s'allumerait indubitablement entre les familles attachées à ce parti et celles attachées au parti de Paoli ou de la France ferait couler des ruisseaux de sang et replongerait la Corse dans une anarchie plus fâcheuse que celle d'où la France venait de la tirer. Nos inquiétudes sur ce point, me disaient-ils, ne sont pas imaginaires. Elles sont fondées sur des avis que nous recevons de nos députés à Paris. Ils nous apprennent que M. le duc d'Aiguillon avait des vues sur cette île bien différentes et bien opposées à celles de ses prédécesseurs, puisqu'il venait d'être décidé assez publiquement qu'au lieu de seize bataillons qu'on y tenait ordinairement on n'y en enverrait plus que dix à l'avenir, et qu'il avait été même agité si on n'abandonnerait pas l'intérieur du pays pour ne garder que quelques places maritimes. Si notre sûreté, notre tranquillité et notre bonheur ne dépendent que du caprice d'un ministre, qui peut nous répondre que le successeur de celui-ci ne nous abandonnera pas entièrement ? Qui peut nous répondre encore que la France n'y sera pas forcée à la première guerre si les Anglais avaient l'avantage sur mer? D'ailleurs, ajoutaient-ils, tous les habitants sont indignés de l'air de mépris qu'ils essuient de la part d'un essaim de gens d'affaires qui inondent cette île depuis 1769, et qui nous traitent plutôt en esclaves qu'en citoyens de la France. Qu'est-il besoin aujourd'hui de tant de gens de finances dans un pays qui en produit si peu? Pourquoi tant de gens d'affaires? Il n'en est qu'une seule dont le gouvernement devrait s'occuper sérieusement : ce serait de laisser rétablir les forces de la Corse avec de l'ordre, de la tranquillité, de la justice, de la fermeté, et peu d'impôts; de protéger, d'encourager notre petit commerce, la population, et l'agriculture presque abandonnée par les suites inévitables d'une guerre de quarante années; de nous faire connaître l'intérêt que nous avons de lui appartenir; de gagner l'attachement des habitants par des soins qui ne lui coûteraient rien, et de nous lier insensiblement aux Français de manière à ne plus faire qu'un même peuple. L'avantage de sa marine et de son commerce résulterait infailliblement de cette sage administration, par les secours de plus d'un genre qu'il retirerait un jour de notre île. Ce qu'il peut perdre aujourd'hui il le regagnerait au centuple dans peu d'années, et à la première guerre l'attachement des Corses, soutenu de quelques troupes et de quelques secours, suffirait pour résister, et pour repousser toute espèce d'entreprise sur cette île.

Depuis la conquête, me disaient-ils, nous ne voyons que trois espèces de gens pour gérer l'administration du pays: ou des ignorants; ou des gens ruinés, flétris, surchargés de vilaines affaires; ou des personnes qui n'y viennent que dans le dessein de faire fortune. Ces gens-là humilient notre misère et notre amour propre par le faste indécent qu'ils étalent à nos yeux avec le produit de leurs friponneries. La **première administration de M. Chardon, Intendant de la**

Corse, avait aigri généralement tous les esprits par ses vexations journalières, au point qu'il fut rappelé. Les contraintes et les soldats à discrétion qu'on a envoyés par toute la Corse, en 1773, pour faire payer les malheureux qui étaient hors d'état de le faire, n'ont fait qu'augmenter cette aigreur. Nous ne nous plaignons ni des troupes, ni de M. le comte de Marbeuf, reconnu pour très honorable, humain, et très honnête homme ; nous ne nous plaignons que de sa faiblesse à se laisser gouverner par Madame de X***, qui, sous son nom et à l'ombre de son autorité, dispose publiquement de tous les emplois, de toutes les charges, de la justice, des peines et des récompenses, des grâces même, enfin de tout, et toujours à prix d'argent.

Nous nous apercevons par le chagrin que les troupes ne nous cachent pas en arrivant et pendant leur séjour en Corse, ainsi que par la joie qu'elles témoignent d'en sortir, combien peu nous devons compter sur l'attachement de votre nation. D'ailleurs, le gouvernement, depuis 1769, semble affecter de ne combler de grâces que les familles qui lui étaient le moins attachées sous la domination des Génois. Il ne fait rien pour celles qui servaient les Génois et la France en même temps. L'égalité sur ce point flatterait toute la noblesse, au lieu qu'une préférence aussi marquée ne peut que l'indisposer. La famille de Matra, une des meilleures de cette île, en est un exemple. C'est une maison des plus nombreuses, qui a encore parmi nous un crédit, une considération et un parti fort considérables. Cependant trois jeunes gens de cette famille ne sont encore que lieutenants, l'un dans le Royal Corse, l'autre dans la Légion Corse, et le troisième dans le Régiment Provincial, tandis que une quantité d'autres, qui ne les valent pas plus par leur naissance que par leurs services, ont été faits capitaines en débutant, et quelques-uns sont avancés à des grades supé-

(37)

rieurs. M. de Matra, lui-même, colonel au service des Génois lors de la conquête de l'île, abandonna ce service pour passer à celui de la France sur les promesses les plus avantageuses qui lui furent faites par M. de Buttafoco. Il se contenta alors d'une compagnie dans ses volontaires, aujourd'hui régiment provincial de l'île, en attendant que quelque emploi supérieur vînt à vaquer. Au lieu de lui donner la lieutenance-colonelle de ce corps, on la donna de préférence à M. de Casabianca, jadis chancelier de Pascal Paoli, qui ne demandait qu'une charge de Conseiller au Conseil Supérieur. Comme elles étaient toutes remplies, on en fit un lieutenant-colonel par les bons offices de Madame de X***. La majorité de ce même corps vint ensuite à vaquer, elle fut donnée à M. de Buttafoco, cousin du colonel de ce nom. M. de Matra en témoigna vivement son mécontentement. Alors on lui accorda le brevet de lieutenant-colonel avec une pension, et on le fit capitaine de grenadiers dans la Légion Corse, avec la promesse d'un avancement prochain. La lieutenance-colonelle de cette Légion vaqua par la retraite de M. de Petriconi. On l'en priva encore pour la donner à un autre. Piqué de se savoir joué par M. de Buttafoco et par le Ministre, il partit sous le prétexte d'aller faire des recrues en Corse. Au lieu d'y aller, il fut à Livourne, et c'est de cette ville qu'au commencement de 1774 il a renvoyé au Ministre son brevet de lieutenant-colonel, son ordre de pension, avec sa démission.

Tous ces différents mécontentements ne sont pas ignorés de Clemente Paoli. Il en a profité pour porter les esprits à la révolte par la voix des chefs qui sont attachés à son parti, ainsi que par celle des moines, des prêtres et des mécontents. Pascal Paoli, son frère et ces chefs ont plus d'un intérêt à entretenir et à exciter des troubles en Corse. Le premier est de s'y maintenir un parti qui dans la première

(38)

occasion favorable pût se montrer, et le second est de les mettre à profit en retirant des secours de l'Angleterre. Si la tranquillité était parfaitement rétablie, les Anglais se lasseraient de soudoyer des gens inutiles. Clemente Paoli a saisi adroitement le mécontentement général sur les dernières impositions et l'aventure de M. de Matra pour ameuter son parti, en s'assurant que M. de Matra passerait bientôt en Corse, aidé par les vaisseaux de guerre russes, avec quatre cents hommes de troupes qu'il levait à Livourne, pour se mettre à leur tête et les délivrer des Français. Cet officier jouit, parmi les Corses et les Français qui le connaissent, de la plus grande réputation de valeur aussi déterminée que dangereuse. La révolte du Niolo n'aurait peut-être pas eu lieu sans toutes ces différentes raisons.

§ II.

*Anecdotes sur Madame de X***.*

Entendant toujours parler de Madame de X***, et la trouvant fourrée partout comme le Gloria Patri, je voulus la connaître plus particulièrement. La première fois que je vis cette Cléopâtre, ma curiosité en fut peu satisfaite. Je ne trouvai qu'une femme d'environ cinquante ans, assez fraîche encore, grande, bien faite, mais vêtue comme une courtisane, plâtrée jusque par dessous la gorge, et qui conservait encore à son âge toutes les prétentions et toutes les minauderies d'une jeune beauté.

J'appris que cette femme dans l'âge le plus tendre, avec autant d'esprit et de beauté que d'intrigue, d'ambition et d'intérêt, avait débuté par être la maîtresse de M. le marquis de Contades, lorsqu'il passa en Corse, en 1738, avec son régiment sous les ordres de M. le comte de Boissieux ; que lorsque M. de Maillebois y vint avec son fils, en 1739, elle passa des mains de M. de Contades dans celles du fils de M. de Maillebois, et que ce fut sous la protection de ce dernier qu'elle commença à déployer ses talents et son vrai caractère ; qu'en 1747 elle captiva encore le cœur et la bourse de M. le marquis de Cursay, mais fort peu son esprit, lorsqu'il commandait en Corse ; qu'enfin en 1764 elle s'était totalement emparée de M. le comte de Marbeuf, lorsqu'il passa dans cette île avec sept bataillons. La chronique ajoute qu'elle ne négligea rien pour lui associer M. le marquis de Chauvelin, mais que ce fut sans succès. Après la conquête de 1769, M. le marquis de Vaux garda le commandement de la Corse, et M. le comte de Marbeuf fut rappelé en France et forcé de se séparer de Madame de X***. Elle ne fit pas la folie de perdre son temps en regrets. Elle pelota, comme on dit, en attendant partie. Le dernier fut M. Jadar, commissaire des guerres, employé à Bastia. Cette anecdote-ci je la tiens de lui-même. Son règne ne fut pas de longue durée parce que M. le comte de Marbeuf vint remplacer M. le marquis de Vaux, peu de temps après son départ. Madame de X***, ayant appris son retour, fit entendre à M. Jadar qu'elle avait de fortes raisons de ne pas paraître avoir quelqu'un sur son compte lors de l'arrivée de M. de Marbeuf. Elle lui promit en échange de lui ménager les bonnes grâces de sa fille, alors mariée à M. Y***. Effectivement la première fois qu'il s'y présenta, il en fut accueilli de manière à en concevoir de flatteuses espérances, mais avec une certaine réserve, dans la suite, qui ne lui parut pas d'un bon augure. Comme Madame de X*** n'avait pas osé, ou n'avait pas trouvé l'occasion d'éprouver la générosité de M. Jadar, elle crut pouvoir l'essayer au milieu de ses empressements pour sa fille. Elle la chargea de le prier, comme pour elle-même, de lui faire venir de Paris quelques ajustements à la mode. La commission fut faite et expédiée en fort peu de temps, et le tout se montait à près de vingt-cinq louis. Tout fut trouvé charmant et du meilleur goût. On loua beaucoup le commissionnaire, sa complaisance, son honnêteté, et d'un tendre coup d'œil on le remboursa de la commission. Ce n'était pas là son compte, et quoique très aimable et très généreux il n'était pas homme à se payer de pareille monnaie. Un jour qu'il dînait chez elle avec Madame de X***, il amena adroitement la conversation sur le chapitre des modes de Paris. Les louanges furent prodiguées de plus belle, et Madame de X***, avec plus d'adresse encore, détourna si bien la conversation que depuis il n'en a plus entendu parler. Beaucoup d'honnêtetés, et quelques égards plus affectés que réels, sont tout ce qu'il en a pu obtenir. Piqué de son aventure, il l'a contée publiquement à qui a voulu l'entendre.

Madame de X*** avait un verger assez étendu, planté d'oliviers, à la porte de Bastia. Cette femme, quoique surannée, a si bien enjôlé M. le comte de Marbeuf qu'elle a commencé par le lui vendre à vie, et qu'elle a fini par lui faire dépenser plus de cent mille francs à l'embellir. C'est aujourd'hui un jardin très agréable, orné d'un joli pavillon à l'italienne, dans lequel on trouve un appartement complet et richement meublé, un petit appartement de bains, une terrasse assez grande et deux petits parterres tout auprès, un commun, des écuries et quantité de commodités. Tout ce jardin est enclos de murailles, et planté d'orangers et d'arbres fruitiers, et contient un assez vaste potager, avec deux sources d'eau suffisantes à son arrosage.

Depuis le départ de M. le comte de Marbeuf, cette femme, quoique bien née, est généralement méprisée des Corses et des Français. Elle est délaissée et abandonnée des deux nations, et tous les jours elle se donne, de plus en plus, des ridicules. Ce carnaval, elle se donna celui de paraître au bal de la comédie, masquée en bergère, avec une houlette, couverte de fleurs, et débraillée jusque par dessous la gorge. C'est une femme qui jouit de son reste.

§ III.

Mécontentement des troupes à l'égard de M. le comte de Marbeuf.

Pour cette fois je n'eus pas beaucoup de peine à découvrir ce que je cherchais. A la première question j'eus vingt réponses. Je sus bientôt que M. le comte de Marbeuf n'avait aucune espèce d'égards pour le militaire, soit à la ville, dans les quartiers, ou dans les postes; qu'à sa table, ou à ses audiences, qu'il ne donnait qu'après le dîner, il ne paraissait se plaire qu'avec les Corses; que dans toutes ses opérations, ainsi que dans presque toute sa conduite, il avait plutôt l'air de les craindre que de les commander; que de cette conduite molle et équivoque avec ces insulaires, il en résultait de leur part un air d'effronterie, qui leur est déjà si naturel, et une impudence si marquée vis-à-vis des troupes, qu'elles étaient tous les jours exposées à des scènes désagréables et qui pouvaient devenir des plus sérieuses par la suite; qu'au moindre différend qui s'élevait entre les deux nations, quelque avéré que fût le tort du Corse, le Français était puni.

Tous se plaignaient amèrement de l'humiliation, autant que de l'indignation, d'avoir vu accorder la grâce à un assassin, habitant d'Ajaccio, qui, après avoir égorgé un officier de cette garnison, l'avait dépouillé de son épée et de sa bourse et de ses bijoux ; et après la grâce obtenue, de le voir paraître effrontément sur la place avec l'épée, les boucles et la montre de ce même officier qu'il avait tué.

Tous murmuraient d'une lettre, aussi indécente que déplacée, de M. le marquis de Monteynard qui rendait les chefs des corps responsables des mauvais propos et de la conduite de leurs officiers envers les Corses. Il finissait cette lettre par leur dire que les plus grands ennemis que le Roi eût en Corse étaient les officiers de ses troupes. Lettre injurieuse à la Nation, et qui ne pouvait avoir été écrite que sur les comptes qu'avait rendus M. le comte de Marbeuf à son ministre.

L'on me dit encore que les officiers, commandant dans les différents postes ou quartiers de l'intérieur du pays, n'osaient ni punir ni faire arrêter un habitant, quelque tort qu'il eût, sans s'exposer à une semonce des plus vives, ou tout au moins à être blâmé, parce qu'on allait s'étayer de Madame de X*** auprès de M. de Marbeuf ; que bien loin d'être aimé et respecté des habitants, ils ne faisaient qu'en rire publiquement, en disant qu'il n'était en Corse que l'aide de camp de Madame de X***. L'un croyait qu'il ne se conduisait ainsi que par bêtise ; un autre voulait que ce fût par faiblesse pour sa maîtresse ; et d'autres plus sensés ne doutaient pas que ce ne fût sur les ordres de M. de Monteynard, qui venait d'obtenir le gouvernement de la Corse, étant ministre de la guerre.

Il est certain qu'on ne saurait excuser M. le comte de Marbeuf sur bien des points ; mais, quoiqu'il en soit, je dois à sa justification que je crus m'apercevoir qu'il y avait beaucoup de préventions contre lui, et beaucoup plus de légèreté et d'inconsidération de la part des officiers et des Français dans leur conduite et dans leurs propos publiés

(42)

envers les Corses, défaut que je retrouve encore aujourd'hui, non seulement dans les officiers, soldats et valets, mais même parmi les Français en place, soit dans la robe, soit dans la finance, et jusque dans la canaille française qui abonde dans cette île.

Quant aux faiblesses qu'on lui reproche pour Madame de X***, je ne puis les croire sous le point de vue qu'on les montre, le connaissant autant que je le connais; mais je croirais bien plus volontiers qu'il s'est servi de cette femme intrigante pour connaître les caractères les plus remuants de l'île, les chefs des différents partis, et tout ce qui pouvait avoir quelque rapport à son administration. Cette femme instruite et déliée se servait de ses connaissances pour se rendre nécessaire aux différens officiers généraux qui ont commandé en Corse, et ensuite pour les captiver. Ce qui me confirme dans cette idée, c'est la conduite actuelle de M. le comte de Marbeuf avec elle. Il vit aujourd'hui avec cette femme à peu près comme on vit avec un traître, qu'on caresse tant qu'il est utile et qu'on méprise dès qu'il cesse de l'être.

Loin de vouloir justifier M. le comte de Marbeuf sur ses procédés envers les troupes du Roi, j'ajouterai qu'outre le bon ordre et la tranquillité dans le pays son intérêt propre et même sa sûreté exigeaient qu'il les soutînt et qu'il les fît respecter. Elles faisaient une portion de son autorité, qu'elles représentaient dans les différents quartiers; sauf à punir sévèrement et indistinctement le particulier de l'une ou l'autre nation qui se serait mis dans le cas de l'être. Dans une émeute, ou dans les cas de nécessité, de quoi lui aurait servi cette autorité sans le secours de ses troupes? Il est vrai qu'il n'a pas une représentation bien imposante, et qu'il a même l'air assez gauche dans le choix des moyens qu'il emploie pour arriver à ses fins; mais il y arrive, et avec

(43)

beaucoup plus de fermeté et de discernement qu'on ne lui en accorde. De trois années que j'ai resté en Corse, j'en ai passé deux sous ses ordres, et très à portée de le suivre journellement dans différentes situations. Je lui dois la justice de convenir qu'il est très honorable, point intéressé, humain, bienfaisant, sans rancune, et seulement trop bon et d'un abord trop facile, pour un homme en place. S'il n'était pas tel que je le représente il aurait perdu l'évêque d'Aleria, MM. de Petriconi, de Buttafoco et beaucoup d'autres, qui ont fait jouer tous les ressorts imaginables pour le perdre dans l'esprit de M. le chevalier du Muy, alors ministre de la guerre, et empêcher qu'il ne revînt commander en Corse. Qu'en est-il arrivé à son retour? Il a eu pour eux les mêmes honnêtetés, les mêmes prévenances que pour les autres. J'en fais l'aveu avec plaisir parce qu'il le mérite.

CHAPITRE II.

§ Ier.

Sur les différents moyens que la France a mis en usage pour acquérir la Corse.

En lisant attentivement les mémoires de M. de Cursay, page 1, dont la conduite en Corse est plus que justifiée dans le lettre de M. le marquis de Chauvelin, page 12, je ne pouvais concilier, d'un côté l'acharnement de la République de Gênes à demander justice au Roi de sa conduite, et de l'autre la fermeté de notre ministère à lui laisser le com-

(43)

mandement de cette île, tout le temps que la France y avait des troupes, malgré les plaintes réitérées des Génois. Je soupçonnai dès lors, comme je l'ai dit, page 22, que quoique M. de Cursay ait été désavoué depuis par notre Cour, et même sacrifié aux ressentiments des Génois, à son retour de Corse, il fallait qu'il s'y fût plus occupé des intérêts de la France que de ceux de la République. Ce qui suit autorise mes soupçons, s'il ne les justifie pas.

Henry second fut le premier des rois de France qui en 1553 chercha à s'ouvrir un passage en Italie par la Corse, ne pouvant traverser les états du duc de Savoie et de Gênes, qui soutenaient le parti de Charles Quint. Il y fut invité par Sampiero d'Ornano, et il en fit faire la conquête par le maréchal de Thermes. Depuis cette époque, il ne paraît pas que ses successeurs aient eu des vues sur cette île; mais à la paix de 1736, qui assurait au roi d'Espagne la paisible possession du royaume de Naples et de Sicile pour Don Carlos, et les duchés de Parme et de Plaisance pour Don Philippe, la maison de Bourbon dut naturellement sentir que cette île devenait dès lors un point nécessaire à ses intérêts, pour servir de communication entre ses possessions d'Italie, d'Espagne et de France, celle par terre devenant toujours incertaine, puisqu'elle dépendait du duc de Savoie et de la République de Gênes. Ce ne sont que des conjectures, mais très fondées.

Ce fut vers ce temps que les Corses essayèrent véritablement leurs forces avec celles des Génois, et que ce fut même avec quelques succès. La France, qui pendant cette guerre d'Italie avait les Génois pour alliés, fit passer en Corse M. le marquis de Boissieux, avec trois mille hommes, en 1738. Mais ce général mourut avant de pouvoir pacifier les troubles. M. le maréchal de Maillebois le remplaça en 1739, et remit cette île sous la domination des Génois en 1740, après

(44)

avoir réduit ces peuples à l'obéissance. Cette même année il repassa en France avec les troupes du Roi.

Les Génois, qui ne se sentaient pas assez puissants pour contenir dans l'obéissance ce peuple remuant et vigoureux, avaient usé à son égard, depuis assez longtemps, d'une politique affreuse pour les diviser entre eux, pour les détruire les uns par les autres, pour les appauvrir par des impositions accablantes, pour les tenir dans la plus dure dépendance, et pour empêcher ou retarder les progrès d'une population féconde. C'est ce gouvernement tyrannique qui avait fini par mettre les armes à la main à toute la Nation en 1729. La France profita de la circonstance du service qu'elle venait de rendre à la République de Gênes pour en obtenir l'agrément de lever un régiment dans cette île sous le nom de Royal Corse. Elle l'obtint d'autant plus facilement qu'elle paraissait se prêter à ses vues et à sa politique par cette levée de troupes, en purgeant la Corse, pour ainsi dire, des esprits les plus aigris, et en diminuant sa population.

La France dut dès lors, attentive à ses intérêts, se ménager des liaisons avec ces insulaires par l'entremise des officiers du pays qu'elle attachait à son service. Elle eut d'autant moins de peine à s'y former un parti assez considérable, par les grâces qu'elle répandait et qu'elle était en état d'y ajouter, que les Corses eux-mêmes, déjà très mécontents du gouvernement des Génois, avaient éprouvé dans leurs derniers différends que cette République était trop faible par elle-même pour apaiser les troubles et les divisions de plusieurs partis qui déchiraient l'île, mais qu'elle serait toujours assez forte, avec l'alliance de la France, pour les accabler d'une administration tyrannique et odieuse. Toutes ces considérations portèrent la Nation à désirer ardemment de passer sous la domination de la France, avec laquelle

(45)

elle n'avait point à craindre les mêmes malheurs. Sans doute que de fortes raisons empêchèrent alors notre politique de profiter de cette disposition favorable.

Les Corses reprirent les armes en 1745 contre les Génois, et, soutenus par les Impériaux et les Piémontais, ils enlevèrent bien des postes. Dans cette crise fâcheuse, la République eut recours à la France qui y fit passer M. le marquis de Cursay, en 1747, avec son régiment de Tournésis et quelques piquets du Royal Italien. Ce colonel, avec de si petites forces, arrêta les succès des Impériaux, rétablit l'ordre et la paix dans l'île, se fit respecter partout, y rendit la justice au nom du Roi, fit punir quelques coupables, fit faire plusieurs exécutions militaires, et leva même des impositions pour réparer des ouvrages publics. Si la France n'avait pas eu des liaisons secrètes avec ce peuple, aurait-elle pu faire avec mille hommes de troupes, contre des troupes étrangères jointes aux naturels du pays, ce qu'elle n'a pu exécuter avec trois mille hommes, en 1738, sous les ordres de M. le marquis de Boissieux, contre les Corses seuls? Ce qui suit prouvera mieux mon assertion.

Le calme fut rétabli par M. de Cursay en 1748, mais il ne fut que momentané. Ces peuples prirent les armes peu après, et ne les ont quittées que pour passer sous la domination de la France. Ces troubles recommencèrent sous la conduite de Gafforio, élu capitaine général par la Nation. Il conduisit si bien les affaires des mécontents, et avec tant de succès, que la République ne crut pouvoir trouver de meilleur expédient, pour arrêter ses progrès, que de le faire assassiner à Corte en 1753. Après sa mort, les divisions et les discordes, que les Génois fomentèrent plus que jamais parmi ces insulaires, ralentirent si fort les succès des mécontents qu'ils élurent Pascal Paoli pour capitaine général le 15 juillet 1755.

(46)

L'éloquence de cet homme habile, jointe à son art de persuader, remédia en fort peu de temps aux abus qui pouvaient nuire à la cause commune. Il décida ses compatriotes à fournir tout ce qui pouvait être nécessaire pour pousser la guerre avec vigueur. Les affaires furent si bien et si sagement conduites que les Génois furent totalement chassés de l'intérieur de l'île, et réduits aux places maritimes.

La République de Gênes, se sentant hors d'état de résister, fit en 1764 des propositions avantageuses à Pascal Paoli pour le porter à ramener les mécontents à l'obéissance. Par ces propositions elle leur accordait plus de prérogatives qu'ils n'en demandaient auparavant ; mais elles furent toutes rejetées. Enfin Paoli touchait au moment d'affranchir toutes les parties de l'île de la domination des Génois, lorsque la France traita avec cette République. Elle lui redevait quelques millions pour les frais de la dernière guerre. Elle s'obligea, par un traité, d'entretenir trois mille hommes de ses troupes en Corse pendant l'espace de quatre années, pour garder ses places, excepté celle de Bonifacio qui resterait occupée par les troupes génoises, en acquit de ce qu'elle redevait. En conséquence de ce traité M. le comte de Marbeuf passa en Corse, vers la fin de 1764, avec sept bataillons, mit garnison dans les villes de Bastia, Saint-Florent, Algajola, Calvi, Ajaccio, et établit une espèce d'armistice avec Pascal Paoli, pour éviter les discussions et tout acte d'hostilité de part et d'autre.

Les Génois, s'étant sans doute aperçus que M. le comte de Marbeuf travaillait sourdement pour les intérêts du Roi, soit qu'ils s'en soient plaints, ou qu'ils aient feint de l'ignorer, se décidèrent, à peu près dans ce temps là, à se défaire de la Corse. Ils l'offrirent effectivement au grand duc de Toscane, au roi de Naples, au roi d'Espagne, aux Anglais, à tous ceux qui n'en voulaient pas, excepté à la France qui la désirait.

(47)

M. le duc de Choiseul, alors ministre, instruit de la conduite des Génois, observa fidèlement le traité, mais au mois de mai 1768, il ordonna à M. le comte de Marbeuf de renvoyer trois bataillons en France, d'évacuer les places d'Ajaccio et Algajola, de les laisser au pouvoir des mécontents, et de disposer les choses de manière à paraître être sur le point d'évacuer les autres places et de partir avec les quatre bataillons qui lui restaient. Cette petite astuce ministérielle faisant craindre aux Génois la perte totale de la Corse, ils se virent dans l'obligation de faire par force ce qu'ils ne voulaient pas faire de bonne grâce. Ils se déterminèrent donc à la céder au Roi par un traité dont j'ignore les articles et qui furent exécutés immédiatement après.

§ II.

*De l'administration de Pascal Paoli en Corse
avant la conquête de 1769.*

Outre une très bonne éducation que Pascal Paoli avait reçue à Pise dans sa jeunesse, Hyacinthe Paoli, son père, qui avait gouverné la Corse en 1736, n'avait rien négligé pour l'instruire des intérêts de sa Nation et de ceux des différentes puissances qui pouvaient avoir des vues sur la Corse ; du caractère des principaux de l'île et des motifs de leur désunion ; de l'esprit qui les animait et des raisons qui les séparaient, soit entre eux, soit du gouvernement génois. Ces premiers principes, qui avaient germé de bonne heure dans son âme, le conduisirent à une étude aussi profonde que suivie du cœur humain, et plus encore du caractère de ses concitoyens. Enfin, le produit de ses connaissances fut de se faire une politique relative à la situation et aux intérêts de sa patrie, dont il ne s'est jamais écarté.

(48)

Ses connaissances, ses talents, son éloquence, portèrent unanimement ses compatriotes à l'élire pour gouverner la Corse le 15 juillet 1755. Il commença par approfondir la situation des affaires relatives aux mécontents, et les moyens d'y remédier. Il y trouva le plus grand désordre et une affligeante confusion. Il n'y avait ni subordination, ni discipline ; aucune loi en usage, point d'argent, peu d'armes et de munitions de guerre, et, le pire de tout, peu d'union dans la Nation. Son exemple, sa fermeté, sa politique, et l'art de persuader qu'il possédait, remédièrent à ces maux.

Il sut mettre à profit quelques instants de calme, pendant le cours de la guerre avec les Génois, pour remédier à la partie civile de son administration. Il commença par corriger une infinité d'abus qui s'étaient glissés d'eux mêmes dans les derniers troubles, et par remettre les lois en vigueur. Les Corses, depuis longtemps, s'étaient arrogé le droit de la vengeance privée, et ils en usaient pour s'assassiner les uns les autres à la plus légère occasion. Il travailla avec succès à abolir ce préjugé, dont les pertes allaient alors si loin que, selon le calcul commun, l'Etat perdait annuellement plus de huit cents sujets par des meurtres. Quoique cette frénésie fût devenue si violente qu'elle dût lui paraître irrémédiable, il exposa avec tant de force et de vérité à l'assemblée de la Nation combien cette pratique vicieuse était ruineuse pour la cause de la liberté, dans un temps où elle avait besoin de toutes ses forces réunies et de prompts secours, qu'il parvint à persuader aux peuples que le pouvoir d'infliger des peines ne pouvait et ne devait appartenir qu'au Supérieur commun. En conséquence, il fit passer une loi qui déclarait capital tout assassinat, pour quelque raison et sous tel prétexte que ce pût être. Par son adresse à manier les esprits, il sut guider adroitement celui de ses compatriotes à l'avantage de l'Etat, en tournant leurs dispo-

(49)

sitions impétueuses et leur passion pour la vengeance au grand objet de la liberté et de la vengeance publique. Ses sages institutions produisirent un si bon effet que, malgré les fréquentes pertes que fit la Nation dans maintes occasions, la population augmenta en peu d'années de seize mille hommes.

Les troubles et la guerre continuelle avaient si fort détruit toute espèce d'agriculture que le pays se trouvait en danger de rester entièrement inculte, comme le peuple était en péril de n'être plus à l'avenir qu'une troupe indisciplinable de paresseux. Les valeureuses actions de quelques-uns d'entre eux leur donnèrent à tous cet orgueil qui dédaigne les occupations de la paix. Ils ne trouvaient que le métier de la guerre de digne de leur attention, et ils ne voulaient plus s'abaisser à n'être que de simples cultivateurs. Le gouvernement qu'il introduisait en était peut-être bien aussi la cause, et lui attira l'animosité de la noblesse. Trop faible alors pour en témoigner son ressentiment, elle attendait en silence que l'occasion se présentât. Il en sentit bien les conséquences, mais le temps lui manqua pour y remédier.

Il a cependant gouverné sa patrie plus longtemps qu'aucun de ses prédécesseurs, et avec plus de succès dans tous les genres. C'est lui qui a jeté les premières semences de gouvernement, de loi, d'ordre, de police et de justice, dans l'administration de la Corse et dans le cœur de ses habitants. C'était un homme de génie, mais plus fait pour les gouverner que pour les conduire à la guerre, car il fut plus redevable de ses premiers succès à la faiblesse des Génois qu'à ses talents militaires. Plus familiarisé avec les détails du gouvernement qu'avec ceux de la guerre, il ne paraîtra pas étonnant qu'il ait eu moins de succès dans sa défense contre la France que dans son administration. Eclairé, instruit, pénétrant, laborieux, patient, ferme dans ses principes, et connaissant parfaitement le peuple qu'il avait à gouverner, à policer, à réunir, à échauffer de cet amour de la patrie et de la liberté, il démêla bientôt les ressorts cachés que des intérêts opposés faisaient mouvoir au préjudice du bien public. La désunion, les désordres, l'indiscipline et l'anarchie en étaient les effets. La cause et les effets connus, il y appliqua le remède, en introduisant une espèce de gouvernement qui pût un jour lui servir comme une pierre d'attente pour y joindre une parfaite démocratie, seul gouvernement qui convenait à la situation physique, à la petite étendue, à la pauvreté de la Corse, à la vigueur de caractère de ses habitants, et ôtait à la noblesse les moyens de cabaler et d'ameuter des partis. Toutes les parties de son administration concourent à prouver qu'il voulait un jour faire une république de la Corse.

Pour parvenir à ses fins, il se servit adroitement du crédit que la noblesse avait sur le peuple, pour gagner sa confiance ; et quand il crut l'avoir obtenue, il sacrifia cette noblesse en la dépouillant des charges et des priviléges, pour en revêtir le peuple. Il sentit que sans la confiance et les secours du peuple il ne pourrait jamais changer le gouvernement reçu qui perpétuait les abus, et qu'avec le peuple, qui trouverait son compte dans le nouveau gouvernement, il ferait toujours ce qu'il voudrait sans le secours de la noblesse. Le succès a pleinement justifié sa politique, car il jouissait, malgré les efforts de la noblesse, du plus grand crédit et de la plus grande autorité dans l'île, lors de l'arrivée de M. le comte de Marbeuf. Il profita habilement de la tranquillité que lui laissa cet officier général, depuis la fin de 1764 jusqu'au milieu de 1768, pour raffermir cette espèce de gouvernement populaire qui lui avait facilité les moyens de corriger les abus et les désordres qu'une grande anarchie avait introduits parmi sa nation, d'y suppléer des lois sages et de

(50)

l'ordre, si nécessaires à un peuple qui se police et qui se trouve en même temps dans la volonté ou dans la nécessité de réclamer sa liberté à main armée. Tout fut prévu pour le besoin et selon les circonstances. La noblesse humiliée de se voir privée de ses privilèges, confondue avec le peuple, sans considération auprès de Paoli et sans crédit auprès des peuples, travaillait sourdement, depuis quelques années, à contrebalancer l'autorité de Paoli, si elle ne pouvait réussir à l'abattre. Elle crut en avoir trouvé l'occasion en persuadant à M. le duc de Choiseul, ministre de la guerre, que le Roi pouvait disposer à son gré de toute la noblesse du pays ; que cette noblesse avait à sa disposition des partis assez considérables, parmi le peuple, pour l'emporter sur celui de Paoli, s'il se refusait aux avantages qu'on pouvait lui proposer ; que l'autorité de Paoli commençait même à s'affaiblir, depuis que la Nation était instruite qu'il s'occupait plus de ses intérêts que de ceux de sa patrie. Effectivement Pascal Paoli, qui connaissait le caractère inconstant et dangereux de ses concitoyens ; qui du faîte de sa grandeur avait oublié et même humilié les anciennes familles qui l'y avaient élevé ; qui disposait, sans aucun ménagement, de presque tous les emplois en faveur du peuple ; qui ne pouvait douter du mécontentement de la noblesse, Paoli, dis-je, n'eut pas assez de fermeté pour étouffer la crainte de devenir la victime de son zèle ou de son ambition, lors de l'arrivée de M. le comte de Marbeuf. Le sort de Gafforio, son prédécesseur, assassiné par l'ordre des Génois, l'épouvantait si fort, que les Français trouvèrent dans la maison qu'il habitait à Corte des paillassons très épais attachés à toutes les fenêtres de ses appartements. D'ailleurs, il ne pouvait se cacher que, si la France s'en mêlait comme il y avait tout lieu de le croire, il serait bien forcé, tôt ou tard, d'en passer par où elle voudrait.

(51)

Toutes ces considérations l'avaient porté, à ce qu'on dit, à se ménager une retraite dans l'orage. La noblesse, plus éclairée et plus à portée de l'être que le peuple, par l'intérêt qu'elle avait de surveiller les démarches de Paoli, fut la première à découvrir, ou à publier, que tout l'argent que l'Angleterre lui fournissait, pour rendre cette île indépendante des Génois et de toute autre puissance, n'était pas employé aux besoins du pays, puisqu'il avait établi une imposition générale pour y subvenir, mais qu'il en plaçait tout ce qu'il pouvait dans les banques d'Italie. Ce fut sans doute avec de pareilles raisons qu'on persuada à M. le duc de Choiseul qu'il se rendrait aisément aux premières ouvertures que la France lui ferait, et même qu'il ne demandait pas mieux que d'abandonner le gouvernement de la Corse sur la peur qu'on lui connaissait.

Ce fut vraisemblablement sur ce plan, et le succès le prouve, que M. le duc de Choiseul força, pour ainsi dire, les Génois au traité de cession qui se fit alors entre la France et cette république. Immédiatement après ce traité, elle fit passer quelques troupes en Corse, moins pour la conquérir que pour ménager la réputation de Paoli et l'honneur de la Nation. Ce fut M. de Buttafoco qui fut chargé en même temps de traiter un accommodement avec Paoli, mais toutes les propositions de la France furent rejetées, et l'on en vint aux actes d'hostilité, au point que la France fut obligée d'y faire passer de nouvelles troupes, l'année suivante, qui en firent la conquête sous M. le marquis de Vaux, en juillet 1769.

Alors Pascal Paoli passa à Livourne avec son frère qui s'y établit, et lui passa en Angleterre où il s'est marié.

(52)

§ III.

*De l'administration de la France en Corse
après la conquête de 1769.*

Le gouvernement de la Corse fut donné, après la conquête, à M. le marquis de Vaux, mais sous des conditions qu'il voyait évidemment contraires aux intérêts du Roi et du pays, peu satisfaisantes pour ses services, et même humiliantes pour lui, après le zèle qu'il avait toujours montré pour le service du Roi. Ce gouvernement, accordé comme une récompense, ne lui fut donné dans le fait que comme une honnête prison. D'ailleurs, il pensait que le bien public exigeait qu'au moins pendant les premières années son autorité ne fût pas si fort limitée qu'il ne pût, selon les circonstances, remédier promptement et de sa seule volonté aux abus qui devaient naturellement s'introduire dans les différentes parties de l'administration d'un peuple nouvellement conquis, nullement assujetti, sans mœurs, sans lois, sans police, par des personnes placées, la plupart, sans aucune connaissance des usages du pays ni du caractère de ses habitants, et qui n'avaient presque toutes été choisies que par la protection ou l'intérêt. Ces sages considérations échappèrent sans doute à M. le duc de Choiseul, ou peut-être bien n'en eut-il pas la disposition. M. le Chancelier resta seul chargé de la partie de la justice ; le Contrôleur Général, de celle des finances ; le duc de Praslin, de celle de la marine, et le duc de Choiseul, de celle de la guerre.

(53)

M. le marquis de Vaux, qui avait jadis commandé dans une partie de la Corse, mieux instruit que ce ministre du caractère de ce peuple et des moyens qu'il fallait mettre en usage pour le gouverner et le contenir, avait fait un plan d'administration qui aurait préparé ce peuple, au bout de trois ans, à recevoir sans aucun inconvénient et avec bien moins de dépenses le gouvernement qu'on voulait lui faire adopter immédiatement après la conquête. Il en arriva sur ce plan ce qui arrivera toujours dans une cour où l'intérêt passe pour la meilleure raison. Les vues politiques et économiques de M. le marquis de Vaux furent rejetées par les raisons mêmes qui devaient les faire accepter si elles n'avaient pas contrarié les ministres. Le Contrôleur Général voulait de l'argent, et les autres ministres avaient chacun leurs créatures à placer, et peut-être même les emplois étaient-ils déjà promis ou vendus. Son plan ne fut donc pas approuvé, et peut-être bien ne fut-il pas lu, parcequ'il ne demandait qu'une administration militaire pendant trois ans, à laquelle ce peuple était déjà accoutumé.

Le projet de M. de Vaux était d'autant mieux raisonné qu'il pouvait le justifier par l'administration militaire de M. de Cursay en 1747, pendant près de trois ans. Il y faisait distribuer la justice dans toute l'île par les officiers de ses troupes répandues dans chaque piève, sans qu'il y ait jamais eu la moindre réclamation de leur part sur aucun jugement. Cela est si vrai que j'ai vu moi-même à Cervioni un partage de famille, fait dans ce temps-là sur la décision de l'officier qui y commandait, subsister encore, quoique les parties eussent pu en appeler après le départ des troupes françaises. La raison en est toute simple. La considération dont jouissait M. de Cursay était si grande, parmi ces insulaires, qu'elle rejaillissait sur les officiers de ses troupes qui le représentaient dans les tribunaux de la justice. D'ailleurs, ce peuple

(54)

impétueux, prompt à se décider, est dans l'usage depuis longtemps, quand il croit avoir raison, de demander justice sur le champ, ou de se la faire lui-même avec le poignard. On lui ôtait ce moyen en plaçant presque sous ses yeux un homme destiné pour la lui rendre sans retard et sans frais.

Une autre raison tout aussi forte, c'est que, par cette administration provisoire, M. de Vaux laissait le temps au gouvernement de bien peser l'administration qui conviendrait le mieux aux deux nations pour n'en plus faire qu'une, et le préservait en même temps du danger de faire des démarches imprudentes, aussi nuisibles aux sujets qu'au gouvernement, comme cela est arrivé plus d'une fois.

Le Ministre de la guerre établit un état-major d'armée et de places, un corps d'ingénieurs pour les fortifications faites ou à faire, un corps d'ingénieurs des ponts et chaussées, une prévôté, une direction des hôpitaux, un bureau général des postes aux lettres et des bateaux de poste, une régie des vivres à la tête de laquelle fut placé M. de l'Isle, quatre juntes, espèce de tribunaux chargés de prendre connaissance des crimes de félonie, de rébellion et de port d'armes, qui ne relevaient du Conseil Supérieur que sous le bon plaisir du Gouverneur.

Le Ministre de la marine établit deux bureaux d'amirauté, l'un à Bastia et l'autre à Ajaccio, et plaça plusieurs commissaires de marine dans différents ports.

Le Chancelier y fit ériger un Conseil Supérieur, et onze juridictions, relevant de son ressort, répandues dans l'intérieur de l'île. M. du Tressan, espèce de cerveau brûlé, fut fait Premier Président de ce Conseil.

Le Contrôleur Général y plaça M. Chardon pour Intendant, dont l'existence passait alors en France pour un miracle, après la conduite qu'il venait de tenir dans la Cayenne en cette qualité. Il y établit une douane qui percevait le

(55)

quinze pour cent, même sur les comestibles, de tout ce qui venait de France, une Maîtrise des eaux et forêts, un bureau des terriers pour évaluer les terres et leurs produits, pour limiter celles des communautés et des particuliers, et celles qui devaient appartenir au Roi, et pour faire le dénombrement de la population de la Corse.

Le début de cette administration répondit entièrement à tout ce qu'avait prévu M. de Vaux. L'Intendant se conduisit, dans sa partie, comme indépendant de toute autre autorité que celle du Contrôleur Général. Une foule d'édits, d'ordonnances, de lettres patentes, d'arrêts du Conseil, de règlements de police, tapissaient toutes les rues et ne produisaient d'autre effet que de faire rire le peuple dans les commencements, parce qu'on ne savait comment s'y prendre pour les faire mettre à exécution dans l'intérieur du pays. Quand on s'en prenait aux Podestats de leur inexécution, ils répondaient qu'ils ne savaient pas lire le français. Pour le leur apprendre, on leur envoyait continuellement des exécutions militaires, quoiqu'on eût exigé de M. de Vaux la plus grande douceur dans son gouvernement. Cet Intendant s'étant conduit en Corse à peu près comme à Cayenne fut enfin rappelé et remplacé par M. de Pradine, maître des comptes à Aix.

L'on m'a conté qu'un podestat plus goguenard que les autres, car les Corses le sont tous, au lieu de faire afficher dans sa piève les ordonnances qui lui étaient adressées, les portait à une vigne qu'il avait à la porte de son village, et y attachait une feuille à chaque souche. Lorsqu'on venait lui demander quelque renseignement sur les ordres du Roi, il répondait: « Il faut aller trouver ma vigne, et là vous trouverez la loi et les prophètes. » M. le premier président du Tressan le fit venir à Bastia pour rendre compte de cette conduite. Il lui répondit en riant: « Je me suis aperçu, depuis que Messieurs les Français sont en Corse, qu'ils traitent en badinant les affaires les plus sérieuses ; je les imite pour leur faire la cour. »

Ce même M. du Tressan se conduisit dans sa partie comme M. l'Intendant dans la sienne. Il exigeait que les affaires fussent plaidées en français par des avocats qui ne le savaient pas, et que les Conseillers, mi-partie Corses, jugeassent sur des rapports qu'ils n'entendaient pas. Il cabala tant et si fort, pour réunir l'intendance à sa première présidence, en cherchant à perdre M. de Pradine, et d'ailleurs il fit tant de sottises qu'il finit aussi par se faire rappeler. Il fut remplacé par M. Dangé, qui sortait d'un régiment de Dragons. Si M. de Vaux voulait redresser une foule de gens d'affaires, sur les vivres, sur les douanes, et sur les hôpitaux, ils répondaient par leurs marchés faits avec le Ministre, ou par des ordres de sa part. Aussi disait-il publiquement dans ses audiences que les Français qui venaient en Corse n'y venaient pas pour prendre l'air.

Le Podestat dont je viens de conter l'aventure n'avait pas tout-à-fait tort, car à l'air d'aisance avec lequel on maniait les intérêts les plus essentiels de la Nation, on aurait pu croire que pour la policer, la maintenir dans l'obéissance, la gouverner et l'attacher à la France il ne fallait que de la douceur et afficher les volontés du Roi. On aurait certainement observé plus de ménagements quand il n'aurait été question que de remédier à quelques abus qui se seraient introduits dans la moindre des provinces du royaume.

Les personnes employées à lever le terrier de la Corse, depuis la fin de 1769 jusqu'à la fin de 1774, n'avaient encore levé que celui de la province du Cap-Corse et d'une partie de celle du Nebbio. Il restait encore le travail de près de dix provinces. Il est vrai qu'elles pouvaient donner pour excuse que les bandits qui inondèrent la Corse après le départ de M. de Vaux les empêchaient de pénétrer dans l'intérieur; mais la meilleure raison était qu'ils jouissaient d'un bon traitement, et qu'ils voulaient le conserver le plus longtemps qu'ils pourraient.

Les domaines et la maîtrise des eaux et forêts, pour prouver leur utilité, saisissaient au profit du Roi les étangs, bois, communs et terrains dont les propriétaires ne pouvaient pas produire les titres. Cette opération aurait été bien placée dans un autre pays que la Corse, où, depuis que les Sarrasins ont brûlé et saccagé le pays en l'abandonnant, il ne resta d'autre titre, dans bien des endroits, qu'une ancienne possession reconnue par l'usage. Il y a aujourd'hui dans cette île quantité de cantons où deux ou trois villages vivent en commun du produit de leurs châtaigniers, et où ils n'ont d'autre revenu que leurs pâturages dont se nourrissent leurs troupeaux. Bien des familles ne vivent que du produit du même champ; et cela ne paraîtra plus étonnant quand on saura que, lorsqu'un père de famille ne laisse qu'un champ à sa mort, l'usage est que ses enfants ne se partagent pas ce champ, mais seulement ses productions. Tous ces employés le savent bien, mais ils feignent de l'ignorer, et, pour motiver leurs procédés d'un air de justice, ils disent que les Corses, pendant la guerre contre les Génois qui a duré quarante ans, se sont approprié, par le droit du plus fort, les terres appartenant à cette République. Pour mettre les bois du Roi en valeur, ils ont imaginé d'en faire du charbon, dont le plus souvent le bois est coupé dans les communs des villages, ou qui appartiennent à un certain nombre de familles. S'il y a des plaintes, ils demandent les titres. Si on produit les titres, ils vont toujours leur train, en disant que le Roi les dédommagera. De façon ou d'autre ils se mettent en possession de la besogne faite, et les frais de ce charbon équivalent toujours au produit, quand ils ne

(57)

l'excèdent pas. Une pareille administration prouve que la politique de la France ne s'était occupée que des moyens de s'approprier cette île, sans aucun plan réfléchi sur le gouvernement qui conviendrait le mieux à ses intérêts et à ceux de ses habitants, sans calculer les dépenses nécessaires à son administration, sans même prévoir les embarras qu'elle se préparait à la première guerre, si on ne se les attachait pas. Ayant voulu la Corse à titre de possession, sans prévoyance d'aucune espèce, comme il sera démontré, l'administration du pays a eu le même sort.

Sans être du secret de la politique, le succès de chaque opération prouve ce que j'avance. Après avoir forcé, pour ainsi dire, les Génois à nous vendre la Corse, on a cru qu'il suffisait d'y montrer quelques troupes pour s'en emparer. Point du tout. Il a fallu la conquérir. Depuis, la conduite indécise de notre gouvernement à l'égard de cette possession prouve qu'il n'y avait aucun plan de formé, et qu'on n'opère journellement que sur des comptes rendus sur le produit présent ou à venir de cette île; et, comme les personnes qu'on commet sur cet objet manquent de lumières ou de probité, l'intérêt personnel y tient souvent la place de l'intérêt du Roi. Aussi ne suis-je point étonné de trouver ce peuple tel qu'il est vis-à-vis des Français, mais je le suis beaucoup de ne pas nous trouver différents de ce que nous sommes avec lui. Je ne peux mieux comparer notre conduite avec ce peuple qu'à celle d'un médecin avec son malade, auquel il ferait avaler dans un jour tous les remèdes qu'il aurait dû prendre dans le cours d'une longue maladie.

Une pareille confusion faisant craindre à M. le marquis de Vaux des désordres encore plus grands, et peut-être une révolution de la part des habitants, il demanda son rappel, et il fut remplacé par M. le comte de Marbeuf, en mai 1770, avec le titre seulement de Commandant en chef de la Corse.

(58)

Ce gouvernement fut donné quelque temps après à M. le marquis de Monteynard, lorsqu'il eut remplacé M. le duc de Choiseul dans le ministère de la guerre.

M. de l'Isle, chef de la régie des vivres, avait été chargé, de la part de M. le duc de Choiseul, de faire la reconnaissance du territoire de la Corse, aidé de quelques personnes éclairées. Le mémoire qu'il en donna à ce ministre sur sa fertilité en faisait une seconde terre promise. Cet homme, qui avait su captiver la confiance de M. de Choiseul, voulut jouir des mêmes avantages auprès de M. de Monteynard. Pour réussir, il fit le bon serviteur d'une main, et ses orges de l'autre. Il fit entendre à M. de Monteynard, à qui l'on venait de retrancher près de dix millions sur les fonds de l'extraordinaire des guerres, que la Corse produisant abondamment et à bon marché tout ce qui était nécessaire aux troupes, qui d'ailleurs y jouissaient de la plus grande tranquillité, le Roi pouvait se dispenser de leur continuer le traitement de guerre dont elles jouissaient. Il fut effectivement supprimé, et cet homme eut encore l'effronterie de se vanter, en Corse, que ce n'avait été que par ses avis. Je ne sais pas comme on y vivait sous M. de Vaux, mais je sais par moi-même qu'en 1774 la vie était aussi chère qu'à Paris.

Tant de vexations dans tous les genres, et tant de friponneries, échauffèrent les esprits considérablement, et firent beaucoup de mécontents. On crut en diminuer le nombre en levant un corps de volontaires, de la force de deux bataillons, en faveur de M. de Buttafoco dont il a été parlé à la page 52. Ce colonel eut la moitié de la nomination aux emplois, et Madame de X*** fit l'autre moitié à beaux deniers comptants, sous le nom de M. de Marbeuf. Bien des familles qui par leur naissance, ou par des services rendus, avaient droit à ces emplois en furent frustrées, pour n'avoir

(59)

pas eu les bonnes grâces de M. de Buttafoco, ou de quoi payer celles de Madame de X***, de manière que cette levée de troupes augmenta le nombre des mécontents, au lieu de le diminuer.

Pour donner un ensemble à ce corps de volontaires, et y établir la subordination nécessaire, on voulut le faire passer en France ; mais ce ne fut qu'avec beaucoup de peine qu'on put le rassembler et le faire partir pour Beaucaire et Tarascon. Ce fut à peu près vers ce temps là que Clemente Paoli, instruit du départ de M. de Vaux, du mécontentement du peuple et des troupes, fit passer en Corse les chefs qu'il avait avec lui. Ces troupes de bandits commencèrent par attaquer les convois, les escortes, par tirer sur les troupes, interrompre les communications, arrêter les paysans, et finirent par se permettre toutes sortes de crimes. Le pays, loin de leur nuire, les instruisait, les nourrissait, leur facilitait les moyens de réussir dans leurs entreprises, et même s'en servait pour se défaire des ennemis. M. le comte de Marbeuf, au lieu de se servir des mêmes moyens que M. de Vaux pour détruire ces bandits, ou les forcer à évacuer le pays, se contenta de donner des escortes aux convois et à tous ceux qui voulaient passer d'un quartier à un autre. Peut-être aussi ne voulut-il pas employer les troupes à cette petite guerre, après le traitement qu'on venait de leur ôter.

M. de Monteynard, instruit de tous ces désordres, voulut en connaître les raisons. L'Intendant et les gens d'affaires n'eurent garde de lui dire que la source du mal se trouvait dans l'administration vicieuse du gouvernement. Tout fut rejeté sur la dureté des troupes dans les différents quartiers, sur leurs propos indiscrets, sur leur mécontentement, et sur leur conduite envers les peuples. Ce fut à cette occasion qu'il écrivit aux chefs des corps une lettre circulaire aussi indécente pour lui-même que pour les troupes, et il renouvela ses ordres à M. de Marbeuf pour faire observer la plus grande douceur envers ce peuple.

Le peu de cavaliers de maréchaussée qui étaient en Corse ne pouvaient gravir des pays presque partout escarpés et fourrés, pour faire leur service ; et au lieu de servir à escorter les prisonniers, ayant eux-mêmes besoin de lettres pour pouvoir se porter dans les différentes parties de l'île où l'on pouvait en avoir besoin, on imagina de faire servir en Corse les volontaires de Buttafoco pour remplacer la maréchaussée et faire la petite guerre aux bandits. De retour en Corse, une moitié de ce corps fut destinée à rester chacun dans sa famille, avec une petite paie, tandis que l'autre moitié, alternativement, resterait dispersée dans différentes garnisons, avec une plus forte paie. Ensuite les troupes qu'on tirerait de ces garnisons pour marcher contre les bandits, ou pour d'autres opérations, devaient avoir une paie encore plus forte pendant le temps qu'elles resteraient employées. On oublia dans ce projet que si la petite guerre contre les bandits leur procurait une plus forte paie, c'était les intéresser à les favoriser plutôt qu'à les détruire. C'est ce qui est arrivé, et même quelque chose de plus fort, ils en augmentaient le nombre lorsque leurs officiers voulaient les punir pour contrarier leur volonté. Jamais régiment de volontaires ne fut mieux nommé.

Cette petite guerre ne produisit pas l'effet qu'en espérait M. de Marbeuf, et il fit publier dans le pays que le Roi accordait cent écus à quiconque amènerait un bandit en vie, et cinquante écus à celui qui en tuerait un. Ce nouvel expédient ne réussit pas mieux que le premier, parce qu'il n'était pas relatif au caractère des Corses. Enfin il crut s'en débarrasser en leur donnant une somme d'argent pour quitter la Corse. Effectivement ils s'en retournèrent à Livourne ; mais avec cet argent ils achetèrent des armes, de la poudre et

(61)

des balles, et ils repassèrent bientôt après en Corse beaucoup plus nombreux qu'ils n'en étaient partis.

Après cet intervalle, la douceur de M. de Marbeuf avec ces habitants fut poussée si loin qu'ils la prirent pour une marque de crainte ou de faiblesse. Ils finirent par mépriser les troupes et les ordres du Roi. Leur impudence, marquée en toute occasion et protégée par Madame de X***, faillit plus d'une fois mettre les troupes aux prises avec les habitants.

Une justice qui soulève et révolte ce peuple, c'est qu'accoutumé depuis bien des années à une justice militaire, prompte et gratuite, ce n'est qu'avec douleur qu'il se voit forcé à venir d'un bout de l'île à l'autre, pour obtenir justice du Conseil Supérieur, résidant à Bastia ; de plus, à payer un avocat, un notaire, un procureur ; à payer encore le jugement, et quelquefois le juge. A Dieu ne plaise que, par cette phrase, je veuille inculper tous les membres de ce Conseil ! J'en connais de très honnêtes gens et bien nés ; mais ils ne se ressemblent pas tous, et l'on en jugera par les deux anecdotes suivantes.

Un officier du régiment de Quercy, en garnison à Bastia, s'y trouva à l'érection de ce Conseil, et fut à un bal que M. de Marbeuf donna aux dames, à cette occasion. Il y trouva une femme dont la physionomie ne lui était pas inconnue. Dans la crainte de se méprendre, il l'examine attentivement, et plus il l'observe plus il croit la reconnaître. Il s'approche d'elle, en lui demandant depuis quand elle habite la Corse. « Depuis peu de jours, dit-elle ; j'y suis arrivée avec mon mari, conseiller au Conseil Supérieur. — Vous avez donc fait une petite fortune, depuis mon départ ? — A qui s'adressent ces paroles, Monsieur ! reprit-elle d'un ton magistral ? — Eh ! mais à Jeanneton que j'ai vue femme de chambre chez ma mère, et qui pour lors avait avec moi une conduite plus douce et plus humaine. »

(62)

Soit que cette femme craignît de se compromettre après cet aveu, ou quelque scène désagréable, elle lui avoua qu'au sortir de chez sa mère elle avait été à Paris, où le maître de la maison qu'elle servait l'avait engrossée, et lui avait fait obtenir une charge de conseiller pour sa dot, en la mariant à l'homme qu'elle avait suivi en Corse.

M. Brun, Directeur des Postes à Bastia, en reconnut une autre qui avait été blanchisseuse sur le pavé de Marseille, et qui avait épousé le précepteur d'un jeune homme de famille, auquel les parents avaient fait avoir une charge de conseiller en récompense de ses services. Je ne suis point étonné de trouver de pareilles espèces occuper les différents emplois de la Corse. Quel est l'honnête homme qui, avec un état et une médiocre fortune, voudrait passer les mers et s'expatrier pour des appointements assez médiocres? Ce ne peut être que des jeunes gens dont on ne sait que faire et sans aucune expérience, ou des personnes ruinées pour en avoir trop eu. Avec les premiers on est exposé aux sottises de cet âge, et à la friponnerie avec les derniers. Quant à la partie des conseillers prise parmi les Corses, elle est très bien composée pour la naissance; mais pour l'intégrité, je me donnerai bien de garde d'en répondre.

Un des sujets du mécontentement du peuple, qui perce en dépit de lui-même, c'est la hauteur que veulent prendre avec lui la noblesse et les familles du pays qui possèdent des emplois dans le militaire et dans l'administration de la justice ou de la police. Il ne peut s'y habituer, parce qu'il n'y a pas quatre jours qu'ils étaient tous pairs et compagnons.

Ayant établi un corps d'ingénieurs en Corse, il fallait bien qu'il fît ses preuves d'utilité. Sur son avis, on a construit une citadelle qui domine la ville de Corte, au centre de l'île, et qui, tout imparfaite qu'elle est, a déjà coûté neuf cent mille francs ; et il en coûterait encore trois cent mille pour la finir. Selon toute apparence, on la laissera dans l'état où elle est, par une raison toute simple : Les Corses réduits à leurs propres forces, désarmés et sans artillerie, ne sont point en état d'insulter le moindre poste fermé. Si quelque puissance veut les soulever contre la France, ce ne peut être qu'une puissance maîtresse de la mer, et dans ce cas, sans s'amuser à faire des siéges, aidée et secondée par les habitants, favorisée par le terrain avantageux du pays entrecoupé de très hautes montagnes escarpées et remplies de défilés qui rendent les communications, d'un poste à l'autre, des plus difficiles, pour ne pas dire impossibles, à conserver, elle prendrait bientôt cette place par famine, et beaucoup d'autres encore.

Ce fut pendant de telles dispositions, de part et d'autre, que le Contrôleur Général, qui n'avait encore rien exigé de la Corse, l'imposa à cent vingt mille francs pour chaque année, à commencer par celle de 1773. Ce ne fut pas sans peine, et sans exécutions militaires, qu'on parvint à faire entrer dans les coffres du Roi cette première imposition. Dès qu'elle fut perçue, il réclama cette même imposition pour les années 1770, 1771 et 1772. Ce fut alors que la fermentation devint générale, et que les bandits repassèrent en Corse. Ils furent reçus par les habitants comme leurs dieux tutélaires. Les pièves refusèrent de payer, et l'insolence de ce peuple devint insupportable.

M. de Monteynard venait alors d'être remercié et remplacé par M. le duc d'Aiguillon. Ce ministre, instruit sans doute du mécontentement général, des friponneries qui s'étaient commises en Corse, de la faiblesse de notre administration, des sommes considérables que cette île coûtait au Roi annuellement, parut avoir adopté un plan bien opposé à celui de ses prédécesseurs. Il saisit l'occasion aux cheveux, et on a tout lieu de croire qu'au lieu d'apaiser les troubles il ne chercha que les moyens de les augmenter, afin de forcer, pour ainsi dire, le Conseil du Roi à adopter ses vues sur cette possession, moins coûteuses, aussi utiles et plus avantageuses à ses intérêts. La moitié de ce plan avait déjà percé dans le public avant notre arrivée en Corse. Quant à l'autre moitié, elle n'a pas eu le temps de paraître.

M. le duc d'Aiguillon avait jeté les yeux sur M. le comte de Narbonne-Fritzlar pour l'exécution de son nouveau système. Il ne passait en Corse, en apparence, que pour remplacer M. de Marbeuf pendant l'absence du congé qu'il avait demandé, et qui peut-être ne lui avait été accordé que pour venir rendre compte de sa conduite, et s'en débarrasser. Au moins, le bruit en était-il publié à Toulon et en Corse. Il arriva que pendant le temps que M. de Narbonne mit à passer de Paris en Corse, M. le duc d'Aiguillon fut remercié à la mort du Roi, et remplacé par M. le chevalier du Muy.

M. de Narbonne arriva en Corse précisément comme la révolte du Niolo venait d'éclater. On a vu plus haut qu'il ne fallut que peu de troupes et peu de temps pour l'apaiser. Après cette expédition, M. de Marbeuf ne tarda pas à profiter de son congé, mais il resta encore assez de troupes en Corse pour laisser apercevoir son embarras et son inquiétude. Il partit vers les premiers jours du mois d'août, en disant que sa santé demandait du repos, et qu'il allait prendre les eaux, sans parler en aucune manière de son retour. La Consulte Générale de l'île, qui s'assemblait ordinairement toutes les années à Bastia vers le mois de novembre, ne s'est pas assemblée cette année, et elle a été renvoyée on ne sait pas pour quelle époque. Au mois de janvier 1775 M. de Marbeuf n'était pas encore de retour, et il n'était même pas question qu'il dût revenir : tout autant de pré-

(65)

somptions qui justifient les bruits qui annonçaient le rappel de ce Commandant.

Dès que M. de Marbeuf fut parti, M. de Narbonne s'occupa sérieusement des moyens de nettoyer l'île des bandits qui l'infestaient. Il en connaissait le nombre, les noms, les familles, le lieu de naissance, et celui de leur résidence. Il était instruit des personnes qui avaient des relations avec eux, qui les fréquentaient, qui leur fournissaient des vivres, qui les recélaient dans les cas urgents. Il commença par sommer les bandits de se rendre à discrétion, la vie et les galères sauves, sinon qu'il allait faire brûler leurs maisons, et couper leurs châtaigniers, vignes et oliviers; ce qui fut exécuté au terme donné. Leurs femmes et leurs enfants furent chassés de leurs villages, avec défense à qui que ce fût de leur donner ni asile ni secours, sans s'exposer à subir les mêmes peines. Ces femmes et ces enfants furent forcés par là d'aller joindre leurs maris dans les bois; et c'est ce que demandait M. de Narbonne, pour pouvoir les découvrir plus facilement dans leurs retraites. En même temps qu'on faisait cette expédition, il fit marcher plusieurs détachements, de différents points, qui leur donnèrent une chasse des plus vives. Tout ce qui fut pris fut exécuté sur le champ.

Après avoir brûlé les habitations et détruit les champs des bandits, on arrêta les personnes convaincues d'avoir entretenu quelque commerce avec eux, ou de les avoir nourris et recélés. Les plus coupables furent envoyés aux galères, et les autres dans la tour à Toulon. Leurs maisons et leurs biens subirent le même sort que ceux des bandits. Cet exemple produisit le meilleur effet, et le peuple diminua un peu de cet air d'insolence que l'impunité lui avait laissé prendre. La moindre faute était punie, mais avec beaucoup de justice; un ordre donné était exécuté à quelque prix que ce fût, et dans deux mois de temps les choses se retrouvèrent dans l'ordre où elles devaient être, c'est-à-dire que les ordres du Roi furent respectés, les troupes considérées, et le peuple à couvert de toute vexation.

Les bandits continuellement poursuivis, sans trouver le moindre secours, demandèrent à capituler. M. de Narbonne leur fit dire que le temps des capitulations était fini, et qu'ils n'avaient que trois partis à prendre : celui de se rendre à discrétion, la vie et les galères sauves, celui de se faire tuer, ou celui de se faire rouer. En même temps, il les fit poursuivre encore de plus près. Ils voulurent tenter de passer à Livourne, mais les ordres furent si bien exécutés sur toute la côte maritime qu'aucun d'eux ne put trouver à s'embarquer. M. de Narbonne, voyant qu'ils ne se rendaient pas, fit arrêter leurs plus proches parents, en faisant publier dans le pays que, s'il le fallait, il ferait arrêter jusqu'aux derniers, et qu'ils seraient tous détenus dans les prisons jusqu'à ce qu'ils vinssent eux-mêmes s'y rendre ; ce qui fut encore exécuté. Cette dernière expédition les détermina tous jusqu'au dernier à venir se rendre à discrétion, et à la fin d'octobre 1774, il n'y en avait plus un seul dans le pays. Ils furent envoyés à Toulon presque au nombre de six cents, tant bandits que coupables.

On allait jouir du moment de n'avoir plus besoin d'aucune escorte pour voyager en sûreté dans l'intérieur du pays, lorsque Champalini (sic), avec une troupe de quarante-cinq bandits, vint de Sardaigne en Corse débarquer du côté d'Ajaccio, pour y recommencer son métier. C'était un chef de bandits très déterminé, mais d'une autre espèce que les autres, et qui ne travaillait que pour son compte. De père en fils, ils faisaient ce métier depuis cent cinquante ans. Il avait déjà amassé au moins vingt mille écus du produit de son métier, qu'il avait placés dans le commerce à Cagliari.

(66)

en Sardaigne. Toutes les années, il venait, disait-il, faire sa récolte en Corse. Il ne tuait personne, que quand il le fallait absolument. Sa méthode la plus ordinaire était de faire demander une somme d'argent à un particulier, sous peine d'être brûlé, ce qu'il avait exécuté plus d'une fois. Il arrêtait, il enlevait les gens les plus aisés du pays, soit Corses, soit Français, et il en exigeait une somme assez forte, pour se racheter de la vie. M. de Marbeuf avait souffert sa conduite. Quand ce métier lui avait produit ce dont il avait besoin, il s'en retournait faire son commerce en Sardaigne.

Sa récolte, cette année, à vue du pays, ne sera pas aussi abondante que les précédentes. A peine eut-il débarqué, au commencement de novembre 1774, qu'il se trouva enveloppé par six cents hommes qui harcèlent ses troupes, depuis deux mois, dans un pays épouvantable et presque tout couvert de neige. Tous ses parents et ceux des bandits de sa troupe furent arrêtés et mis en prison. Comme on lui coupait les vivres, il demanda à se rendre, mais à des conditions qui lui furent refusées. Fiori, son lieutenant, avec dix-huit hommes de sa bande se rendirent alors à discrétion. On lui tua une partie des autres, et le reste était sur le point de mourir de faim ou de misère, sur un pain de sucre des plus escarpés, où nos détachements l'avaient forcé de se retirer.

Les troupes qui sont à sa poursuite depuis plus de deux mois vivent à discrétion sur le pays, comme M. de Narbonne l'avait promis. Il avait fait avertir toutes les pièves d'arrêter les bandits à l'avenir si elles voulaient s'épargner la dépense de nourrir six cents hommes toute l'année, s'il était nécessaire, pour un seul bandit qui resterait dans l'île.

Champalini, se voyant pressé et par les troupes et par la faim, prit le parti de s'évader avec ce qui lui restait de sa troupe, et d'une manière qui prouve que cet homme aurait fait un excellent partisan à la guerre. Ne voulant pas se rendre, il imagina, par une nuit assez sombre, de faire rouler de grosses pierres du haut de son pain de sucre. Les différents cordons de nos troupes qui l'entouraient, et qui comptaient le prendre par la famine, ne pouvant gravir jusqu'à lui, furent obligés de se mettre à couvert pour n'en être pas écrasés. Quelques moments après, il en fit rouler une plus grande quantité et de plus grosses, à la suite desquelles il se précipita avec ses gens et passa heureusement au travers des troupes. On lui tua ou prit sept ou huit, mais tout le reste se sauva et gagna les bords de la mer. Il vit une barque de pêcheur sur le rivage ; il fit cacher son monde, prit un mouton sur ses épaules, et parut sans armes aux yeux du patron pour lui vendre son mouton à bon marché. Pendant qu'il l'examinait, Champalini lui met le poignard sur la gorge et donne le coup de sifflet convenu. La troupe arrivée, on força ce patron à les conduire en Sardaigne. C'est le compte que rendit ce patron à son retour. Champalini, en le renvoyant, lui donna six francs pour ses peines, et lui dit qu'il avait plus fait lui seul que les Vaux, que les Marbeuf, que les Narbonne et que tous les Français ensemble, puisqu'il n'avait laissé aucun bandit en Corse.

La conduite ferme et juste de M. de Narbonne a étouffé plus de vengeances de famille à famille, de particulier à particulier, a empêché plus d'assassinats, a sauvé la vie à plus de personnes, et a produit autant de bien en quatre mois de temps, que la douceur de M. de Marbeuf avait fait de mal dans l'espace de trois ans. Malgré tous ses actes de sévérité, M. de Narbonne est parti de Corse aimé, respecté et regretté des habitants, au point qu'il s'était formé un parti considérable en sa faveur, à la tête duquel étaient Messieurs l'évêque d'Aleria, de Buttafoco et de Petriconi, pour travailler auprès de M. le chevalier du Muy à empêcher le retour de M. de Marbeuf. Une autre preuve de leur atta-

(68)

chement à sa personne, c'est le titre de premier baron de la Corse que lui donnèrent les Etats assemblés, M. de Marbeuf présent.

Après le départ de M. de Narbonne, au mois de juin 1775, M. le comte de Marbeuf adopta la conduite de son prédécesseur, et la soutint avec autant de fermeté que de dignité jusqu'en 1777, que j'ai quitté la Corse, conduite qui doit le justifier aux yeux de bien des gens, et leur prouver que ses fautes dans l'administration de cette île lui appartenaient moins qu'aux ministres qui les lui ordonnaient.

Je reviens à mon sujet. Je me suis aperçu, depuis que j'habite cette île, que la méfiance assez fondée de ses habitants sur notre gouvernement, et les mauvais propos des troupes sur le séjour ennuyeux autant que coûteux et désagréable qu'on leur fait faire ici, pendant trois ans, sans aucune espèce de traitement, nuisent beaucoup à la liaison qu'il serait nécessaire d'établir entre les deux nations. D'une autre part, le faste indécent de nos gens de finances, leur inconduite et leur impertinence envers les nationaux qui sont souvent dans la nécessité d'avoir à faire à eux, les humilient et les révoltent à un point singulier. Il résulte de ces inconvénients deux sentiments aussi nuisibles aux habitants qu'au gouvernement, le mépris trop marqué des Français pour les Corses, et la haine on ne peut moins équivoque des Corses pour les Français. Ces peuples ne me paraissent pourtant pas des hommes que nous devions mépriser; mais je veux supposer que nous ayons de justes raisons de le faire, est-il d'une saine politique de le leur témoigner? Tant qu'on ne s'avisera pas des moyens d'étouffer cette division de sentiments, et de rapprocher les esprits, il y a toute apparence que l'ordre, la paix, l'union, ne seront que momentanés. Jusqu'à ce jour, il ne parait pas qu'on veuille s'en occuper. Au lieu de remédier à ces maux, les Ministres de la guerre, de la justice, des finances, et de la marine, ne se sont occupés qu'à créer des emplois pour y placer leurs créatures. Cette foule de gens, soit par ignorance, par incapacité ou par mauvaise foi, retarde plutôt qu'elle ne contribue au bonheur public. Ce public n'ignore pas que la conduite antérieure de la plupart de ces créatures mérite peu son estime, et encore moins sa confiance. Effrayé du passé sous les Génois, il craint de n'avoir changé que de tyran en changeant de maître, et pense que ce sont autant de bouches affamées à la charge du pays. La première imposition a préparé une révolte, et les répétitions des trois premières années l'ont soulevée. Cette révolte ne sera pas la dernière si l'intérêt public continue à faire place aux intérêts particuliers. Cette première imposition, quoique modique, pouvait être mieux appliquée, mieux perçue, plus considérable, et plus relative au bien public. Au lieu de taxer chaque particulier, il ne fallait taxer que la paresse, imposer toute mesure de terre propre à la culture qui ne serait pas mise en valeur à un terme donné. Cette imposition qui devait être très légère, visiblement aussi utile au pays qu'au Roi, n'aurait pu échauffer les esprits que de la partie la moins saine et la plus faible de la Nation. D'ailleurs, cette partie de la Nation aurait toujours eu à sa disposition le moyen de se soustraire à l'imposition, en cultivant son terrain avec les secours que le gouvernement aurait pu donner par forme d'avances hypothéquées sur la récolte et sur le fonds. Le produit de cette taxe aurait démontré chaque année les progrès de l'agriculture; et une fois parvenue au point désiré, on aurait pu imposer d'autres objets. Il est sage de savoir perdre quelquefois peu de chose dans le commencement, pour pouvoir retirer beaucoup dans la suite. C'est sur ce principe que le cultivateur risque de cultiver et d'ensemencer son champ sans être assuré du produit.

(70)

Mais, me dira-t-on, que de détails pour le gouvernement ! La dépense seule de perception excèderait l'imposition. D'ailleurs, ce peuple est inconstant, de mauvaise foi et paresseux. Il est certain que si le gouvernement regarde cette paresse et ces vices comme incurables, ils le deviennent dès ce moment. Mais il semble que ces peuples jouissant d'une vie paisible, plus uniforme, au milieu de leurs familles, uniquement occupés de leurs intérêts, assurés de leurs récoltes, ce même intérêt secondé et favorisé par le Souverain les porterait, de proche en proche, à devenir meilleurs, et à retirer de leurs terres tout ce qu'elles pourraient produire. Quant aux détails de perception, une compagnie chargée des avances et des profits se chargerait aussi de la perception plus facilement qu'on ne pense.

Quand j'ai dit que cette révolte du Niolo ne serait pas la dernière si le gouvernement ne remédie pas à son administration, c'est qu'il n'y a qu'à lire les révolutions de la Corse pour s'en convaincre. La famille des Colonna, sous l'autorité du Saint-Siége, n'a perdu la Corse que pour avoir voulu imposer ce peuple indiscrètement. La république de Pise, la plus juste et la plus modérée envers ce peuple, a fini pourtant par se brouiller avec lui, quand elle s'est vue forcée de l'imposer pour repousser les entreprises des Génois sur cette île. Les Génois eux-mêmes n'ont jamais soulevé cette île que par leur avarice et par leurs exactions.

J'en reviens toujours à mon principe : Abandonnez pour un temps vos intérêts, occupez-vous des siens, et vous ne trouverez plus le même peuple. Mais, me dira-t-on encore, il vaudrait bien mieux abandonner ce pays que de ne pas en retirer le parti le plus avantageux. Sans doute chacun conviendra de cette vérité, mais chacun ne conviendra pas de la nécessité pas plus que de l'utilité des moyens que la France a employés jusqu'à ce jour ; chacun conviendra qu'alors on doit tourner à son profit jusqu'aux vices d'une nation, sans se récrier de la trouver corrompue, et sans chercher à le lui faire sentir. Dans ce cas, on la gouverne par la justice et par la crainte, on la contient par la force, et avant de faire des démarches indiscrètes, on examine bien si dans le cas de guerre on pourra comme en temps de paix avoir cette même force à sa disposition.

Quel parti la France a-t-elle pris à l'égard de ce peuple depuis 1769? Aucun des deux partis ci-dessus. Après une anarchie de quarante ans, précédée de troubles et de dissensions de plusieurs siècles, suivie de la nécessité de la soumettre à main armée, M. de Marbeuf a usé avec lui d'une douceur qu'il a prise avec raison pour l'effet de notre timidité et de notre crainte, et qui a fini par nous en faire mépriser et par l'encourager à une révolte. Alors, d'un excès on est tombé dans un autre, et j'ai vu souvent le moment où tous les habitants de l'île étaient envoyés à la potence ou aux galères. C'est dans ces temps orageux que chacun veut connaître le caractère de ces insulaires, et il n'y a pas de Français qui, parti de Corse, n'arrive en France avec un petit portrait de cette nation, et moi-même peut-être tout le premier; avec cette différence pourtant que tous les matériaux que je rassemble sous mes yeux pour le mieux observer doivent prouver que, sans approuver ses vices et ses défauts, je ne les condamne pas non plus aussi légèrement.

(71)

§ IV.

De l'acquisition de la Corse par M. le duc de Choiseul.

Cette île a coûté à la France plus de soixante millions, tant pour la payer aux Génois, selon le traité de cession fait avec cette République en 1768, que pour les frais de la conquête. Elle coûte encore annuellement trois millions qu'on y fait passer pour payer la solde des troupes qui ne va pas à un million, les appointements du Commandant en chef, 100,000 francs, de l'Intendant, 40,000 francs, du Premier Président, 40,000 francs, et toutes les autres charges de l'administration, dont les frais sont connus et dont les détails seraient aussi longs qu'ennuyeux; et cela, en outre de ce que le Roi retire de ces peuples, de ses douanes et de ses terres domaniales.

Il n'est personne qui au premier coup d'œil, prenant la Corse du côté de l'intérêt, coûtant beaucoup, rapportant peu, ne dise que la France a fait un mauvais marché dans cette acquisition; mais, en la saisissant du côté de la politique, on ne tardera pas à changer de sentiment. Le calcul de M. le duc de Choiseul n'a pas été celui d'un banquier, mais celui d'un homme d'Etat, qui a embrassé sous un seul point de vue une infinité de raisons qui rendaient cette île nécessaire à la France.

Il a dû se dire, du côté de la politique, que, puisqu'il était décidé que la République de Gênes ne pouvait plus conserver cette île sous sa domination, il était de la dernière nécessité que toute autre puissance et surtout les Anglais ne s'y établissent pas; qu'à la première guerre que la France aurait à soutenir, la Corse pourrait lui servir de place d'armes pour y rassembler une armée, des munitions de guerre, des vivres et des vaisseaux, pour de là passer en Italie en trente-six heures si le duc de Savoie et les états de Gênes lui refusaient le passage; que cette île servirait de point de communication à la France et à l'Espagne pour passer dans les états du roi de Naples et dans ceux du duc de Parme et de Plaisance; que si au contraire on y laissait établir les Anglais, les côtes de la Provence seraient perpétuellement exposées, ainsi que le commerce du Levant; que le port de Toulon devenait nul, se trouvant comme enclavé entre la Corse et Mahon, et que, de ce poste avantageux, les Anglais pouvaient non seulement nuire au commerce du Levant, mais même s'en emparer, interrompre les communications de l'Espagne avec l'Italie, y faire perdre la prépondérance à la maison de Bourbon, et peut-être en Europe, par la raison que le duc de Savoie, à cause de la Sardaigne, et les états de Gênes et d'Italie seraient presque toujours forcés d'épouser la querelle des Anglais.

Du côté de l'intérêt, il a également dû se dire que le produit du Levant, que la France conserverait par cette acquisition, acquitterait en peu d'années les dépenses qu'elle serait obligée de faire, soit pour la payer aux Génois, soit pour la soumettre. Encore n'était-il pas bien décidé pour lors, comme on va le voir, qu'elle fût dans la nécessité de la conquérir, car, immédiatement après le traité de cession, elle ne fit passer en Corse que douze bataillons avec la Légion Royale et celle de Soubise.

Des personnes très instruites m'ont donné pour certain que M. le duc de Choiseul n'avait jamais cru être obligé de faire la conquête de la Corse pour la donner au Roi, et l'on me rendit, pour une des preuves, la réponse de M. le duc de Praslin à quelqu'un qui lui disait avoir laissé Madame de

Chauvelin dans la plus grande affliction sur le départ de son mari pour la Corse : « Oh! vous pouvez la tranquilliser, répondit M. le duc de Praslin, et l'assurer de ma part que cette conquête ne coûtera pas un seul coup de canon au Roi. » En voici encore une autre preuve : J'ai déjà dit à la page 51 que la noblesse corse, piquée de se voir sacrifiée au peuple par Pascal Paoli, insinua à M. le duc de Choiseul, par le canal de M. de Buttafoco, alors colonel du régiment Royal-Corse, que les habitants de cette île ne demandaient pas mieux que de passer sous la domination de la France, et que Paoli ne ferait aucune difficulté de suivre le vœu de sa Nation. Ce fut à ce même M. de Buttafoco que la France fut redevable de cette dépense. Il eut la plus grande part à la négociation qui s'ouvrit dans ce temps là, à ce sujet, entre Pascal Paoli et M. le duc de Choiseul, par l'entremise d'un capucin qui depuis fut évêque de Sagone. Cet homme, fin et rusé, sentit bien qu'après le premier pas que la France venait de faire en Corse, avec des troupes, elle ne voudrait pas en avoir le démenti, et que, si Paoli acceptait les propositions avantageuses qu'il était chargé de lui faire de la part de M. le duc de Choiseul, il ne pourrait tout au plus jouer que le second rôle en Corse. En conséquence, il se conduisit si adroitement, dans cette négociation, qu'en même temps qu'il offrait à Paoli des avantages considérables il faisait agir sourdement des ressorts cachés pour lui donner de l'ombrage sur la réalité de ces propositions, ainsi que sur les suites désagréables que sa conduite pourrait lui valoir un jour, soit de la part de sa nation, soit de la nôtre.

On a découvert, depuis, que cet homme, en jouant Pascal Paoli, avait également joué le duc de Choiseul, et sacrifié sa nation à ses intérêts, au point qu'en 1773 le gouvernement s'en méfiait autant que ses compatriotes. On lui a ôté son régiment de Volontaires Corses, créé en sa faveur, pour le donner, sous le nom de Régiment Provincial, à M. de Gafforio, fils du prédécesseur de Paoli, généralement aimé et estimé des Français et des Corses. En lui ôtant son régiment, on le fit inspecteur de ce corps, plutôt par ménagement que pour récompense, et depuis, on lui a même ôté cette inspection.

M. le duc de Choiseul, compromis dans la résistance à laquelle il ne s'attendait pas de la part de Pascal Paoli, ordonna à M. de Marbeuf d'agir hostilement avec ses troupes, en attendant l'arrivée de M. le marquis de Chauvelin. Il commença par faire demander à Paoli la restitution des places qu'il venait d'évacuer. Paoli lui fit demander en réponse si c'était en qualité d'ami ou d'ennemi. M. de Marbeuf lui répondit, par une simple lettre portée par un piéton seulement, que c'était en vertu du traité de cession, que la République de Gênes avait faite à la France, de la Corse, dont il lui envoyait copie ; et que, si à tel jour du mois d'août 1768 il ne se trouvait pas à un rendez-vous donné pour en régler les articles et les accepter, il commencerait les actes d'hostilité.

Paoli, que la France avait reconnu pour Capitaine Général de la Nation, piqué à son tour de se voir traiter comme un polisson, assembla ses compatriotes, leur cacha le traité de cession, et leur fit part seulement des dispositions de M. de Marbeuf, en les assurant que tant que la France n'aurait que seize bataillons en Corse il se faisait fort de leur tenir tête.

La Nation se décida pour la guerre, et abandonna les postes d'Ajaccio et d'Algajola pour être plus rassemblée dans l'intérieur du pays.

M. de Marbeuf n'ayant pas vu Paoli au rendez-vous donné, et n'en ayant pas même reçu de réponse, commença les actes d'hostilité par l'attaque de Barbaggio et de Patrimonio, deux

(75)

villages qu'il enleva vers le milieu d'août (1) 1768, pour établir la communication de Bastia à Saint-Florent.

M. de Chauvelin arriva peu de jours après, et continua les opérations par la prise de Furiani, de Biguglia et du Nebbio, en septembre. De là il fit attaquer le village de Borgo qu'il enleva ; mais il fut repris peu de jours après par les Corses, en octobre, qui nous y tuèrent et prirent beaucoup de monde. M. de Sals ne revint que lui cinquième de sa compagnie de Grenadiers. En récompense, il fut fait lieutenant-colonel du régiment de Quercy. Ce succès ranima le courage des Corses, et depuis cette malheureuse journée nos affaires furent de mal en pis le reste de l'année. La France fit encore passer huit bataillons, en novembre 1768, qui ne donnèrent pas une tournure plus avantageuse à nos succès. L'hiver se passa tout entier à conserver nos anciens postes, sans oser aller plus avant.

Enfin, M. le marquis de Vaux vint en avril 1769, ayant à ses ordres quarante-deux bataillons et deux légions. Il commença ses opérations, en mai 1769, par le passage du Golo, et toute l'île fut réduite sous la domination du Roi en juillet de la même année. Pascal Paoli s'embarqua à Portovecchio avec son frère Clemente Paoli et quelques chefs qui restèrent attachés à son parti, qu'on nomme encore aujourd'hui en Corse les Patriotes. De ce poste, ils firent voile pour Livourne, d'où Pascal Paoli passa en Angleterre, où il s'est marié. Son frère, Clemente Paoli, se fixa à Livourne, avec les chefs qui l'avaient suivi, jusqu'en 1774 qu'il fut forcé

(76)

---

1) 1er août (note de M. Ph. de Caraffa). Sur l'un des murs de la maison Calvelli à Patrimonio on lit l'inscription suivante :

« Cette maison fut défendue par les fusils corses et forcée par les canons français, pendant la trêve, le 1er août 1768. »

(MARMOCCHI, *Abrégé de la géographie de la Corse*, page 117).

par M. le comte de Narbonne de passer à Pise, où il est encore, retiré dans un couvent de moines. Voilà comme la Corse a tant coûté au Roi.

La France a sans doute des raisons bien fortes pour s'opiniâtrer à vouloir garder la Corse avec une pareille administration, malgré tous les désavantages qu'elle y éprouve en temps de paix, et qui augmenteraient encore bien plus à la première guerre. Pour moi, je pense qu'elle retirerait les mêmes avantages de cette île, qu'elle remédierait aux événements douteux d'une première guerre, et qu'elle épargnerait beaucoup, si elle ne voulait la conserver qu'à titre de protection, au lieu de celui de possession. Je vais m'expliquer.

Par le droit de conquête, par le droit de cession et par le droit du plus fort, la France peut bien occuper en propriété tous les ports et toutes les places du contour de la Corse, et ces peuples ne demanderaient pas mieux. Ce serait pour eux comme un rempart destiné à les défendre sans en avoir les embarras. Et comme quatre bataillons suffiraient pour cela, la France y épargnerait le transport de douze bataillons tous les trois ans, à raison de trois francs dix sols (par homme?) pour aller, et autant pour le retour. Elle y gagnerait encore les pertes qu'elle y fait annuellement par les maladies. Un commandant en chef et un intendant suffiraient pour les troupes et pour les affaires du pays, au lieu du Conseil Supérieur et des bureaux de toutes les espèces pour l'administration. Quant à l'intérieur du pays, ainsi que pour tous les habitants du contour, elle ne peut que gagner, ce me semble, à les laisser les maîtres de se choisir un gouvernement analogue à leur caractère, à leurs mœurs et à leurs usages, à protéger ce gouvernement une fois reçu et approuvé de toute la Nation, ainsi que leur commerce fait sous son pavillon, et sans en exiger aucun impôt. Ce serait leur affaire de s'imposer relativement à leurs besoins, tant pour

(76)

le civil que pour l'administration du pays. Par un tel désintéressement la France s'attacherait infailliblement cette nation, parce qu'elle y trouverait son véritable intérêt, et à la première guerre elle pourrait compter sur elle, en tirer des bois de construction, de très bons matelots et d'excellentes troupes légères, sans être obligée à la même dépense et sans courir les mêmes risques. Je n'entrevois aucune raison, aucun intérêt de politique ou de finances, qui pût porter ce peuple à manquer à l'attachement qu'il devrait conserver pour la France, intéressés de part et d'autre à se secourir mutuellement.

Pour mieux sentir ce que j'avance, il ne faut que calculer ce que cette île coûte annuellement au Roi et ce qu'il en retire, ce qu'elle lui coûterait à titre de protection et ce qu'il pourrait en retirer sans frais et sans embarras. Pour ne pas entrer dans des détails longs et ennuyeux, je me bornerai à démontrer que si le Roi est obligé de faire passer toutes les années en Corse trois millions, en outre des revenus de ses fermes et de l'imposition du pays, et d'y entretenir seize bataillons, il est clair que cette île à titre de possession lui coûte annuellement près de deux millions, le surplus servant à la solde des troupes qui le consommeraient également en France. Outre ces deux millions, le Roi perd encore le numéraire que les Français y font venir pour leur subsistance, et dont la majeure partie passe dans les pays étrangers. A la dépense et à la perte d'argent il faut encore ajouter une dépense d'un autre genre et d'une importance bien plus essentielle : c'est la consommation journalière de ses troupes. Il est prouvé par le relevé des hôpitaux de la Corse que le Roi, sur seize bataillons, y perd annuellement, par les maladies qui y règnent, tantôt 500, tantôt 600, et dans certaines années jusqu'à 700 hommes, sans y comprendre ceux qui, épuisés par des fièvres de langueur à la suite de plusieurs rechutes, vont finir leur vie dans leurs familles ou dans les hôpitaux de France. Cette perte, qui monte annuellement à plus d'un treizième de ses troupes, calculée au terme moyen de 600 hommes, ne peut s'apprécier. Il est encore prouvé, par le relevé des hôpitaux de France, que dans les années les plus malsaines le Roi n'y perd pas au delà de 150 hommes par an, sur un pareil nombre de bataillons. Cette différence de 150 hommes à 600 prouve que la perte annuelle est de 450 hommes de plus en Corse. On en jugera mieux par le tableau suivant :

TABLEAU

Des journées d'hôpitaux et des morts qu'a eus le régiment de Picardie dans les années 1772, 1773, 1774, 1775, 1776, constatés sur les relevés des registres des hôpitaux et sur les revues des Commissaires. Le régiment de Picardie était composé de quatre bataillons, et chaque bataillon de huit compagnies de fusiliers de 54 hommes et d'une compagnie de grenadiers de 52 hommes. La force des bataillons était de 484 hommes. 484 hommes multiplié par 16 bataillons forment un total de 7,744 hommes.

Année 1772

Mois		Journées d'hôpitaux	Morts
Janvier	à Landau	1,438)	12
Février	—	2,114)	
Mars	—	1,814)	11
Avril	—	2,096)	
	A Reporter . . .	7,462	23
		(78)	

	Report . . .	7,462	23
Mai à Landau.		2,228)	
Juin —		2,266)	8
Juillet —		2,485)	
Août —		2,308)	6
Septembre —		627)	
Octobre à Besançon		1,395)	1
Novembre —		1,507)	
Décembre —		1,250)	6
		21,528	44

44 multiplié par 4 pour seize bataillons = 176. Ces 176 morts prouvent que la perte sur 16 bataillons dans l'année 1772 a été à Landau d'1

$$\frac{}{44}$$

Année 1773

Mois		Journées d'hôpitaux	Morts
Janvier à Besançon.		1,576)	
Février —		1,793)	3
Mars —		1,926)	
Avril —		2,260)	3
Mai —		2,631)	
Juin —		2,762)	10
Juillet —		2,345)	
Août —		1,710)	6
Septembre —		727)	
Octobre —		507)	5
Novembre —		1,864)	
Décembre —		2,417)	6
		22,455	33

33 multiplié par 4 pour seize bataillons = 132.

Ces 132 morts prouvent que la perte sur 16 bataillons a été dans l'année 1773 à Besançon d'un peu plus de 1

$$\frac{}{59}$$

(78)

Année 1774

Mois		Journées d'hôpitaux	Morts
Janvier	en France	1,861)	15
Février	—	2,017)	
Mars	—	2,150)	8
Avril	—	2,257)	
Mai	—	2,638)	8
Juin	—	2,906)	
Juillet	en Corse	4,742)	20
Août	—	6,139)	
Septembre	—	6,954)	26
Octobre	—	5,977)	
Novembre	—	4,137)	27
Décembre	—	3,126)	
		44,904	104

104 multiplié par 4 pour 16 bataillons $= 416$.

Ces 416 morts prouvent que la perte sur 16 bataillons a été dans l'année 1774 en Corse de plus de $\dfrac{1}{19}$

Année 1775

Mois		Journées d'hôpitaux	Morts
Janvier	en Corse	2,281)	18
Février	—	1,751)	
Mars	—	1,633)	9
Avril	—	2,126)	
Mai	—	1,968)	10
Juin	—	1,825)	
Juillet	—	1,891)	8
Août	—	2,590)	
Septembre	—	3,613)	19
Octobre	—	4,100)	
Novembre	—	4,292)	21
Décembre	—	3,030)	
		31,100	85

85 multiplié par 4 pour seize bataillons = 340.

Ces 340 morts prouvent que la perte sur 16 bataillons a été en Corse pendant l'année 1775 d'un peu plus de $\dfrac{1}{23}$

Année 1776

Mois	Journées d'hôpitaux	Morts
Janvier en Corse	2,424)	16
Février —	2,048)	
Mars —	1,644)	7
Avril —	1,727)	
	7,843	23

Un voyage fait en Provence en juin 1776 m'a empêché de continuer cette observation.

Voyons maintenant ce que la Corse coûterait au Roi à titre de protection, et ce qu'elle pourrait lui rapporter, sans courir les risques et les dépenses d'une première guerre si les habitants n'étaient pas pour lui. Il a été dit plus haut que quatre bataillons suffiraient pour garder le contour de l'île, en mettant un bataillon à Bastia, un autre à Calvi, un autre à Ajaccio, et le quatrième à Bonifacio, chaque bataillon fournissant des détachements aux postes intermédiaires, au lieu de seize qu'il y entretient. Il y gagnerait les frais de transport, les approvisionnements, les dépenses intérieures du pays, l'exportation de l'argent dans les pays étrangers, et la perte des hommes qui diminuerait en proportion de ses troupes. Il y gagnerait encore les appointements de quantité de charges, tant militaires que civiles, dont il n'aurait plus besoin, et peut-être bien ce qu'il retirerait de ses douanes et de son commerce équivaudrait-il aux dépenses. Il joindrait encore à cet avantage celui de pouvoir compter sur l'attachement de ce peuple, et sur les secours de plus d'un genre qu'il pourrait en retirer en cas de guerre, parce que les Corses seraient nécessités pour leurs propres intérêts d'épouser ceux de la France, pour pouvoir conserver la jouissance de leur liberté.

Je peux me tromper, mais plus j'y réfléchis plus il me semble que la France ne pourrait que gagner à ce pacte d'alliance avec la Corse. D'une autre part, elle se procurerait la satisfaction de faire des heureux, en rendant à ce peuple cette liberté si désirée, si recherchée, et dont malgré tous ses efforts il n'a jamais pu jouir depuis les Carthaginois, comme on le verra dans le chapitre suivant. Si cette liberté avait dû exister quelque part, ce devait être dans cette île, par sa situation avantageuse, que la nature semble avoir fortifiée exprès. Cependant, toujours opprimé dans une partie de cette île, et vivant dans une extrême licence dans l'autre, il ne doit pas paraître surprenant de trouver aujourd'hui ce peuple si corrompu. Mais je m'étonne toujours plus de trouver tant de personnes disposées à le croire sans ressources.

CHAPITRE III.

TABLEAU ABRÉGÉ DES RÉVOLUTIONS DE LA CORSE.

§ Ier.

Les peuples ont différentes époques dans le cours de leur existence, comme les individus dans le cours de leur vie. Ils ont, comme eux, leur naissance, leur adolescence, leur puberté, l'âge de la maturité, celui de la vieillesse et de la caducité. Voyons maintenant si celui-ci a passé seulement un demi siècle, depuis qu'il existe, sous un gouvernement assez paisible pour pouvoir le comparer aux autres peuples de l'Europe. Avant d'observer ce qu'est celui-ci, et ce qu'il peut être un jour, voyons auparavant ce qu'il a été, dans le tableau abrégé de ses révolutions.

La plus ancienne relation qu'on ait de la Corse se trouve dans Hérodote. Il nous dit que ses premiers habitants étaient Phéniciens; que Cadmus, fils d'Agénor, aborda dans cette île qu'il nomma Callista, et qu'il y laissa quelques-uns de ses compagnons avec son cousin Membleareus. Il dit encore qu'à la huitième génération Théras, descendant de Cadmus, vint joindre sa parenté établie dans cette île, avec une troupe d'hommes choisis, dans le dessein d'y vivre amicalement avec eux. Quelque temps après, Théras joignit à sa nouvelle colonie les Miniens, de la race des Argonautes, tribu errante chez les Lacédémoniens, qui en fut chassée par les Spartiates. Dès lors l'île de Callista reçut le nom de Théra.

Il est probable que les Phéniciens ou les Phocéens en furent les premiers habitants, vu qu'ils furent les premiers navigateurs dans les parties occidentales de la Méditerranée, et qu'ils envoyèrent des colonies en divers pays assez éloignés.

Selon Isidore, cette île prit dans la suite le nom de Cyrnos à cause du grand nombre de ses promontoires. Selon lui, Corsa, femme ligurienne, fit la découverte de cette île. Et ensuite, les Liguriens y menèrent une colonie qui lui donna le nom de Corsa, en mémoire de la femme à laquelle on était redevable de cette découverte. Quoique le récit d'Isidore sur ce fait ait tout l'air d'une fable, il est encore probable qu'un peuple de la côte d'Italie, et immédiatement en face de cette île, tel que les Liguriens et les Etrusques, aujourd'hui les Génois et les Toscans, ait pris possession de la Corse dès les anciens temps. Des historiens modernes ne datent la connaissance de l'ancien état de la Corse que de la possession des Etrusques, et ne regardent que comme une fable tout ce qui précède cette possession.

Des Etrusques elle passa aux Carthaginois, lorsqu'ils étendirent leurs conquêtes dans la Méditerranée. C'est sous cette domination que les Corses commencèrent à éprouver les premiers effets connus de la tyrannie. Aristote rapporte que la politique carthaginoise, ayant éprouvé combien il était difficile de contenir ce peuple dans la sujétion, ordonna qu'on arrachât toutes les vignes et les oliviers des terres de l'île, et défendit à ses habitants, sous peine de mort, d'ensemencer leurs champs d'aucune espèce de grains, pour que dès lors ils fussent réduits à une totale dépendance, et obligés de tirer de l'Afrique leurs plus pressants besoins.

La Corse passa de ce joug sous celui des Romains. Lucius Cornelius Scipion fit la conquête de cette île, selon Tite-Live, l'an de Rome 463, dans la première guerre punique, contre une armée de Corses et de Sardes commandée par Hanno, général carthaginois. Selon le même auteur, les Corses ne supportaient pas avec patience leur sujétion aux Romains, puisqu'ils se soulevèrent bientôt après contre le préteur Pinarius, qui, après en avoir tué deux mille, les obligea à donner des otages, et leur imposa un tribut annuel de mille quintaux de cire. Le préteur Cicereius leur livra, peu de temps après, une autre bataille, dans laquelle il leur tua mille sept cents hommes, et en fit plus de mille, prisonniers (1). Ce fut à cette occasion que le tribut annuel fut doublé et mis à deux mille quintaux de cire. Ces exemples

(82)

---

(1) Tite-Live dit qu'il y eut dans cette bataille sept mille Corses tués, et mille sept cents faits prisonniers.

font connaître que la Corse était anciennement plus peuplée qu'elle ne l'est aujourd'hui. Pline nous apprend que Papirius Maso fut le premier qui triompha de ce peuple sur le Mont Alban. Les Romains n'eurent jamais l'entière possession de cette île, où la liberté était toujours prête à se faire jour. C'est ainsi qu'ils la possédèrent jusqu'à la décadence de leur empire.

A l'époque de l'irruption des nations barbares, la Corse partagea le sort des autres provinces de l'empire romain. Elle devint la proie des Goths, qui y établirent alors une espèce de gouvernement féodal. Quelques auteurs disent qu'elle fut conquise par Alaric, premier roi des Goths, mais selon Procope, ce fut par un détachement de l'armée de Totila.

Depuis ce temps là, l'histoire de la Corse ne présente, pendant plusieurs siècles, qu'une suite de guerres et de ravages, par le nombre de ceux qui se la disputèrent. Les dates en sont presque toutes si incertaines qu'il n'est possible de rien affirmer. Voici maintenant ce qu'il parait y avoir de plus assuré sur la chaîne des événements.

Dans le septième siècle, les Sarrasins se rendirent maîtres de la Corse, et en chassèrent la plupart des habitants qui se réfugièrent en Italie. Un de leurs chefs, nommé Lanza Ancisa, se fit roi de Corse. Ce royaume subsista l'espace de cent soixante six ans, sous cinq rois sarrasins qui lui succédèrent, dont le dernier fut Nugulo, contemporain de Charlemagne.

Quelques auteurs disent que les papes, en différents temps, excitèrent les rois d'Aragon et de France à faire à ce pays une guerre sainte, comme on l'appelait alors, mais calculée sur les vues politiques de la Cour de Rome ; que cette île fut conquise par Pepin ou par Charles Martel, et qu'elle fut cédée par la France au Saint-Siége, à titre de donation perpétuelle. Les Corses font voir encore aujourd'hui une fontaine appelée du nom de Charles, dans la piève d'Alesani, et, à ce qu'on ajoute, sur la place où ce vaillant prince vainquit les Maures.

D'autres auteurs n'en parlent pas du tout. Ils disent que Hugues Colonna et quelques nobles romains, à la sollicitation du pape Etienne IV, entreprirent la conquête de cette île. Ils se rendirent d'abord maîtres d'Aleria, et Hugues Colonna prit le titre de comte de Corse, et défit Nugulo, qui fut obligé de se renfermer dans la ville de Mariana, pour y attendre les secours qui lui venaient d'Afrique.

Le pape Pascal engagea le comte de Barcelone à secourir Hugues Colonna, qui, avec ce renfort, chassa Nugulo de toute l'île, quoiqu'il eût reçu les secours qu'il attendait.

Hugues Colonna laissa son fils Bianco dans sa nouvelle conquête, et s'en fut à Rome pour remercier le Pape, qui lui confirma le titre de comte et de seigneur de Corse, à condition qu'il relèverait de la Cour de Rome, et que l'île serait toujours sous l'obéissance du Saint Siége.

Hugues Colonna étant mort à Rome, son fils Bianco Colonna prit le titre de comte de Corse, mais il eut beaucoup de peine à se soutenir contre les Sarrasins qui se soulevèrent, soutenus par Nugulo qui vint débarquer à Portovecchio avec quelques troupes, se mit à leur tête, et ravagea l'île. Bianco Colonna le prit dans une embuscade et le tua.

Abdala, fils de Nugulo, se mit à la tête des Sarrasins, et se soutint dans l'île avec quelques succès; mais Bianco Colonna secouru par l'Empereur rétablit les affaires des Chrétiens. Le Pape envoya aussi un puissant secours, et il força les Sarrasins à se soumettre au Saint Siége, à fournir le cinquième de ce qu'ils recueilleraient, et même à donner le dixième de leurs enfants. Cette dernière condition leur parut la plus dure. Abdala, profitant de leur douleur,

(84)

reparut en Corse, mais, étant mal secondé, il ne fit rien de considérable, et fut obligé de se retirer.

Bianco Colonna, paisible possesseur de la Corse, travailla à faire modérer des impositions aussi dures, et par ce moyen il s'attira l'amour de ses sujets. Son île se peupla de Chrétiens, et ses successeurs jouirent de son petit état. Un d'eux, nommé Henry Colonna, obtint pour récompense de ses services l'abolition de la dîme des enfants. Ce prince ayant été tué par ses ennemis, les nobles s'emparèrent du gouvernement et y établirent une espèce d'anarchie, vexèrent les peuples, et les opprimèrent au point qu'ils furent obligés d'implorer, en 1067, les secours du pape Grégoire VII; ce qu'on prouve par une lettre de ce pape écrite aux Corses, rapportée dans les annales du cardinal Baronius. Ce pape, voyant que les nobles, pour soutenir leur tyrannie, appelleraient à leur secours, les uns les Génois, les autres les Pisans, y envoya le marquis de Massa de Maremme, qui se rendit maître de l'île, soumit la noblesse, et gouverna tout le pays jusqu'en 1077, qu'il mourut.

Voilà ce qu'on peut dire de plus vraisemblable sur l'histoire ancienne de la Corse. On ne trouve aucun monument qui puisse fixer les incertitudes se trouvant dans les différents auteurs qui ont écrit sur cette île. On attribue la perte de ces monuments aux incursions et aux ravages que les Sarrasins y firent en des temps différents, surtout en 1040, sous leur calife Caum-Bianzilla (sic). Ils brûlèrent les villes d'Aleria, de Mariana et plusieurs autres.

(85)

§ II.

Suite des révolutions de la Corse depuis la prise de Bonifacio par les Génois.

Aussitôt après la mort du marquis de Massa de Maremme, les Génois chassèrent les Pisans qui s'y étaient établis, et qui venaient d'y bâtir la ville de Bonifacio. Ils y mirent de nouveaux habitants, de leur nation, qui s'accordèrent fort mal avec les naturels du pays. La confusion et les discordes recommencèrent. Le Pape y envoya un seigneur romain de la maison de Savelly, qui gouverna six ans les Corses. Leur ayant déplu, ils le firent révoquer. Quatre autres gouverneurs que le Pape y envoya successivement eurent le même sort.

En 1091, le pape Urbain II, par une bulle qui est encore à Florence, propose aux Pisans de recevoir la Corse comme un fief dépendant du Saint Siége. L'offre fut acceptée, et les Pisans s'obligèrent à une redevance annuelle. Ils gouvernèrent cette île avec sagesse, calmèrent les troubles qui la déchiraient depuis longtemps, et la rendirent florissante.

Vers le commencement du douzième siècle, les Génois, qui s'étaient érigés en république, s'établirent en Corse dans la piève de Valle. Ils ne tardèrent pas à harceler ceux qui étaient attachés à la république de Pise. Les troubles augmentèrent, et occasionnèrent des dépenses aux Pisans qui voulaient les contenir. Ils ne purent y suffire qu'en mettant des impôts sur le peuple, ce qui le souleva contre leur gouvernement.

Un siècle entier se passa dans ces embarras, et au bout de ce terme, ils donnèrent ce comté de Corse à Sinucello, un des descendants du comte Henri Colonna dont il a été déjà parlé. Ce seigneur entreprit de se rendre maître absolu de toute l'île, et après avoir surmonté les difficultés que plusieurs de ses compatriotes lui opposèrent, il fut reconnu en 1264 gouverneur général de la Corse.

La tranquillité ne fut pas longue. Elle dura peu sous ce nouveau gouverneur, pour avoir voulu établir un capitaine sur ce peuple. Un riche Corse s'y opposa, forma un parti, et causa des troubles intestins qui durèrent longtemps.

Sinucello, se voyant trop faible pour résister au parti opposé, s'adressa aux Génois vers 1289, et leur fit rendre hommage comme seigneurs directs par les Corses de son parti. Les Génois, maîtres de la plus grande partie de la Corse que Sinucello leur avait soumise, voyant que les troubles augmentaient, le sacrifièrent et l'emmenèrent prisonnier à Gênes, où il mourut de chagrin.

Les Pisans qu'on a déjà vus se soutenir avec peine dans la Corse, désespérant de pouvoir y rétablir leurs affaires, la rendirent au pape Urbain IV, qui la donna à Alphonse roi d'Aragon. Ce prince n'en resta pas longtemps possesseur, parce que les Génois l'en chassèrent en 1351. Alors divers seigneurs du pays devinrent les tyrans de leurs cantons, et le peuple, ne pouvant supporter une telle oppression, se fit un chef en 1359 nommé Sambucuccio. Celui-ci força quelques seigneurs à rester tranquilles, mais ne pouvant se soutenir sans un appui, il se donna aux Génois, qui y envoyèrent Jean Boccanegra pour gouverneur.

On trouve cependant dans quelques historiens qu'en 1360 le pape Innocent IV voulait que les Génois le reconnussent pour seigneur direct de la Corse, et qu'en cette qualité ils lui fissent serment de fidélité, et lui payassent le tribut accoutumé.

Les gouverneurs génois qui succédèrent à Boccanegra ne

purent jamais vaincre l'esprit de révolte et d'indépendance qui subsistait toujours parmi les seigneurs corses. Un d'entre eux, nommé la Rocca, se fit élire comte de cette île, et conduisit si bien ses affaires qu'il ne resta plus aux Génois que Calvi, Bonifacio et Saint-Colomban. Ses succès excitèrent la jalousie de plusieurs de ses compatriotes, qui, se joignant aux Génois, ne cessèrent de le troubler dans sa possession jusqu'à sa mort arrivée en 1401. Alors la Corse se trouva divisée par deux partis, nommés les noirs et les rouges, qui subsistaient encore parmi les Corses en 1769.

Enfin, Alphonse V, roi d'Aragon, qui croyait avoir des droits sur cette île par l'investiture que ses prédécesseurs avaient eue des Papes, vint en 1420 assiéger Bonifacio. Les Génois défendirent cette place et firent échouer ses entreprises. Depuis ce temps, la république de Gênes resta maîtresse de cette île, mais elle ne put jamais en jouir paisiblement.

Les seigneurs du pays supportaient avec trop d'impatience le joug des Génois. Aussi s'élevait-il de temps en temps des troubles, qui leur donnaient de l'occupation. Ils crurent avoir trouvé les moyens de les empêcher de se révolter, en les surchargeant d'impôts, et en les vexant de toutes les manières par le secours d'un grand nombre de petits forts qu'ils élevèrent dans l'intérieur.

Ces insulaires étaient alors un peuple impétueux, intrépide et aguerri. Plusieurs d'entre eux avaient déjà bravé l'orage. Ils ne pouvaient être gouvernés que par une puissance capable de les contenir dans le devoir, et qui sût en même temps se concilier leur attachement. Ce n'était pas de la part des Génois qu'ils pouvaient espérer ou craindre un tel gouvernement. D'ailleurs, ils avaient toujours suspecté leur voisinage, surtout après tous les stratagèmes que cette république avait souvent mis en usage, soit pour s'approprier le pays, soit pour les subjuguer.

(87)

Devenus leurs maîtres par des circonstances imprévues, il n'était pas possible que les Corses les vissent de bon œil. Aussi le système politique que Gênes adopta, fut, non de se les attacher, mais de les accabler, pour prévenir les efforts qu'ils pouvaient faire dans leurs révoltes, et leur ôter les facultés de s'affranchir de leur domination. Ils les tenaient dans la sujétion la plus abjecte, et dans l'ignorance la plus grossière. Ces peuples prirent souvent les armes pour se tirer de cette humiliante captivité, mais, sans chefs capables de les conduire, ils ne firent que l'augmenter au lieu de la détruire; car, selon Filippini, ils eurent la douleur de voir brûler par les Génois cent vingt de leurs meilleurs villages, et plus de quatre mille de leurs compatriotes abandonner le pays. Ce peuple vécut dans cette malheureuse situation jusqu'en 1550.

Ce fut environ vers ce temps là que la Corse se ranima sous la conduite de Sampiero de Bastelica, fait colonel des Corses pendant qu'il était en France au service de François Ier. A la mort de ce prince, il retourna dans sa patrie, où il épousa Vanina d'Ornano, héritière de cette maison, dont il porta depuis le nom. Son fils, Alphonse, et son petit fils, Jean-Baptiste, parvinrent tous deux à la dignité de Maréchal de France, et sa postérité finit dans ce dernier.

§ III.

Suite des révolutions de la Corse depuis la conquête d'Henry second.

Selon l'histoire de de Thou, Henry second renouvela la guerre de François Ier contre Charles-Quint. Il fut porté par Sampiero d'Ornano à agir sur la Corse, pour s'ouvrir un passage en Italie, les Génois ayant épousé le parti de l'Empereur. Le général Paul de Thermes passa en Corse en 1553 avec des troupes françaises et avec l'alliance de l'Empereur Turc. Cette guerre, défendue par André Doria, fut poussée avec une égale vigueur des deux côtés. Cependant plusieurs des principales villes de l'île tombèrent au pouvoir des Français, et les habitants du pays faisant cause commune avec eux, la plus grande partie de la Corse se vit délivrée de ses tyrans. Enfin, par la voie de la négociation, il fut conclu un traité entre les Corses et les Génois, sous la garantie d'Henri II ; mais la haine invétérée qui régnait entre ces deux nations fut cause que ce traité ne fut observé qu'autant de temps que vécut Henri II. A sa mort, l'oppression recommença de la part des Génois avec la même rigueur.

Sampiero d'Ornano repassa en Corse, où sa présence inspira à ses compatriotes une nouvelle vigueur, et les disposa à une révolte générale. Il aurait infailliblement réussi, selon les apparences, si les Génois ne l'eussent pas fait assassiner par Vittoli en 1567. Par cette mort, les Génois se remirent encore en possession de la Corse ; mais toujours en crainte de quelque nouvelle tentative, ils ne s'occupèrent plus qu'à rabaisser toujours davantage ces malheureux par le plus dur esclavage.

Leur tyrannie fut au delà de toute expression. Ils exercèrent sur ces malheureux tout ce que le pouvoir arbitraire peut imaginer de plus odieux. Ils forcèrent ce peuple à ne plus faire aucun commerce du superflu de leurs denrées, qu'avec les Génois au plus bas prix. Dans les années de disette, on les exposait à la famine pour subvenir aux besoins de la République. Elle fomentait et entretenait des dissensions intestines parmi eux, pour les affaiblir, et qui firent verser des torrents de sang. On compta qu'il avait péri plus de mille sept cents Corses, par des assassinats, dans l'espace de deux ans. Ces meurtres introduisirent la discorde et la haine entre les familles les plus distinguées, et fournissaient à l'avarice des Génois par la confiscation des biens des coupables et par la vente de l'impunité. La République les condamnait aux galères pour les plus légères fautes, et elle mettait un prix très haut pour les racheter. Il serait trop long de détailler toute l'inhumanité et la barbarie qu'ils furent contraints d'endurer.

Le gouverneur général ainsi que les quatre gouverneurs particuliers ne venaient en Corse que pour y rétablir leurs affaires. Quoiqu'ils n'y restassent que deux ans, ils s'accordaient tous les cinq à piller et à ruiner le pays. Les plaintes n'étaient écoutées à Gênes que comme le murmure d'un peuple turbulent qui ne pouvait souffrir aucune espèce d'administration. Ils vécurent ainsi depuis l'assassinat de Sampiero d'Ornano jusqu'en 1725.

Voici quelle était l'administration génoise en Corse dans ces temps là, sous le gouvernement de François Pinelly (1). La République envoyait de deux en deux ans un gouverneur général dans cette île. Elle y envoyait, en outre, quatre commissaires particuliers, savoir : un à Ajaccio, un à Calvi, un à Bonifacio, et un à Aleria. Chacun de ces commissaires ne reconnaissait dans le département d'autre autorité que celle du gouverneur général à Bastia, auquel les habitants de l'île pouvaient appeler des sentences de ces quatre commissaires, et de celles du gouverneur général au Sénat de Gênes en dernier ressort. Le gouverneur général avait un conseil composé de douze Corses, qui fixait avec lui chaque année le prix des denrées pour la consommation et pour le commerce. En outre, la Nation avait le privilége d'élire tous les ans un certain nombre de députés, pour faire ses affaires à Gênes.

(90)

---

(1) Felice Pinelli.

Deux d'entre eux étaient chargés de l'administration générale, et avaient au dessous d'eux douze plénipotentiaires, ou syndics, qui avaient soin du détail. Enfin, dès qu'un gouverneur sortait de charge, les Génois envoyaient deux sénateurs, avec un plein pouvoir d'examiner sa conduite dans les moindres choses. Ces précautions, quoique très sages en apparence et bien propres à prévenir les abus et les injustices, ne produisaient pourtant pas ces effets, par la raison qu'ils partageaient entre eux le gâteau. Malgré la sagesse de cette administration, les Corses, longtemps pillés, opprimés et méprisés, sollicitèrent alors auprès de la République, pour obtenir quelque adoucissement aux taxes qu'elle mettait sous divers prétextes. Il y en avait une, entre autres, établie pour rembourser quelques dépenses extraordinaires, faites dans une année de cherté. Les Corses prétendaient que, depuis qu'on percevait cette taxe, le remboursement était fait, il y avait déjà longtemps, et ils demandaient qu'elle fût supprimée. Le Sénat refusa durement, et affecta même beaucoup de mépris pour cette Nation vis-à-vis de leurs députés.

Ce fut encore à peuprès vers ce temps-là qu'un soldat corse, qui avait fait une légère faute dans la garnison de Finale, fut condamné au cheval de bois. La populace se moqua de lui, et alla jusqu'à insulter les soldats corses qui étaient présents. Ceux-ci voulurent venger cet outrage, et firent feu pour écarter le peuple, dont ils tuèrent et blessèrent quelques-uns. Le Sénat fit arrêter ces soldats corses, et les condamna à être pendus. Cette sévérité anima leurs parents et leurs compatriotes, qui saisirent l'occasion suivante pour se joindre aux mécontents.

L'émeute fut occasionnée pour un seul *paolo,* pièce de monnaie de fort peu de valeur. Un receveur génois vint exiger d'une pauvre femme fort âgée cette redevance à laquelle elle était taxée. Se trouvant hors d'état de la payer,

(91)

le collecteur la rudoya, et se saisit de ses effets. Les cris et les lamentations de cette femme attirèrent quelques voisins, qui prirent son parti et blâmèrent la dureté du collecteur et celle des Génois. Il les menaça de châtiment, pour l'avoir arrêté dans l'exercice de son emploi. Ce démêlé attira d'autres personnes, qui finirent la dispute en le chassant à coups de pierres. Les Génois envoyèrent des soldats pour soutenir le collecteur, et les Corses s'assemblèrent en grand nombre pour se défendre. Le tumulte alla en croissant, et bientôt toute l'île fut sous les armes.

Les pièves d'au delà des monts déclarèrent les premières qu'elles prenaient les armes pour secouer le joug des Génois, sous lequel elles gémissaient depuis si longtemps. Les habitants de diverses pièves du côté d'Accia (?) se joignirent à elles pour détruire une multitude de petits forts qui les tenaient dans l'esclavage, et dont on leur faisait payer fort chèrement l'entretien. Ensuite, ils marchèrent vers Aleria. Après avoir sommé ce poste de se rendre, ils le forcèrent, et massacrèrent tous les soldats étrangers de la garnison. De là ils se présentèrent devant Bastia, dont ils insultèrent les faubourgs.

Dans cette effervescence générale, les Corses demandèrent hautement à la République l'abolition des taxes et des impôts; qu'on rétablît le gouvernement de l'île sur l'ancien pied; qu'on retirât les garnisons étrangères, et que l'on rendît un terrain situé dans les montagnes, entre la rivière de Liamone et celle de Tavignano, qui appartenait à la Nation en commun, et que les Génois s'étaient approprié.

Ce fut en 1729, sous le gouverneur général François Pinelly, dont l'administration avait achevé de soulever tous les esprits, que cette guerre commença, qui avec quelques intervalles a continué jusqu'à la conquête de cette île faite en 1769 par M. le marquis de Vaux.

(92)

Monseigneur Mary, évêque d'Aleria, qui se trouvait à Bastia, fut député par le gouverneur pour conférer avec le chef des mécontents, nommé Pompiliani. Il en obtint une trêve de trois semaines, sous différentes promesses. Ils se retirèrent en effet, et le gouverneur Pinelly saisit ce temps de calme pour envoyer au delà des monts y percevoir les taxes. Les mécontents regardèrent cette démarche comme une infraction de la trêve, et ils maltraitèrent les commissaires.

La République envoya en Corse Jérôme Veneroso, qui en avait été gouverneur, et qui, s'y étant fait aimer alors, semblait plus propre à calmer cet orage. Il fut trouver Pompiliani, et l'exhorta inutilement à prendre des sentiments pacifiques. N'ayant pu le gagner, il s'en retourna à Gênes avec Pinelly, que la République remplaça par le gouverneur Francesco Gropallo.

Elle espérait que le rappel de Pinelly apaiserait les troubles, mais Gropallo n'ayant pu obtenir la diminution des impôts, la guerre continua comme auparavant.

Les mécontents s'emparèrent de Corte, et ils élurent pour chefs Andrea Ceccaldy, Luigi Giafferi et Domenico Raffaelli. Ces trois chefs entretinrent parmi eux une bonne discipline, et ne semblaient animés que de l'esprit de la liberté. Leur désintéressement, mis en parallèle avec l'avidité des magistrats que Gênes envoyait, fut avantageux au parti des mécontents, qui se grossit considérablement. Ils se conduisirent si sagement, avec tant de prudence et de succès, que les Génois furent bientôt réduits aux villes de Bastia, d'Ajaccio et de Calvi, trois ports qu'ils fortifièrent, sans oser paraître en rase campagne. Les mécontents avaient trois corps de troupes, dont l'un était d'environ douze mille hommes. Un vaisseau étranger leur apporta des munitions de guerre, qui inquiétèrent d'autant plus la République qu'elle soupçonnait plus d'une puissance de favoriser ces troubles.

(92)

Les Génois se virent réduits à demander des secours à l'empereur Charles VI, qui avait rassemblé quelques troupes en Italie, pour s'opposer à l'installation de Don Carlos dans le royaume de Naples et de Sicile, qu'il ne voulait permettre qu'à des conditions très difficiles à accepter. Les choses s'étant accommodées, l'Empereur envoya en Corse un corps de quatre mille Impériaux, sous la conduite du général Wachtendonch.

Les Corses faisaient alors le siége de Bastia, et ils touchaient au moment de s'en rendre les maîtres, lorsque les Impériaux débarquèrent. Ils en firent lever le siége, mais la guerre qui se fit entre les Allemands et les Corses ne fut nullement avantageuse aux premiers. Ils diminuaient tous les jours par leurs pertes, et on fut contraint d'en faire venir deux mille autres, sous les ordres du prince Louis de Wurtemberg.

Les Corses se tinrent toujours sur la défensive, et Luigi Giafferi passa à Livourne pour se pourvoir des choses qui manquaient à son parti. Il offrit même de mettre bas les armes, moyennant la conservation des anciens priviléges et l'abolition des nouvelles taxes. On fut sourd à ses offres.

Après l'arrivée du prince Louis de Wurtemberg, les hostilités commencèrent alors sérieusement. Les avantages que les Impériaux remportèrent furent peu considérables et leur coûtaient fort cher, mais les terres furent ravagées, les arbres fruitiers, abattus, les vignes, arrachées. Enfin les deux partis, aussi fatigués l'un que l'autre d'une guerre si onéreuse, en vinrent à désirer également la paix.

Le général Wachtendonch fit les premières ouvertures d'un accommodement. La base en fut un entier oubli, de part et d'autre, de tout ce qui s'était passé, et on se donna réciproquement des otages. Les plénipotentiaires Génois et Corses convinrent d'une paix dont l'Empereur fut garant.

(93)

Un des principaux articles fut qu'il y aurait à Bastia une chambre impériale, à laquelle on pourrait appeler dans les cas où les Génois n'observeraient pas les articles du traité. Cet acte ayant été publié dans toutes les villes et les bourgades de la Corse, les Impériaux se retirèrent, et s'embarquèrent le 5 de juin 1733.

Malgré cet arrangement, les troubles ne cessèrent pas entièrement. Quelques notables du pays, qui crurent avoir lieu de se plaindre sur des mauvais traitements de la part des Génois et de la République, voyant que le nouveau gouverneur général avait rallumé le feu de la division par des sévérités imprudentes et mal soutenues, profitèrent de cette occasion pour se déclarer. On vit au commencement de 1734 un corps de sept mille Corses commandé par Maldini (?) s'emparer de la ville et du château de Corte, dont la garnison était de sept cents hommes, qui fut obligée de capituler au bout de huit jours.

Ils firent tant de progrès, cette année, que les Génois parlèrent d'un nouvel accommodement. Les Corses n'en voulurent point, à moins que les Cours de France, d'Espagne et de Savoie n'en voulussent garantir le traité. Alors ils étaient maîtres de la campagne, et ils avaient réduit les Génois à se renfermer dans les places fortes.

En 1735, ils convoquèrent une assemblée générale, à laquelle ils invitèrent chaque piève d'envoyer des députés, afin de faire un code de lois qui remédiât aux désordres de l'anarchie que cette révolution introduisait.

Cependant les mécontents manquaient d'artillerie pour entreprendre des siéges. Ils se servaient des cloches pour fondre du canon, et, craignant de ne pouvoir se soutenir à la longue contre les forces de la République, ils offrirent à l'Espagne la souveraineté de leur île, qui ne voulut pas l'accepter, dans la crainte de s'engager dans une guerre contre les nations dont les Génois imploreraient le secours.

Se voyant rebutés, ils voulurent s'ériger en république. Ils firent un règlement qui passa en loi. A l'assemblée générale du 30 janvier 1736, ils élurent pour chefs Ceccaldi, Hyacinthe Paoli et Don Louis Giafferi. On leur donna le titre d'Altesse Royale.

Les Génois reprirent la voie de la négociation, et les Corses consentirent à mettre bas les armes sous certaines conditions; mais les Génois s'étant rendus difficiles, les hostilités recommencèrent, et les mécontents s'emparèrent de divers postes importants, se rendirent maîtres d'Aleria, et reçurent des secours de munitions de guerre et des provisions. On soupçonna l'Espagne de les favoriser sous main. On ajoutait même que les principaux seigneurs de la régence de Gênes n'avaient pas tous le même intérêt à la réduction des Corses.

§ IV.

Suite des révolutions de la Corse depuis l'arrivée du baron de Neuhoff dans cette île.

Théodore Antoine, baron de Neuhoff, fils d'un gentilhomme du comté de la March, aborda au port d'Aleria le 15 de mars 1736. Cet homme singulier plus qu'extraordinaire avait été page de M. le duc d'Orléans, Régent, avait ensuite servi peu de temps dans le régiment d'Alsace. De là il passa en Espagne, revint en France, fut en Angleterre, puis en Hollande. Il voyagea ensuite dans le Levant. De là il revint à Paris, d'où il repassa en Italie.

(95)

Etant à Gênes, arrêté pour dettes en 1732, il y fit connaissance avec plusieurs Corses mécontents, qui y étaient incognito, et l'on croit que c'est dans cette ville qu'il forma le projet de se mettre à la tête des Corses. Etant passé à Livourne, il se lia avec un chanoine nommé Orticoni, agent des Corses, homme de tête, et en qui la Nation avait beaucoup de confiance. Ce chanoine connut bientôt que Neuhoff était un homme hardi et entreprenant, plein d'ambition, capable de risquer sa vie, et n'ayant que cela à perdre. Enfin, il le crut capable de seconder les vues de ses compatriotes.

Comme il régnait des divisions continuelles entre les chefs et les principaux Corses, Orticoni, dans la vue de les mettre d'accord sous l'autorité d'un chef, résolut de leur envoyer le baron de Neuhoff. Celui-ci entra volontiers dans un projet qui flattait son caractère ambitieux et intrépide. Il passa à Tunis, dans ce dessein, où il sut, par ses intrigues, obtenir des Tunisiens un secours considérable en armes et en argent. Ce fut le capitaine d'un bâtiment anglais qui était à Tunis qui se chargea de le conduire en Corse, où, comme il vient d'être dit, il débarqua au port d'Aleria et fut reçu par les mécontents comme un libérateur.

Le 15 avril 1736 les Corses résolurent de le reconnaître pour leur souverain, et ils procédèrent à la cérémonie de son couronnement. Ils lui mirent sur la tête une couronne de laurier, et, après l'avoir promené en pleine campagne, ils l'élevèrent sur leurs épaules en le proclamant roi et en lui prêtant serment de fidélité unanimement. Il honora du titre de comte et de marquis quelques-uns des principaux de sa Cour, et il institua un ordre de chevalerie qu'il nomma l'ordre de la Délivrance. Il accorda la liberté de commerce aux Grecs et aux Juifs, avec le libre exercice de leur religion. Il pacifia toutes les divisions des mécontents. Il fit avertir

(96)

le gouverneur général nommé Rivarola qu'il lui donnait huit jours pour sortir librement de l'île. Il réduisit ensuite les Génois aux seuls postes de Saint-Florent, Calvi, Bonifacio, et deux autres forts, et à la ville de Bastia qu'il fit bloquer. Cependant, comme les secours qu'il avait promis n'arrivaient pas, il proposa aux chefs de l'Etat, en décembre 1736, d'aller lui-même hâter ces secours. Il se déguisa en abbé, passa à Livourne et disparut.

Pendant qu'on ignorait ce qu'il était devenu, il était passé à Turin, de là à Paris, et ensuite en Hollande. Un ancien créancier le fit arrêter à Amsterdam. On le tira d'affaire, et il sortit de prison. Il trouva même le secret de faire partir quelques bâtiments chargés de provisions pour la Corse, et de commencer à former une compagnie de marchands qui firent leurs avances, et devaient être remboursés sur les denrées de Corse, pour leur retour.

L'état où les Génois se trouvaient réduits dans cette île fit craindre à la France que les mécontents ne s'affranchissent totalement de la domination de cette république, et ne se missent sous la protection de quelque autre puissance. Pour les prévenir, elle fit un traité avec cette république, par lequel elle s'engageait à réduire les Corses à l'obéissance ; et au mois de mars 1738, le comte de Boissieux débarqua à Bastia avec trois mille hommes. Il y fit venir les députés des mécontents, et leur dit qu'il avait ordre du Roi, son maître, d'employer tous les moyens possibles pour rétablir la paix et la tranquillité dans l'île, et d'offrir, pour cet effet, les secours nécessaires. Le mémoire des demandes des mécontents lui fut remis, et il y eut un traité conclu entre M. le comte de Boissieux et les sieurs Giafferi et Orticoni, plénipotentiaires des mécontents. Cette négociation fut conduite avec le plus grand secret, et tandis que l'on était occupé à y mettre la dernière main, le baron de Drost, neveu de Théodore, arriva en Corse. M. de Boissieux lui fit dire de se retirer, mais, en septembre, Théodore débarqua lui-même avec des armes et des munitions. Il mit tout en usage pour relever le courage des mécontents ; mais les menaces que M. de Boissieux leur faisait de toute l'indignation de son maître les portèrent à rester tranquilles, et rompirent les mesures de Théodore.

M. de Boissieux exigea une déclaration de la part des mécontents, par laquelle ils remettraient leurs ports entre les mains du Roi, et laisseraient à sa décision le sort de leurs biens, de leur liberté et de leur vie. Ils l'avaient donnée, mais avec toute la répugnance possible. M. de Boissieux leur remit, quelque temps après, un règlement cacheté, qui contenait huit articles, dont les deux premiers exigeaient que tous les habitants seraient désarmés, et accordait une amnistie générale. Il ne leur fut donné que quinze jours pour accepter cette amnistie et le règlement. La province de Balagne s'y soumit ; mais, quand M. de Boissieux voulut en faire désarmer les pièves, il y trouva une résistance qui fit répandre bien du sang, de part et d'autre. Le Comte les traita de rebelles, et les menaça du fer et du feu. Les hostilités recommencèrent alors, et ils ne gardèrent plus aucun ménagement avec les Français.

Les opérations de M. de Boissieux furent lentes, mais bien conduites.

Etant tombé malade, au commencement de 1739, il en mourut à Bastia en février 1739. M. le comte de Maillebois passa en Corse pour le remplacer, au mois de mars, avec des ordres de soumettre ce peuple à tel prix que ce fût. Il eut pour cette opération seize bataillons, outre quelques arquebusiers béarnais pour gravir les montagnes. Il commença ses opérations le 2 mai 1739, et les conduisit si bien qu'à la fin de cette campagne il força les mécontents à mettre bas les armes. Il ne resta que quelques patriotes cachés dans les parties les plus sauvages de l'île, qui ne voulurent accepter aucune des propositions qu'on leur faisait. Ils avaient à leur tête le roi Théodore et le baron de Drost, son neveu. L'hiver empêchait qu'on achevât de les réduire ; mais, au retour du printemps, on les poursuivit de nouveau, et les ayant tous réduits, ou forcés d'apporter leurs armes, Théodore fut obligé de se retirer et d'abandonner la Corse. Son neveu seul resta, errant dans le pays, avec une vingtaine de brigands qui le suivaient, et qu'on eut bien de la peine à réduire.

La Corse ainsi soumise et désarmée, M. le comte de Maillebois repassa en France pour un temps, et rendit cette île aux Génois. Ils y envoyèrent le marquis Dominique Marie Spinola, qui y arriva à la fin de juin 1740, avec la qualité de commissaire général pour la République. Le règlement sur les taxes ayant déplu à ces insulaires, ils refusèrent absolument de se conformer aux ordres de la République, et les troubles recommencèrent. On reprit les armes en 1742, et il y eut quelques actions sanglantes.

Sur ces entrefaites, Théodore aborda en Corse avec deux vaisseaux anglais, et il débarqua des armes et de la poudre. Il crut pouvoir profiter de ces circonstances pour relever son parti ; mais, n'ayant pas eu d'heureux succès, il fut obligé d'abandonner la Corse, et n'y reparut pas depuis. Il passa à Londres, où il ne tarda pas à se faire mettre en prison pour ses dettes. M. Horace Walpole l'en retira par les secours de quelques particuliers, et il a en mains l'acte original par lequel Théodore donnait son royaume de Corse en hypothèque à ses créanciers. Il mourut à Londres bientôt après sa sortie de prison, et fut enseveli dans le cimetière de l'église de Sainte Anne de Westminster.

Les mécontents élurent Gafforio et Matra pour gouverner

(98)

la Corse sous le titre de Protecteurs du royaume. Ils ne demandaient, cependant, pas de se soustraire à la domination des Génois. Ils n'exigeaient que la diminution des taxes et la liberté de porter des armes ; mais, plus on leur accordait, plus ils faisaient de nouvelles demandes. On se détermina enfin à les satisfaire, et le calme parut entièrement rétabli.

La république de Gênes, en 1744, s'était déclarée pour la France et l'Espagne, et ce traité avait indisposé la reine de Hongrie, le roi de Sardaigne et celui d'Angleterre. Ces nouveaux ennemis ne tardèrent pas à susciter des troubles dans la Corse. Dominique Rivarola, génois de nation, et colonel au service du roi de Sardaigne, se rendit en Corse en 1745. Il n'eut pas beaucoup de peine à rassembler un assez grand nombre de mécontents, auxquels il promit de prompts secours de la part de l'Angleterre. En effet, quelques jours après parut une flotte anglaise, et les mécontents conduits par Gafforio firent le siége de Bastia, dont ils s'emparèrent en peu de temps. Soutenus par les Anglais, ils enlevèrent encore aux Génois Saint-Florent, San Pellegrino, et quelques autres postes de fort peu d'importance. Tous ces succès portèrent le parti de Rivarola à le proclamer généralissime du Royaume dans Bastia. Le parti de Gafforio, qui n'avait pas été à cette élection, s'y opposa fortement, et dès lors ce ne fut plus que des animosités et des dissensions cruelles entre les partisans des Génois, de Gafforio et de Rivarola. Ces troubles nuisirent beaucoup aux affaires des mécontents, et leur firent perdre, peu de temps après, les villes de **Bastia** et de Saint-Florent.

La ville de Gênes étant tombée au pouvoir des Autrichiens, les mécontents de Corse reprirent courage en 1747, et Rivarola, après s'être emparé de plusieurs postes importants, se rendit le maître du château de Bastia. Ce fut à l'occasion de cette révolution que M. le marquis de **Cursay** passa en Corse avec son régiment de Tournésis et quelques piquets du régiment Royal Italien. Avec ce peu de troupes, soutenu par le parti que la France avait en Corse, il força les troupes étrangères à s'éloigner de Bastia, et les chassa de quelques autres postes. Rivarola trouva le moyen de s'embarquer pour se rendre à la Cour de Sardaigne et en amener de nouveaux secours. Il revint en Corse en 1748, mais il mourut peu après son arrivée.

Les préliminaires de la paix signée à Aix-la-Chapelle entre la France et l'Empereur achevèrent de rendre le calme à cette île. Les troupes autrichiennes et piémontaises l'ayant évacuée, les mécontents firent leur accommodement avec les Génois, mais ce calme n'était qu'apparent; le germe de la discorde subsistait déjà.

Matra ayant passé au service du duc de Savoie à la fin de 1748, Gafforio resta seul capitaine général des mécontents. Les troubles recommencèrent après un certain temps de calme, et les hostilités continuèrent avec acharnement jusqu'en 1753, que Gafforio fut assassiné par un émissaire des Génois.

§ V.

Suite des révolutions de la Corse depuis l'élection de Pascal Paoli.

L'administration de la Corse avait été si bien établie par Gafforio qu'elle se soutint encore pendant deux ans sans avoir de chefs, et qu'elle continua la guerre avec quelques succès; mais les discordes et les divisions qui s'élevèrent plus que jamais parmi eux, et qui firent revivre les anciennes inimitiés des familles, obligèrent la Nation à élire Pascal Paoli capitaine général le 15 juillet 1755.

Cet homme, aussi adroit qu'éloquent, sut si bien gagner la confiance de sa Nation que tous les ordres de l'Etat s'empressèrent de fournir tout ce qui était nécessaire pour pousser la guerre avec vigueur, de manière qu'en 1761 les Génois furent chassés de l'intérieur de l'île et réduits à quelques places maritimes. Ce fut alors que la République fit des propositions avantageuses à Pascal Paoli et à la Nation, pour porter à ramener les mécontents à l'obéissance, mais elles furent rejetées des deux côtés. Il touchait au moment d'affranchir toutes les parties de la Corse de la domination des Génois, lorsque la France conclut un traité avec cette République, par lequel elle s'engageait à envoyer trois mille hommes de ses troupes en garnison dans les villes fortifiées de Corse, pendant l'espace de quatre ans, en acquit de quelques millions qu'elle restait lui redevoir de la dernière guerre. En conséquence de ce traité, M. le comte de Marbeuf passa dans cette île avec sept bataillons, qui y débarquèrent en octobre 1764, et y prirent possession des villes de Bastia, Saint-Florent, Calvi, Algajola et Ajaccio. Celle de Bonifacio resta occupée par les Génois.

M. de Marbeuf fit une espèce de convention avec Pascal Paoli, pour éviter les actes d'hostilité de part et d'autre ; mais la France ayant fait en 1768 un autre traité avec les Génois, par lequel cette République lui cédait son droit de souveraineté sur la Corse, Paoli et la Nation refusèrent de s'y soumettre. Ce fut sur ce refus que M. de Marbeuf commença la guerre en faisant attaquer Barbaggio et Patrimonio, vers le milieu d'août 1768, qu'il emporta de vive force, pour établir une communication entre Bastia et Saint-Florent. M. le marquis de Chauvelin arriva peu de jours après, et commença ses opérations par la prise de Furiani, de Biguglia et du Nebbio, en septembre 1768. Ses succès n'ayant pas été aussi heureux à Borgo, M. le marquis de Vaux passa en Corse en avril 1769, ayant à ses ordres 42 bataillons et deux légions. Il entra en campagne au mois de mai 1769, et toute l'île fut réduite sous la domination du Roi en juillet 1769.

CHAPITRE IV.

§ Ier.

Position géographique de l'île de Corse

Cette île est située entre le quarante unième degré vingt minutes et le quarante troisième degré de latitude septentrionale, à la prendre de sa pointe la plus au nord, qui est celle du Cap Corse, jusqu'à sa pointe la plus méridionale, proche Bonifacio. A l'égard de la longitude, celle de la ville de Calvi a été déterminée par une observation astronomique à vingt six degrés trente minutes du méridien de l'île de Fer.

La Corse, dans sa partie au nord, est distante de trente trois lieues au sud-est d'Antibes, de trente huit lieues au sud de Gênes, de dix lieues au sud-ouest de l'île de Caprara, de vingt cinq lieues au sud-ouest de Livourne sur les côtes de Toscane, de dix neuf lieues à l'ouest de l'île d'Elbe, de vingt cinq lieues à l'ouest-nord-ouest de l'île de Monte Cristo, de trois lieues de l'île de Sardaigne au sud de Bonifacio. On ne compte de ce port à Tunis que cent vingt cinq lieues, et cent soixante de ce même port à Alger.

(102)

La Corse et la Sardaigne paraissent être une continuation de la chaîne des Alpes, dont l'extrémité du continent vient se perdre dans la mer, entre Gênes et le comté de Nice. Ces deux îles séparent en grande partie la mer Méditerranée en deux, du nord au sud, à partir de Gênes jusqu'aux côtes d'Afrique entre Alger et Tunis.

§ II.

Description géographique de l'île de Corse.

On observera que l'intérieur de l'île est estimé par lieues moyennes de France, de vingt cinq lieues au degré, et que sa circonférence, dont on ne peut faire le tour que par mer, est estimée par lieues marines de France, de vingt lieues au degré.

La lieue moyenne de France est de deux mille cinq cents toises, et la lieue marine de trois mille toises. Le mille de Corse est évalué à huit cent trente trois toises, et pour faire la lieue moyenne de France il faut un peu plus de trois milles de Corse. Les milles marines d'Italie sont évaluées à neuf cent cinquante une toises, et pour faire la lieue marine de France il faut un peu plus de trois milles marines d'Italie. Il faut soixante de ces milles au degré.

La forme de la Corse ressemble assez à celle d'une guitare, dont la chaîne des montagnes du Cap Corse, qui a dix lieues de longueur, ferait le manche. Cette même chaîne de montagnes très escarpées de chaque côté jusqu'à la mer, et déjà fort élevées, qui forme le Cap Corse, se prolonge, en s'élevant toujours plus, jusqu'au centre de l'île, et traverse toute la Corse du nord au sud. D'autres montagnes moins élevées succèdent à cette chaîne de droite et de gauche, les unes jusqu'à la mer, et les autres en laissant des plaines, des plages, des étangs ou des marais, entre elles et la mer. Une autre chaîne de montagnes encore plus élevées croise la première de l'est à l'ouest. La partie de l'île située au sud de cette seconde chaîne s'appelle au delà des Monts, et la partie située au nord s'appelle au deçà des Monts. Voilà à peu près la charpente de l'île de Corse.

Sa plus grande longueur est du nord au sud, depuis la pointe du Cap Corse jusqu'à celle de Bonifacio. On lui donne quarante-une lieues. Sa largeur de l'est à l'ouest est inégale. Dans des parties elle est de dix-huit lieues, dans d'autres de quinze, de huit, et même de quatre lieues. Sa plus grande largeur est depuis l'étang de Diana situé à l'est, jusqu'au cap Rosso situé à l'ouest de l'île, et sa plus petite largeur est depuis Bastia située à l'est, jusqu'à Saint-Florent situé à l'ouest de l'île.

Ses côtes forment des golfes et des anses en quantité, principalement dans la partie de l'île située à l'ouest, qui en rendent le contour très difficile à estimer. Cependant, on peut avancer que cette île a plus de cent vingt lieues de tour, et qu'elle contient au moins quatre cent quatre-vingts lieues carrées de superficie.

On trouve, le long de ces côtes, plusieurs ports et mouillages capables de recevoir toutes sortes de navires marchands, et dans quelques-uns des vaisseaux de guerre. Son sol, quoique rempli de montagnes presque aussi élevées que celles des Alpes, est en général assez bon et fertile, arrosé de plusieurs rivières et de quantité de ruisseaux. Il y a de très bonnes vallées dans les montagnes, les unes propres à la culture du blé, les autres fournissant des pâturages, des châtaigniers, d'excellentes figues, de mauvais fruits, des vignes, et surtout des oliviers dans le deçà des Monts. La

(103)

plus grande partie des montagnes dont toute l'île est remplie sont cultivées ou propres à l'être, ou bien couvertes de bois de différentes espèces.

Cette île est une des plus considérables de la Méditerranée. Sa situation, son étendue, ses productions, l'ont dans tous les temps fait regarder comme importante, et ont attiré l'attention de ses voisins. Par sa position, elle peut commercer facilement avec les côtes de France, d'Italie et d'Afrique. Ce sont là, sans doute, les principales causes qui ont porté ses voisins à chercher à s'en rendre maîtres tour-à-tour, à se la disputer, et à occasionner toutes les révolutions que son peuple a essuyées, depuis les temps les plus reculés jusqu'à ce jour.

§ III.

Côte orientale de la Corse depuis le Cap Corse jusqu'à Bonifacio.

Cette côte, à la prendre depuis sa pointe au nord du Cap Corse, nommée Corno di Becco, près du cap Blanc, jusqu'à la partie la plus méridionale où est Bonifacio, peut avoir au moins quarante lieues marines de longueur.

Corno di Becco est une pointe, ou langue de terre, assez élevée, derrière laquelle on voit, dans les terres, de très hautes montagnes. De là, tirant à l'est, est la tour de Tollare, et plus à l'est, on voit le hameau de l'Arena. Un mille plus à l'est, on voit le hameau de Barcaccio. (1) Toute cette

(104)

---

(1) Nous conservons dans les noms de lieux, autant que possible, l'orthographe du manuscrit, quelque défectueuse qu'elle soit. Le nom du hameau dont il s'agit est *Barcaggio* et non *Barcaccio*.

côte est fort escarpée, et n'a aucun abri. A un mille, se trouve, à l'est, un gros cap avancé, dont les terres sont très élevées, nommé la pointe de Tamarone. Au sud-est, près de ce cap, on trouve la tour et la calanque de l'Agnello, qui offre un petit abri pour les barques. Près de là, tirant au sud, est la tour de la Chiappella. A un mille au sud, est un mouillage nommé la rade de Figaroni. A un mille au sud, derrière la pointe de la Costa, est une calanque où de petits bâtiments peuvent mouiller. A un demi-mille, est la tour et le village de Macinaggio. Les montagnes viennent presque au bord de la mer, le long de cette côte. A deux milles au sud-est, est la tour de Meria et le village de Saint-Roch. A quatre milles au sud, est la tour de Santa Severa. La côte, entre deux, n'a pas d'habitations. Ce sont des montagnes qui viennent border la mer. A deux milles au sud, est la tour de Cagnano, derrière laquelle est une petite anse nommée Porticciolo, où des barques peuvent se retirer. Elle a au fond un ruisseau et quelques habitations peu considérables. A un mille au sud, est la tour d'Iossa. A un mille au sud, est la tour di Ampuglia. A deux milles au sud, est le village de Sisco, sur le bord de la mer, au pied des montagnes qui le bordent. Cette côte est escarpée. A un mille et demi, est le cap Sagron (sic). A deux milles, est la tour et le village d'Erba Longa. C'est une côte escarpée et très montueuse. A un mille au sud, est le village de Vasina, où il y a une calanque, ou abri, pour les barques, avec une tour de ce nom. Les montagnes viennent presque se perdre dans la mer. Elles sont peuplées de plusieurs villages assez près les uns des autres, nommés villaggi di Brando. C'est auprès de cette tour que finit la province du Capo Corso, et que commence celle de Bastia.

A cinq milles au sud, est la ville de Bastia. On trouve, entre deux, cinq tours sur les bords de la mer: Miomo,

(105)

Grisone, Pietra-Negra, di Toga, di Jesuiti. Cette dernière touche presque Bastia. Cette ville est aujourd'hui la capitale de la Corse, et la plus considérable. Elle est située au bord de la mer, par la latitude septentrionale de 42 degrés 27 minutes, à l'ouest de Rome, à l'est de Toulon, et à neuf lieues marines du Cap Corse, nord. Elle s'annonce avantageusement, quand on y arrive par mer. Alors, on la croit beaucoup plus belle qu'elle n'est, étant bâtie sur la pente douce d'un coteau, comme une espèce d'amphithéâtre autour de son port; mais, intérieurement, elle est assez mal bâtie, et les rues encore plus mal distribuées. Elles y sont étroites, sombres, escarpées. Les maisons sont mal construites, et quantité encore endommagées depuis le siège de 1745. Beaucoup sont terrassées sur les toits, comme à Gênes et en Italie.

On y rencontre, cependant, quelques maisons de bon goût, mais intérieurement, les gens aisés ayant l'habitude de n'occuper que le haut de leurs maisons, et d'en louer le reste au peuple. Les églises y sont assez belles. Les Lazaristes y ont une vaste et belle maison. Sa situation, hors de la ville et sur le bord de la mer, est si singulière, que, d'une lieue en mer, cette maison paraît sortir de l'eau. Bastia est la résidence du Commandant, de l'Intendant, du Conseil Supérieur, de l'évêque de Mariana, et de tous les bureaux généralement de l'administration. Les plus beaux édifices et les plus belles maisons de toute la Corse appartiennent assez ordinairement aux moines. La population de cette ville n'est pas considérable, et les Français ou étrangers forment aujourd'hui presque la moitié de ses habitants. Quoiqu'elle ait un port, son commerce est peu considérable. Il consiste en poisson salé, en anchois, en huiles et en cuirs. Dans les tanneries, les ouvriers ne se servent pas, comme ailleurs, de l'écorce de chêne pilée pour tanner les cuirs, mais de la feuille de laurier sauvage réduite en poudre, ce qui rend le cuir vert et très dur.

La ville n'a pour toute défense qu'une mauvaise enceinte, crénelée dans les parties les plus exposées, et un château qui la domine, flanqué de deux bastions du côté de la ville. Ce château se nomme Terra Nova, et Bastia Terra Vecchia. Il peut être regardé comme une petite ville, mais beaucoup plus laide, plus mal habitée, et dont les maisons sont encore plus endommagées par le siége de 1745. Les approches du château et de la ville sont défendues par quatre forts sur les hauteurs, à plus d'une portée de canon.

Le port de Bastia est petit et fermé par un môle de soixante-dix toises de longueur. Son entrée en a quarante de largeur. Il n'est propre que pour des galères, barques, tartanes et autres petits bâtiments qui tirent peu d'eau. Son entrée n'est pas aisée par les gros temps, et l'on y est exposé à des coups de vent qui viennent de dessus les terres par l'ouest, et qui sont fort à craindre. Ceux de l'est et du sud, qui viennent du côté de la mer, obligent les matelots, pendant l'hiver, à retirer leurs bâtiments du bassin pour les mettre à sec sur le bord du rivage. Cette opération se fait assez promptement avec des cylindres de bois et le cabestan.

A trois milles au sud, est la communication de la mer avec l'étang de Biguglia. Il peut avoir six à sept milles de longueur, du nord au sud, sur un mille de largeur. Il n'est séparé de la mer que par une bande de sable fort étroite, qui se termine au bout de sept milles par la tour d'Arco, située sur la pointe du cap d'Arco ; et deux milles au sud, est l'embouchure du Golo. Cette rivière est une des trois plus grandes de la Corse.

C'était proche la rive gauche de cette rivière, et sur le bord de la mer, que la ville de Mariana était située. On n'en voit aujourd'hui aucun vestige. A cinq milles du Golo, est la tour de San Pellegrino. On trouve, entre deux, une espèce de lac ou marais, rempli de joncs et de roseaux, de quatre milles de longueur, sur moins d'un mille de large, qui n'a aucune communication apparente avec la mer, quoiqu'il n'en soit séparé que par une bande de terre sablonneuse et fort basse. Tout le pays, par derrière, est rempli de belles plaines, qui ont quatre à cinq milles de largeur, du moins au pied des montagnes. Cette tour est fortifiée d'une enceinte palissadée, pour servir de magasin, avec une grande maison pour les officiers et la garnison.

A quatre milles, est la tour de Padulella. La côte est la plus élevée, et les montagnes bordent la mer. A trois milles au sud, est la tour de Prunete. A deux milles au sud, est la tour de Florentino. A deux milles au sud, est la tour d'Alistro, et à trois milles au sud, est la tour et la rivière de Bravone. Depuis la tour de Prunete jusqu'à celle de Bravone, il y a sept milles de côtes basses et unies, avec de belles plaines de quatre à cinq milles de profondeur jusqu'au pied des montagnes. A quatre milles au sud, est la tour de Diana. La côte est basse. Il y a, entre deux, un petit étang, nommé Foce Terrazano, qui n'a pas de communication apparente avec la mer, dont il n'est séparé que par une lanière étroite de sable. L'étang de Diana commence au sud, et près de la tour, et s'étend près de trois milles dans les terres, au sud-ouest. Il n'a pas un mille de largeur. Il est séparé de la mer par un terrain fort bas et fort étroit du côté du nord, et qui s'élargit et s'élève en tirant au sud. A trois milles au sud, est la tour d'Aleria. Elle est située à l'embouchure de Tavignano, une des trois plus grandes rivières de la Corse.

Sur la rive méridionale de Tavignano, à deux milles de son embouchure, on voit encore les ruines d'Aleria. Il y a plusieurs villages dans ce canton, et des plaines aussi belles que fertiles. Auprès de la tour d'Aleria, commence un petit étang, peu large, de deux milles de longueur au sud-ouest, nommé Stagno del Sale, séparé de la mer par une plage étroite, par dessus laquelle elle passe par les gros temps. Les habitants y font du sel. Depuis la tour d'Aleria, la côte court quatre milles au sud-ouest jusqu'à l'étang d'Orbino, terre basse et unie. Cet étang n'est séparé de la mer que par une langue de sable sur laquelle elle passe. A trois milles au sud-ouest, est l'embouchure de la rivière de Fiumorbo; toujours côtes basses et sablonneuses. A trois milles et demie, est celle de la rivière de Travo; côte basse et unie, avec de belles plaines. Entre ces deux rivières on trouve l'étang de Fiumorbo et celui de Palo. L'un et l'autre sont fort petits, et tout ouverts du côté de la mer.

A trois milles au sud-ouest, est la tour de Solenzara. Auprès, est la tour et la cale del Loro, qui est dangereuse et ne vaut rien. A deux milles de cette cale, est l'anse de Cannelle, d'environ un mille de longueur, peu profonde. Auprès, est l'anse de Porto di Favone. Tous ces endroits ne valent rien pour les plus petits bâtiments, et les terres, depuis Solenzara jusqu'ici, sont très élevées. Ce sont toutes de hautes montagnes qui se perdent à la mer.

A quatre milles, est le cap de Fautea, fort élevé, et qui s'avance dans la mer, avec une tour au dessus. Il y a au nord, et en dedans de ce cap, une calanque, bonne pour contenir six bâtiments à rames. On trouve ensuite la baie de Piaggia de Sarasco. A un mille, la côte forme une anse au fond de laquelle est une plage de sable, fort unie, où de petits bâtiments et des galères peuvent mouiller très près de la terre, et y faire un débarquement avec facilité, mais dans la belle saison.

A près de deux milles, est le cap de Lagua (sic). Entre deux, est une petite anse dans laquelle on peut mouiller

(108)

avec des barques, des galères ou tartanes. A deux milles et demi au sud-ouest, est le cap et la tour de Saint-Cyprien. Au nord de ce cap, la côte forme une anse avec une cale propre à y mouiller cinq à six bâtiments. Le cap Saint-Cyprien fait l'entrée, du côté du nord, du golfe de Portovecchio, et le cap de la Chiapa forme l'entrée du côté du sud. Il y a six cents toises de la pointe d'un cap à l'autre. Les terres, à droite et à gauche, sont de hautes montagnes qui viennent finir très près du bord de la mer.

Le golfe de Portovecchio, en s'enfonçant dans les terres, forme un port où les vaisseaux de guerre peuvent mouiller en sûreté. Ce port est un des meilleurs de l'île. Il a près de deux lieues de longueur. Il y a au fond du port, sur le haut d'un rocher de difficile accès, un petit fort, entouré de quatre mauvais bastions, dont les courtines sont presque toutes tombées. Il est même dominé par quelques roches du côté de la terre. Ce fort contient quelques habitants qui forment trois ou quatre familles, dont les maisons sont fort délabrées. Ils sont obligés d'abandonner Portovecchio, et de se retirer à Quenza pendant les mois de juin, juillet, août et septembre, à cause de l'air pestiféré qu'on y respire alors. Ce sont ces raisons qui font que ce port, l'un des plus sûrs et des plus beaux de la Méditerranée, est presque abandonné, et qu'on tenterait difficilement d'y faire un établissement considérable. Les Génois n'ont jamais pu réussir à le repeupler. On compte de Bastia à Portovecchio aux environs de vingt deux lieues marines.

Du cap de Chiapa, la côte court cinq milles au sud-ouest, jusqu'à la cale et plage de Santa Giulia. On peut mouiller à l'entrée de cette cale. Derrière, on trouve encore celle de Portonuovo, qui n'en est séparée que par la montagne de Rafaelone qui vient aboutir à la mer. A un mille, est la tour de la Sponsaglia. A deux milles plus au sud, près la pointe

Presile (?), on trouve un gros cap faisant partie de la montagne qui est derrière. La pointe de ce cap forme l'entrée nord-est du golfe de Santa Manza, qui a près de deux milles de profondeur, et un mille et demi de largeur à son entrée.

Il va en se rétrécissant vers le fond. Le mouillage y est fort bon pour toute sorte de vaisseaux. Sur la pointe sud-sud-est de ce golfe est la tour de Santa Manza. A cinq milles au sud-ouest, est le cap de l'Esperone. Les terres sont hautes et escarpées, entre deux. A deux milles à l'ouest, est le cap Bianco. A deux milles et demi à l'ouest-nord-ouest, est l'entrée de Bonifacio. Le cap Bianco se nomme plus communément le cap percé (pertusato), à cause qu'on voit le jour au travers de ce rocher.

La ville de Bonifacio est située sur une presqu'île, dans la partie méridionale de la Corse, par la latitude septentrionale de quarante un degrés vingt quatre minutes. Elle est distante de neuf lieues marines de Portovecchio. Elle est petite et renfermée dans le château, très mal bâtie, et peu en état de faire une certaine résistance.

Elle n'est pas aussi peuplée qu'elle devrait l'être à cause des grandes prérogatives que les Génois ont accordées à ses habitants. Ils les ont toujours distingués des naturels du pays, auxquels ils ne ressemblent pas. Ils les haïssent au contraire, et paraissent avoir des mœurs toutes différentes. Il est certain que ceux-ci descendent d'une colonie que les Génois y envoyèrent autrefois, et qui fut leur première possession dans cette île. La ville relève, pour le spirituel, de l'archevêque de Gênes. Le terrain des environs n'est pas fort étendu, mais il est abondant en grains et en bons vins. Il serait aisé d'y établir de très belles salines. Un autre objet de commerce, pour ce canton, est la pêche du corail dans ses environs, qui y abonde singulièrement, et qui y est d'une finesse et d'une beauté surprenantes par la hauteur de ses branches et l'éclat de sa couleur rouge-foncé.

Le port de Bonifacio est un long enfoncement d'environ un mille de profondeur, et de cinquante à soixante toises de largeur. Il paraît être un large fossé taillé dans le roc. Les vaisseaux n'y peuvent entrer que par le beau temps et avec le vent en poupe, parce qu'on n'y peut louvoyer, son entrée étant trop étroite. Ce serait un port admirable si l'entrée et la sortie en étaient plus faciles.

Le détroit qui sépare l'île de Corse de celle de Sardaigne se nomme les Bouches de Bonifacio. La largeur de ce détroit, du côté de l'ouest, entre Bonifacio et le cap de Longo Sardo, est d'environ cinq milles. A dix milles à l'est de ce cap, on trouve les îles de la Madeleine et celles de Barrelino (?). Ces îles, avec celle de Lavezzo qui en est à trois milles au nord-ouest, forment le plus étroit passage, du côté de l'est, des Bouches de Bonifacio.

§ IV.

Côte occidentale de la Corse depuis Bonifacio jusqu'à Calvi.

A un demi-mille de la pointe de Bonifacio, est une cale où des galères et de petits bâtiments peuvent mouiller. Très près de là, est une anse beaucoup plus grande, appelée cala Paravana, dans laquelle un vaisseau pourrait mouiller. A deux milles et demi à l'ouest, est le cap de Fieno. Les terres depuis l'entrée de Bonifacio jusqu'à ce cap sont très hautes, et les montagnes viennent border la mer. Le cap de Fieno fait l'entrée sud-est du golfe de Ventilegne. Du cap à la pointe de Ventilegne, quatre milles au nord-ouest, la côte, entre deux, forme le golfe qui a près de trois milles de profondeur, et environ deux milles de largeur vers le milieu. Dans le fond de ce golfe, on pourrait aisément faire un débarquement.

La pointe de Ventilegne forme l'entrée sud-est du golfe de Figuari. De cette pointe au cap de Figuari, un mille nord-ouest, l'entre deux forme le golfe qui a près d'un mille de profondeur, où les vaisseaux peuvent mouiller. Ce golfe se nomme Porto Figari, très sûr et excellent, mais il faut le connaître pour pouvoir y entrer avec sûreté. Les terres d'alentour sont de hautes montagnes qui bordent la mer.

A près de deux milles au nord-ouest, est la pointe d'Olmeto. Elle s'avance beaucoup en mer, et est fort élevée, avec une tour au dessus. A un mille, est la Punta a Tre fontane. A deux milles à l'ouest, est la pointe de Roccapina, sur laquelle il y a une tour. A l'ouest de cette pointe, il y a une petite anse, bordée d'une plage propre à un débarquement. A près de deux milles, est la pointe de Barbarina (?), tirant au nord. La côte, entre deux, forme une anse avec une plage assez étendue. A un mille et demi, est la pointe de Tizzano. A quatre milles au nord-ouest, est le cap Senetose. La côte, entre deux, forme un enfoncement dans lequel est la cale de Tizzano. La tour de Tizzano est à l'entrée de cette cale, pour en défendre les approches. Les terres sont de hautes montagnes qui viennent border la mer. Le cap Senetose est fort élevé, et s'avance en pointe dans la mer, avec une tour au dessus.

A quatre milles, est-nord-est, est le cap de Campomoro. Ce cap forme l'entrée du sud du golfe de Valinco. Les terres, entre deux, sont très hautes, et ce sont toutes des montagnes qui bordent le golfe. De la pointe du cap Senetose à celle

(111)

du cap Muro, douze à seize milles au nord, l'entre deux forme le golfe de Valinco. On le nomme aussi golfe de Campomoro et golfe de Talavo. On y trouve plusieurs montagnes, où l'on est assez bien, tant à la côte du nord qu'à celle du sud. Le principal port est celui de Campomoro. Sur la pointe de ce cap est une tour qui se voit de loin. Elle est couverte d'un petit ouvrage à couronne. Ce port est très bon pour les vaisseaux marchands, galères et autres bâtiments. Du cap de Campomoro à la pointe Porticciolo il y a deux milles et demi. Après avoir doublé cette pointe, on trouve une anse, avec une très belle plage de sable. La rivière de Valinco se décharge dans le fond du golfe, auprès de la pointe de Bitorsima (?). En été, on peut mouiller dans ce fond. On voit de là, à trois milles dans les terres et sur la montagne, le village d'Olmeto. Les petits bâtiments peuvent mouiller plus dans le fond, vis-à-vis de la tour d'Aille (Aglio), où il y a un autre mouillage nommé Porto piano (Propriano). A cinq milles de là, il y a un autre mouillage nommé Porto pollo. La tour de ce nom l'indique.

A quatre milles à l'ouest, est le cap Negret (Nero), qui est fort élevé, avec une tour au dessus. On voit, entre deux, la tour de Capannella. A deux milles, est le cap Muro, qui fait l'entrée du nord du golfe de Valinco, et l'entrée du sud du golfe d'Ajaccio. Près de ce dernier cap, est une petite cale nommée Cala d'Orzo, où peuvent mouiller de petits bâtiments.

Le golfe d'Ajaccio est le plus grand et le plus beau de la Corse. Il a onze à douze milles de profondeur, sept milles de largeur à son entrée, cinq milles vers son milieu, et quatre milles vers le fond. Le cap Muro forme son entrée du côté sud, et l'île Sanguinaire celle du côté nord. La ville d'Ajaccio, située à quelques milles du fond du golfe, du côté du cap Sanguinaire, est la ville la plus jolie et la plus agréable de l'île. Sa situation est riante. Presque toutes les rues sont droites et larges. Ses maisons, pour la plupart, sont apparentes et commodes. On y compte quatre mille âmes. Il y a quelques beaux édifices, surtout la cathédrale et le couvent des Jésuites. L'Evêque y fait sa résidence. Elle est fermée d'une bonne muraille et de plusieurs bastions, sans fossés ni chemins couverts. Elle est distante de Bonifacio de quatorze lieues marines. La citadelle, qui défend le mouillage et l'entrée du port, est petite, mais assez bonne. Elle fut bâtie par le maréchal de Thermes, qui prit cette ville. Il y a une fâcheuse incommodité à la ville et à la citadelle. C'est la disette de bonne eau. On n'y boit que de l'eau de citerne, encore mal conservée. Il faut aller chercher celle de fontaine à plus de deux milles. La ville a un faubourg assez grand qui s'étend le long du port.

Le port d'Ajaccio est spacieux et commode, avec un bon môle. Il est parfaitement sûr. Les vaisseaux de guerre peuvent se mettre à l'ancre dans le milieu du bassin, vis-à-vis du faubourg, et les bâtiments marchands un peu plus près de terre. On y fait un commerce assez considérable de corail, de planches, de membrures, de madriers et de solives, qui se font de différents arbres qui croissent abondamment dans les environs. Quelques habitants de cette ville gagnent considérablement à ce commerce.

Du cap Sanguinaire, sur lequel il y a une tour, jusqu'au cap Fieno il y a quatre milles. Ce cap s'avance à la mer et est fort élevé, avec une tour au dessus. Derrière la pointe du cap Sanguinaire, est la plage et l'anse de Sant'Antonio, où on ne peut débarquer. A neuf milles, est la pointe Carghese. La côte, entre deux, forme le golfe de Sagone qui a près de six milles de profondeur, un bon port et quelques mouillages.

Du cap Fieno au Porto Provenzale, trois milles. C'est un

petit port, avec une tour, qui n'est bon qu'en été, et seulement pour des tartanes et autres bâtiments de cette espèce. A six milles, est la plage de Calcatoggio. C'est une anse défendue, du côté du sud, par la tour de Palmentogio, et du côté du nord, par la tour de Capiola (Capigliolo). A trois milles, est la tour de Sagone. Avant que d'arriver à Sagone il y a une belle plage de sable, à l'extrémité de laquelle se jette la rivière de Liamone, une des trois plus considérables de la Corse. A la gauche de son embouchure, sont de très hautes montagnes qui viennent border la mer. Le port de Sagone est fort bon. Les galères et les tartanes peuvent y mouiller plus près de terre que les vaisseaux. C'est un des ports de l'île où il s'embarque le plus de bois et de planches, que l'on tire de la forêt d'Aitone, par Vico. Sagone a été autrefois une ville considérable, dont on voit encore les ruines à un mille du bord de la mer, sur une crête élevée, au pied de laquelle passe le Fiume de Sagone.

Du port de Sagone à Corsa, deux milles. De là à Scalo Greco, trois milles. De là à la calanque Santa Perpetua, trois milles. De là à la cale de Paolo (Paomia?), deux milles. De là à la pointe de Carghese il y a très près, et toute la côte de Sagone à Carghese est déserte. Les terres sont de hautes montagnes qui viennent presque au bord de la mer. La pointe de Carghese s'avance beaucoup en mer. Il y a une tour sur la montagne qui sert de reconnaissance. A un mille et demi, à l'ouest, est la pointe d'Omigna. La côte, entre deux, forme une petite baie, entre ces deux pointes, d'un mille et demi de profondeur, avec une plaine fertile entre la côte et les montagnes. De la pointe et de la tour d'Omigna à Capo Rosso, quatre milles. Ce cap est reconnaissable par une tour qui est sur une terre haute, à la suite de la montagne qui vient border la mer.

A six à sept milles, ouest-nord-ouest, est la pointe d'Arsenino (1). Ces deux caps forment l'entrée du golfe de Porto, qui est mauvais dans certain temps, et dont je ne connais ni l'intérieur ni le mouillage. Au fond du golfe, on voit la tour de Porto. Les terres sont de hautes montagnes, sur lesquelles sont plusieurs villages et le château Ginebra. La côte du nord du golfe n'a rien de remarquable que les hautes montagnes qui viennent jusqu'au bord de la mer.

A quatre milles au nord, est le cap Scandola. La côte, entre deux, forme le golfe de Girolata, qui est mauvais. Il y a cependant, vers le fond, un mouillage, protégé par une tour couverte d'un petit ouvrage à corno (sic), qui peut contenir quatre ou cinq galères. A un mille, est la cale Vieille (cala vecchia). A un mille, est la cale Moretta. A un demi-mille, est le cap Scandola. A quatre milles et demi au nord, est la pointe de Gargana. Cette côte est haute, escarpée et déserte. C'est le pied, ou la base, d'une haute montagne nommée Monte Capo Gardiolo. L'île de Gargana, qui est très près, et fort élevée, a environ deux milles de circuit. Il y a une bonne tour au dessus, très utile pour la découverte, en ce qu'elle domine les pointes de l'île, du nord au sud. Cette île est si proche de la pointe de Gargana que le canal qui l'en sépare n'a guère que la longueur d'un brigantin. A un mille, est la cala de l'Elbo, au fond de laquelle il y a une tour. A un mille au nord, est la Punta Bianca. A deux milles, Focolare. A un mille de là, on trouve les écueils de Galeria qui s'étendent plus d'un mille au large. A deux milles de ces rochers, est le port de Galeria. Il ne peut y mouiller que des bâtiments à rames. Il y a une tour. A sept milles au nord, est le cap de Vela. La côte est haute et escarpée. A quatre milles et demi au nord, est capo Ca-

(115)

---

(1) Osanino ? C'est le Monte Sannico du Dialogo di Giustiniano, pag. 11.

vallo; côte très élevée. A cinq milles au nord, est le cap Revelate. Il y a une cale, à l'ouest de ce cap, nommée Porto Vecchio. A près de deux milles, au nord, est la ville de Calvi.

§ V.

Côte septentrionale de la Corse depuis Calvi jusqu'au golfe de Saint-Florent.

La ville de Calvi est à dix huit lieues marines d'Ajaccio. Elle est située sur une péninsule qui avance dans la mer en forme de cap. Quoiqu'elle soit une des quatre principales villes de la Corse, on peut dire qu'elle est peu de chose. Elle est renfermée dans le château, qui est le mieux fortifié de l'île. Il est bâti sur un roc vif qui s'avance dans la mer. Elle a un petit faubourg, au dessus et au bord de la mer, composé de soixante-dix à quatre vingts maisons assez délabrées, et fermé par une muraille crénelée, construite dans ces derniers temps par les Français. L'évêque de Sagone, ville qui n'existe plus, y fait sa résidence ordinairement. Il y a un couvent de Capucins et un de Récollets.

La rade de Calvi est située dans la partie du nord-ouest de l'île de Corse, par la latitude septentrionale de quarante-deux degrés quarante-quatre minutes. Le golfe de Calvi a près de six milles de tour, et on y peut louvoyer. On mouille dans la rade depuis le plus grand pont jusqu'à la ville. Les bâtiments qui veulent faire quelque séjour dans cette rade mouillent entre l'église de St-François et la ville. On ne peut guère y mouiller que cinq gros vaisseaux pour pouvoir y être à l'aise, et quinze ou dix-huit tartanes plus près de terre.

A un mille de Calvi, est la Fiumara, ou embouchure de la rivière de Bambino. A un mille, est l'embouchure de celle de Secco. A peu de distance de là, est la petite plage de la Renella, où les bateaux peuvent aborder. On trouve ensuite la tour de Caldano, qui par mer n'est pas à trois milles de Calvi, puis la punta Spano. A un mille, est la cale Sant' Ambrogio. A deux milles, est la cale San Damiano. A trois milles de la punta Spano, est la ville d'Algajola, avec une plage fort mauvaise.

Algajola est à deux lieues marines de Calvi. Cette ville était fermée, il n'y a pas longtemps, d'une bonne muraille défendue par trois bastions. Les mécontents, vers 1729, la brûlèrent et la détruisirent presque entièrement. Les Génois s'établirent ensuite dans un de ces bastions, et M. le marquis de Villemur, en y établissant une garnison française, en fit réparer les murs. Aujourd'hui ce n'est qu'un fort, et quelques maisons auxquelles on conserve encore le nom de ville. C'est un endroit aussi affreux que misérable. On n'y fait aucun commerce, et les habitants y languissent dans un état indigent. Il y a un faubourg, à la droite duquel est la rade. A cinq milles, est-nord-est, est l'Isola-Rossa. Ce sont deux petites îles, qui autrefois n'en faisaient qu'une, et que la mer a séparées en deux de l'est à l'ouest. Sur l'île la plus au large, est une tour en bon état, à laquelle on a ajouté quelques fortifications. Le passage entre l'Ile-Rousse et la terre est difficile et fort étroit. Des felouques y passent avec peine. Vis-à-vis, sur la côte, est la tour de Palombara. Proche cette tour, est une cale où de petits bâtiments peuvent mouiller et se mettre à l'abri. A deux milles, est la tour de Lozari. A deux milles, est le cap et l'embouchure de la rivière d'Ostriconi. A un mille, est l'anse de Poraggiola, où deux bâtiments chargés de troupes françaises se perdirent en janvier 1739. A deux milles, est-nord-est, est la pointe

(116)

Acciolo. A deux milles, nord-est, est la pointe de Corbo. A un mille et demi, est la petite plage d'Algo ; ensuite la petite cale d'Algaglio (Malfalco?). A deux milles, est la pointe de Nigriola (Mignola?). A un mille et demi, est la pointe de Corsa. Ce qui vient d'être décrit depuis la rivière d'Ostriconi est appelé l'Egriate. C'est une terre élevée, et des montagnes qui viennent jusqu'au bord de la mer. Le Roi en a fait un don à M. le comte de la Marche, évalué à cent mille écus ; et, en 1774, son agent, M. l'abbé Lourdel, chargé de faire valoir ce canton, avait toute la peine du monde à en retirer cinq à six cents livres par an. A deux milles, est-sud-est, est la cale de Peralto, fort petite, et bonne pour des felouques seulement. A un mille, est la pointe de Cavallata, et ensuite, à peu de distance, est le cap de la Mortella, qui forme l'entrée du golfe de San Florenzo du côté du sud-ouest.

Le golfe de St-Florent est d'une étendue considérable. Son entrée a plus de trois milles de largeur, et sa profondeur est de sept milles. Il pourrait contenir une armée navale des plus nombreuses, si l'ancrage était sûr partout. Il y a une tour sur le cap de la Mortella, et un mouillage vis-à-vis de cette tour, avec une plage de sable au fond de l'anse. A trois milles de ce cap, on trouve la cale de Fornali, et la cale de St-Nicolas, vis-à-vis de laquelle il y a un fort bon mouillage pour toute sorte de vaisseaux. Les galères, les tartanes et autres petits bâtiments mouillent proche le port de Fournache (sic), ou cale St-Nicolas. C'est là que débarqua le maréchal de Thermes, quand il vint faire la conquête de la Corse sous le règne de Henri II. Cette partie du golfe est l'endroit de toute l'île le plus commode et le plus avantageux pour faire une descente.

La ville de St-Florent, située au fond et sur les bords du golfe, est à sept lieues marines d'Algajola, et n'est aujourd'hui qu'un lieu fort misérable, ressemblant plutôt à un village qu'à une ville. Elle n'offre à la vue que des masures et des ruines. Les évêques de Nebbio, ville entièrement ruinée, ont transféré leur siége dans cette ville. Autrefois elle était plus considérable, mais, prise et reprise plusieurs fois, elle a été presque détruite. Elle est encore fermée par une mauvaise muraille crénelée, et défendue par une tour assez grosse. On y voit encore, à une portée de canon, les ruines d'une forteresse qui avait été construite par le maréchal de Thermes. Au sud de la ville, sont quelques terres basses, encaissées dans des montagnes, et marécageuses, qui rendent ce séjour si malsain que peu de gens veulent l'habiter, et qu'on est obligé d'en changer tous les mois la garnison, surtout en été.

§ VI.

Côte occidentale de la Corse depuis St-Florent jusqu'à la pointe du Cap-Corse.

A un mille de la ville de St-Florent, au nord, est la tour et la pointe de Vecchiara. A trois milles, nord, est la plage de Farinole. A un mille, est la Fossa d'Arco. A un mille, est la petite plage de Negro, où il y a une tour. A trois milles, nord, est le village de Nonza. C'est le chef-lieu du fief de ce nom, et ce poste est, pour ainsi dire, la clef de la province du Cap Corse, par la raison que pour pouvoir pénétrer dans le pays par l'ouest-nord-ouest, il n'y a qu'un seul chemin qui passe par Nonza. Il est situé sur un rocher fort élevé et à pic, sur le sommet duquel est une tour, espèce de petite forteresse qui en commande l'entrée.

A trois milles, est la pointe de Canella. A deux milles, est la pointe de Jotani. A trois milles, est la haute pointe de Minerbio. A deux milles, est une petite cale avec une tour. A un mille, est la côte d'Aliso. A deux milles, est la cale des Mutes. A un mille, est l'îlot de Centuri, si proche de la côte qu'un petit bâtiment a de la peine à passer entre deux. Sur cet îlot il y a une chapelle dédiée à Ste-Marie-Madeleine, où est une tour, avec un petit port pour quelques bâtiments à rames. A deux milles, est le cap Blanc, et à peu de distance de ce cap est la pointe de Corno di Becco, qui fait la pointe septentrionale du Cap Corse.

CHAPITRE V.

DIVISION DE LA CORSE
PAR PARTIES EN DEÇA ET AU DELA LES MONTS
ET PAR PROVINCES.

Une chaîne de montagnes des plus élevées de la Corse sépare cette île de l'est à l'ouest en deux parties inégales, et cette chaîne forme une courbe saillante au nord de l'île. Elle commence du côté de l'est près de l'embouchure de la rivière de Fiumorbo, et du côté de l'ouest elle finit au golfe de Porto par le mont Arsenino. Il n'y a que six passages pour pouvoir traverser cette longue chaîne de montagnes. Le premier, du côté de l'ouest, se nomme le passage de Gradaccio. C'est une montagne fort escarpée. La montée commence au fluminal. On y monte par Sant'Antonio, et l'on descend à la rivière de Bossaja, de là à la plage de

Porto Sia. Les montées et les descentes en sont épouvantables, et presque impraticables. Aussi leur donne-t-on le nom d'Echelles de Sia, parce que une partie de ce chemin, si on peut lui donner ce nom, est en forme d'escalier brut dans le roc, où l'on est souvent obligé de se servir des mains pour grimper.

Le second s'appelle le passage de Sta-Maria di Stella. On ne sait comment en indiquer le chemin, parce que tout le pays est désert, et qu'il n'y a pas même de nom pour désigner les cantons. On commence la montée à l'endroit où était un hameau appelé Elcipio (Lutzipeo ?). Ensuite, on descend, par un petit sentier, à Evisa, piève de Sevinentro.

Le troisième s'appelle le passage de Vergio Evisinco. Il est proche du Niolo, et descend à Evisa, piève de Sevinentro.

Le quatrième s'appelle le passage de Vergio de Sto-Pietro. Il commence dans le Niolo même, et la descente finit à Cristinacce, piève de Sevinentro.

Le cinquième s'appelle le passage de Campotili. La montée commence à la piève de Talcini, peu loin de Corte, et la descente se termine au village de Soccia, piève de Vico.

Le sixième s'appelle le passage de Chisomessa (?). Il commence dans la piève de Vivario, en deçà des Monts.

La partie septentrionale de l'île, depuis cette chaîne de montagnes jusqu'au Cap Corse, s'appelle en deçà des Monts. On la divise en sept provinces et trois fiefs, qui sont : Cap Corse, Bastia, Nebbio, Balagna, Calvi, Corte, Aleria ; et les trois fiefs sont : Nonza, Brando et Canari.

La partie méridionale de l'île, depuis cette même chaîne jusqu'à Bonifacio, s'appelle au delà des Monts. On la divise en quatre provinces et un fief, qui sont : Vico, Ajaccio, Sartene, Bonifacio, et le fief d'Istria. Par ces divisions d'en deçà et d'au delà des Monts, la Corse, dans sa totalité, est divisée en onze provinces et quatre fiefs.

(120)

Chaque province est divisée en plusieurs pièves, fiefs ou cantons. On appelle du nom de pièvе divers bourgs, villages et hameaux sous la même régie. Le mot de pièvе vient de l'italien *pievano*, qui signifie curé principal (1). Mais cette division par pièves sert autant aujourd'hui pour les affaires civiles que pour les affaires ecclésiastiques.

On appelle du nom de canton un certain nombre de villages ou hameaux, qui, tous ensemble, se nomment par les naturels du pays villages de tel nom.

Province du Capo Corso.

La province du Cap Corse est dans la partie la plus septentrionale de l'île. Elle est entourée de la mer à l'est, au nord et à l'ouest. Elle a au sud les trois fiefs de Brando, de Nonza et de Canari. Sa longueur, du nord au sud, est de sept lieues, et sa largeur, de l'est à l'ouest, est de trois lieues.

Elle est divisée en fiefs de Brando, Nonza et Canari, en pièvе de Lury, et en cantons ou pays de Tomino, Rogliano, Ersa, Century, Morsiglia, Pino, Barretaly, Cagnano.

Le fief de Brando est composé des villages de Pietracorbara, de Sisco et de Brando, desquels villages dépendent plusieurs petits hameaux.

Le fief de Nonza est composé des villages de **Nonza**, d'Olmeta, d'Ogliastro et d'Olchiny.

Le fief de Canary renferme plusieurs bourgs, villages et hameaux. Le lieu principal est Olmi.

Quoique cette province ne soit, pour ainsi dire, qu'une seule montagne formée de plusieurs autres, elle est très

(121)

---

(1) C'est Pievano *Plebanus* qui vient de Pieve *Plebs*.

peuplée et assez fertile. Ces montagnes, pour la plupart, sont couvertes de vignes, d'oliviers, et arrosées par un grand nombre de ruisseaux. La côte est bordée de petits hameaux habités par des pêcheurs.

Province de Bastia.

Cette province a onze lieues de longueur, du nord au sud. Sa largeur, de l'est à l'ouest, est fort inégale. Elle a au nord la province du Cap Corse, à l'ouest celle du Nebbio, au sud celle d'Aleria, et du côté de l'est la mer. Elle est divisée en pièves de Lota, de Pietrabugno, d'Orto, de Mariana, de Casinca, de Tavagna, de Moriani, de Casacconi, d'Ampugnani, d'Orezza, de Bigorno, de Rostino, de Pietralba et de Caccia.

De Bastia jusqu'à Aleria c'est une plaine de vingt lieues de longueur, du nord au sud, et qui a quelquefois deux lieues de largeur, très propre à la culture de toute sorte de grains, qui renferme de bons pâturages et plusieurs étangs. Les coteaux qui bordent cette plaine à l'ouest sont assez fertiles, surtout du côté de Bastia où ils sont mieux cultivés. Les montagnes très élevées qui dominent tous ces coteaux sont presque toutes couvertes de bois, dont quelques-uns sont beaux. Parmi ces montagnes, on trouve plusieurs vallons fertiles, et qui pourraient produire s'ils étaient cultivés. Cette province est arrosée de beaucoup de ruisseaux et de quelques rivières. Les plus considérables sont le Golo et le Fiumalto.

Province de Balagna.

Cette province est bordée par la mer du côté du nord-ouest, par la province de Calvi à l'ouest, par celle de Corte

(121)

au sud-sud-est, et par celle du Nebbio à l'est. On lui donne quatre lieues et demie de l'est à l'ouest. Elle est divisée par les pièves d'Ostricony, de Tuany, d'Aregno, de Sant' Andrea et Giussany. Ses principaux villages sont Novella, Palasca, Occhiatana, Costa, Olaca (?), Belgodere, Mosoleo, Porcili, Speloncato, Ville, Nessa, Feliceto, Ortiga, Santa Reparata, Corbara, Pigna, Monticello, Aregno, Praoli, Cattery et Algajola.

Quoique cette province soit si bornée, et de plus très montueuse, elle est la mieux plantée, la mieux cultivée et la plus riche de l'île. Ses pièves sont beaucoup plus peuplées que celles des autres provinces. Elle est arrosée de plusieurs rivières et ruisseaux. Les plus considérables sont la Regina, la Novella et l'Ostricone.

Province de Calvi.

Cette province est bornée par la mer du côté du nord et de l'ouest, par les provinces de Corte et de Vico au sud, par celle de Balagna et de Bastia à l'est. Elle a huit grandes lieues de longueur de l'est à l'ouest, et plus de cinq de largeur du nord au sud.

Elle est divisée par les pièves d'Olmi et de Pino. Calvi en est la capitale. Elle n'est pas peuplée pour son étendue. Ses principaux villages sont Alsiprato, Calenzana, Monte Maggiore, Cassano, Montcalé (Moncale) et Santa Maria di Stella. Ce pays est couvert de montagnes, qui s'étendent en beaucoup d'endroits jusqu'au bord de la mer. Il est arrosé par quelques rivières assez grandes, et par quantité de petits ruisseaux.

Province de Corte.

Cette province est située dans le centre de l'île, et est une des plus étendues. Quoique couverte de montagnes et de forêts, elle ne laisse pas que d'être peuplée. On y trouve des vallées qui seraient très fertiles, étant mieux cultivées.

Elle est divisée par les piéves de Valle Rustica, de Talciny, de Venaco, de Castello, de Vivario, de Giovellina, de Rogna, de Bozio, de Niolo, et le canton de Corscia.

C'est dans cette province que les trois plus grandes rivières de l'île prennent leur source. On les nomme le Golo, le Tavignano et le Liamone. Elle est, en outre, arrosée de plusieurs ruisseaux.

La ville de Corte, qui veut dire la Cour, était autrefois la capitale de l'île, mais elle n'est plus aujourd'hui que la capitale de cette province. Elle est située, en partie, au pied d'un rocher qui a peu d'étendue et beaucoup d'inégalité, et en partie sur sa pente, dans une plaine environnée de montagnes d'une hauteur prodigieuse et de défilés presque impénétrables, au point qu'une poignée d'hommes déterminés pourraient y tenir, et en empêcher le passage contre un corps considérable.

Les Français, depuis 1769, ont tracé une nouvelle enceinte qui annonce que le gouvernement a des vues d'en faire un jour la capitale de la Corse, et d'y transférer le siége du Conseil Supérieur, de l'Intendant, du Commandant, et de tous les bureaux de l'administration. Cette nouvelle enceinte a plus d'une lieue de circuit.

Cette ville est peu de chose aujourd'hui. Ces dernières guerres l'ont entièrement détruite, au point que ce n'est plus qu'un village que les Français ont fermé d'une muraille à pierres sèches pour la sûreté de la garnison. Ils y ont construit une citadelle sur un roc qui domine la ville, à la place du vieux château. C'est au pied de la ville que la rivière de la Restonica se jette dans le Tavignano. La Restonica a, dit-on, la propriété de blanchir le fer et de le préserver de la rouille.

(123)

Province d'Aleria.

Cette province s'étend le long de la mer l'espace de onze lieues au sud. Elle a la province de Bastia au nord, celle de Corte à l'ouest, celle de Bonifacio au sud, et la mer à l'est. Elle est divisée par les pièves de Campoloro, d'Alezani, de Verde, de Serra, de Corsa et de Coasina.

Le côté de la mer est un pays plat, arrosé par la Chebbia, l'Alesani, le Bravone, le Tavignano, le Tagnone, le Fiumorbo, l'Abbatesco et le Trave, rivières et ruisseaux qui sortent des montagnes situées à l'ouest de cette province. Aleria en était autrefois la capitale. Il n'en reste plus aujourd'hui que quelques vestiges. Les plaines de cette province sont d'une fertilité surprenante.

Province de Vico.

Cette province est bornée par le golfe de Porto et la province de Calvi du côté du nord, par la mer et par le golfe de Sagone du côté de l'ouest, par la province d'Ajaccio au sud, et par celle de Corte à l'est. Elle est divisée par les pièves de Vico, de Crusine (Cruzzini), de Sorinzù, de Sevidentro, de Siassa-Longa (Sia e Salogna), et le pays ou canton de Capella de Coggia.

Les principaux villages sont Guagno, Evisa, Otta, Marignana, Chidazzo, Tasso, Christinaccie, Piana, et quelques autres. Presque tout le territoire de cette province est inculte ou stérile. La piève de Siassa-Longa (Sia e Salogna) n'est presque rien. Autrefois la colonie des Grecs établis à Paomia en faisait la partie la plus considérable ; mais les mécontents dans la dernière guerre les maltraitèrent si fort qu'ils furent forcés d'abandonner cet établissement et de se réfugier dans Ajaccio.

Province d'Ajaccio.

Cette province est une des plus belles et des plus étendues de l'île. Elle est bornée au nord par la province de Vico, à l'ouest par la mer, au sud par la province de Sartene, et à l'est par celle de Corte. Elle est divisée par les pièves d'Ajaccio, de la Mezzana, de Cinarca, de Celavo, de Capella di Peri, de Cauro, d'Ornano, de Talavo, et le fief d'Istria. Elle est divisée par ses principaux endroits qui sont : Carcopino, Sarola, Opapo, Poggiale, Suari, Casile, Manticiaccia, Ambiegna, Arro, Calcatoggio, San Andrea, Canelle, Sari, Casaglione, Lopina, Ucciani, Carbuccia, Tavera, San Antonio, Vero, Tavaco, Peri, Olmo, Cutoli, Cortichiato, Cauro, Suarella, Eccica, Ocana, Tolla, Bastelica, Santo, Truccolaccie, Santa Maria d'Ornano, Urbalacone, Grosseto, Prugna, Vignale, Zigliara, Azilone, Ampaza, Quascara, Cognocoli, Montichi, Forciolo, Campo, Canavaggio, Frasseto, Albitreccia, Pila, Canale, Torgia, Cardo, Poggio Soprano, Sottano, Ciamanacce, Ghitera, Palneca, San Paolo, Giovicacci, Tasso e Cozzano.

Cette province est assez fertile, et fournit de plus à ses habitants assez de pâturages pour nourrir une grande quantité de bestiaux de toute espèce. Ajaccio en est la capitale. Elle n'a pas toujours existé à la place qu'elle occupe aujourd'hui. Elle était située anciennement à un mille, tirant vers le fond du golfe auquel elle donne son nom, entre la chapelle de Santa-Lucia et le petit oratoire de la Madonna delle Grazie. On en voit encore les vestiges, surtout l'église de St-Jean qui servait alors de cathédrale, et les ruines d'un ancien château construit anciennement par les Sarrasins.

Province de Sartene.

Cette province est bornée au nord par le golfe de Valinco et le fief d'Istria, à l'ouest par la mer, au sud et à l'est par la province de Bonifacio et par Portovecchio. Elle est divisée par les pièves de Sartene, de Viggiano, de Tallà, de Carbini, de la Rocca et de Scopamene. Ses principaux endroits sont : Santa Lucia, Mela, Olmiccia, Poggio di Tallà, Cargiaca, Lorette, Levie, Casteldaccie, San Gavino, Zonza, Quenza, Sorbollà, Serra, Acquafredda, Aullè et Zerubia.

On voit encore à Sartene, chef-lieu de cette province, les restes des murailles qui la fermaient avant sa destruction. Le terrain est assez fertile dans certaines parties, et rempli de pâturages dans d'autres.

Province de Bonifacio.

Cette province, qui est la plus étendue et la moins peuplée de toutes, est bornée au nord par la province de Sartene et par celle d'Ajaccio, à l'ouest par la mer, ainsi qu'au sud et à l'est.

Elle est divisée par les pièves de Bonifacio et de Portovecchio. Le territoire de Bonifacio n'est pas fort étendu. Ce n'est que collines et vallons aux environs ; plus avant dans les terres ce sont de hautes montagnes. Le sol est assez bon. Malgré cela, il n'y a pas de villages dans son étendue. Tout se réduit à la ville et à son faubourg.

Le territoire de Portovecchio a plus d'étendue et très peu d'habitants. Le mauvais air les a détruits, ou les en a chassés. Par conséquent peu de culture. Il abonde en forêts, et presque tout ce pays ne sert qu'à nourrir des troupeaux.

(126)

Des villages.

La majeure partie des villages de la Corse, surtout ceux qui sont un peu considérables, sont situés sur des rochers ou des coteaux très élevés et quelquefois si escarpés qu'on a de la peine à y parvenir. Ils sont fortifiés si naturellement par leurs positions que le plus grand nombre exigerait un petit siége pour s'en emparer. Quelques maisons de ces villages sont crénelées ; beaucoup sont voûtées, d'autres terrassées ; toutes rassemblées assez communément, et quelquefois flanquées de manière à se protéger mutuellement. Quant aux créneaux qui sont dans quelques maisons, ils sont autant l'ouvrage des Français que des Corses, soit avant ou pendant la conquête de 1769. D'ailleurs, bien longtemps avant cette époque, il n'était pas rare de voir des villages entiers se faire la guerre les uns aux autres, et même de famille à famille. On ne trouve pas un seul village dans les plaines de l'île, même les plus fertiles, sans doute à cause du mauvais air qu'on y respire.

Des colonies romaines.

Pendant que la Corse était sous la domination des Romains, Sylla y envoya une colonie qui fonda la ville d'Aleria, et Marius, peu de temps après, y en envoya une autre qui fonda celle de Mariana. On croit, sur les anecdotes de ces temps là, et par la médiocrité des édifices qu'on a pu reconnaître dans les ruines de ces deux villes, que ces deux colonies ne furent composées que du rebut des Romains. Ce fut même en Corse que les premiers empereurs romains reléguaient leurs sujets. Sénèque en est une preuve, car l'on voit encore aujourd'hui dans le fief de Canary, province du Cap Corse, aux environs d'Oreglia (Orenola), la tour où Sénèque fut exilé, et qui porte encore le nom du philosophe.

L'emplacement que les Romains donnèrent à ces deux colonies, très bien choisi, pour la fertilité, mais on ne peut pas plus mal pour la salubrité de l'air, occasionna une grande mortalité à leurs habitants, au point que ces deux établissements ne tardèrent pas à dépérir. L'air pestiféré qu'on respire encore aujourd'hui dans cette longue côte, depuis Portovecchio jusqu'à près de Bastia, occasionné par les marais et les étangs répandus le long de cette plaine, a commencé la dépopulation de ces deux colonies, et les Sarrasins l'ont achevée en détruisant ces deux villes, lorsqu'ils se virent contraints par les Colonnes d'abandonner la Corse.

Des colonies génoises.

La ville de Bonifacio fut peuplée par une colonie génoise, pendant que cette île appartenait au Saint Siége. C'est même le premier établissement et la première possession que cette république ait eus en Corse. Dans leur temps de prospérité, ils accordèrent de grandes prérogatives aux habitants de cette ville, dont ils jouissaient encore lors de la conquête de 1769. Les Génois les ont toujours distingués des Corses, auxquels ils ne ressemblent point. Ils les haïssent au contraire, et paraissent avoir des mœurs toutes différentes. Ceux-ci sont laborieux, inclination assez rare parmi cette nation.

Des colonies grecques.

Lorsque les Turcs s'emparèrent de la Morée, les Grecs qui en occupaient la partie nommée Brazzo di Maina, appelés

Maynotes, leur résistèrent longtemps ; mais à la fin ils furent subjugués. Quelques-uns d'entre eux, ne voulant pas subir le joug des Turcs, ne trouvèrent d'autre ressource que la fuite. Ils essayèrent, à quelque prix que ce fût, de trouver un asile dans les états des princes chrétiens. Après beaucoup de courses, de travaux, de difficultés, de périls et de malheurs, ils arrivèrent enfin à Gênes en janvier 1676. Ces infortunés conclurent une capitulation avec cette république, qui, le mois de février suivant, les fit transporter en Corse. Ils y débarquèrent au port de Sagone. On leur donna trois cantons incultes et déserts de la piève de Vico. C'étaient les pays d'Evisa, de Paomia, et de Siassa-Longa (Sia e Salogna). Ils donnèrent la préférence à celui de Paomia, parce qu'il leur parut plus fertile. Ils y firent leur premier établissement au nombre de 600 personnes. Par un travail aussi assidu que bien entendu, ils vinrent à bout de rendre ce canton si fertile qu'ils excitèrent bientôt la jalousie de leurs voisins, qui vinrent souvent les attaquer ; mais les Grecs, auxquels les Génois avaient permis le port des armes, les forcèrent toujours à renoncer au projet qu'ils avaient formé de s'emparer de leur établissement. Ils y demeurèrent tranquilles pendant près de quinze ans, et ils mirent ce temps à profit pour cultiver leur territoire de mieux en mieux.

Après ce terme, les incursions des Corses recommencèrent, et ils furent toujours repoussés avec la même vigueur ; mais le soulèvement presque général de ces peuples, en 1729, contre les Génois, leur donna des occupations plus difficiles à surmonter, par le nombre des ennemis qu'ils avaient à combattre. Les Corses ne leur demandaient plus leurs possessions ; mais ils voulurent les forcer à prendre les armes avec eux, contre la République. Ne voulant pas manquer de fidélité aux Génois, ils se défendirent vigoureusement pendant un an ; mais en 1731, ne pouvant plus résister au nombre qui les accablait, ils abandonnèrent leur établissement de Paomia, et se retirèrent à Ajaccio. Cette révolte ayant été apaisée en 1733, beaucoup de ces familles retournèrent à Paomia ; mais les mécontents ayant repris les armes l'année suivante, ils abandonnèrent de nouveau le terrain aux mécontents, qui cette fois-là la détruisirent entièrement. Les familles de cette colonie avaient assez multiplié à Paomia pendant cinquante ans. Elles ne furent pas aussi heureuses à Ajaccio, où beaucoup des leurs moururent de chagrin ou de misère. Par le dénombrement de 1740 ils étaient encore au nombre de huit cent cinquante personnes. C'est un peuple très laborieux, dont les femmes entendent bien le ménage. Il a beaucoup de courage et de fermeté, tels qu'étaient les Lacédémoniens leurs ancêtres. Les Génois conviennent qu'ils n'avaient pas de sujets plus fidèles ni aussi reconnaissants qu'eux, et l'on ne doute presque plus que si leur politique avait voulu traiter les Corses comme les Grecs, ceux-là n'auraient jamais pensé à se soustraire à leur autorité.

On sait sur la religion de cette colonie qu'en général les Grecs sont des chrétiens schismastiques, qui ne reconnaissent pas le Pape pour le chef visible de l'Eglise. Ils croient que le Saint-Esprit procède du Fils. Ils n'ajoutent aucune foi au Purgatoire. Ils ne peuvent souffrir dans leurs temples les images en bosse et en relief. Malgré cette différence, le reste de cette colonie n'est composé que de catholiques romains. Ils officient dans une chapelle de la cathédrale d'Ajaccio. Leurs papas, ou prêtres, sont mariés et portent tous une longue barbe. Leurs mariages, leurs baptêmes et leurs enterrements se font selon le rite de leur église. Leur office est extrêmement long, et ils emploient dans leur communion le pain fait avec le levain. Le baptême se fait, parmi eux, par immersion, en plongeant les enfants trois fois dans le baptistère. Ils ont plusieurs carêmes, et ils jeûnent très

(130)

régulièrement. Ils sont remplis de superstitions ridicules. Ils craignent surtout les sortiléges et les maléfices : par exemple, quand ils se marient, on ne publie pas de bans, dans la crainte que les futurs époux ne soient exposés à quelque enchantement.

Leurs habillements diffèrent des nôtres. Les hommes portent des bas, des souliers, des chapeaux, faits comme les nôtres ; mais ils font monter jusque par dessus leur nombril une large culotte, qui, par l'effet qu'elle produit, ressemble plutôt à la jupe d'une femme. Ils enferment dans cette espèce de culotte une camisole bleue ou rouge, et par dessus ils mettent un habit sans poches ni plis, presque fait comme celui des Turcs. Ils entourent cette camisole d'une large ceinture, qui fait trois ou quatre fois le tour de leur corps. Plusieurs mettent dans cette ceinture leur mouchoir, leur montre et autres effets. Ils portent un large sabre sous leur bras gauche, et un poignard qu'ils placent dans leur ceinture. La couleur violette ou pourpre n'est permise qu'aux plus considérables d'entre eux. Ces gens ont en général un mélange de vices et de vertus. Cependant, on leur connait d'assez bonnes qualités en société.

Les femmes portent une chemise très courte, faite ordinairement de toile de coton, et une jupe bleue ou rouge. Elles y attachent en bas un triple rang de rubans de différentes couleurs. Une ceinture très épaisse les serre depuis les reins jusque sous la gorge. Elles mettent, par dessus, un habillement de la couleur de leur jupe, qui ressemble assez à celui des hommes. Une espèce de toque les serre beaucoup aussi sur le front. Elles portent, par dessus, un voile de toile ou de mousseline, qui a quatre aunes au moins de longueur, avec lequel elles s'enveloppent quand elles ne veulent pas être reconnues ; mais plus ordinairement elles lui font faire un ou deux tours sous le menton, pour jeter ensuite les deux extrémités par derrière. Tant qu'elles portent le deuil de leurs maris ou de leurs pères et mères, elles ne se font jamais blanchir, ce qui présente à la vue, en fort peu de temps, une guenille sale et très puante.

Les femmes du peuple sont fort laborieuses. Elles ne s'occupent que du soin d'élever leurs enfants, de veiller à leur ménage, et d'aller au bois à la campagne. Cette occupation journalière emporte tellement tout leur temps qu'elles méconnaissent jusqu'à la moindre apparence de galanterie avec qui que ce soit. D'ailleurs, leurs maris sont fort jaloux, ainsi que de leurs filles. Ce caractère contrarie un peu celui que lui donne une relation très récente, qui les dépeint comme plus belles que les Corses, plus vives que les Françaises, traitant la galanterie si fort en badinant qu'on n'est point étonné de leur voir faire les premières avances, et de les trouver peu scrupuleuses à montrer ou à laisser voir une partie de leurs charmes, que les femmes Corses cachent avec plus de crainte que de vertu. Si cette relation est exacte, il faut que ces femmes aient changé de caractère en bien peu de temps. Je croirais bien plus volontiers que l'auteur n'a voulu peindre que les mœurs des filles grecques, qui sont là comme ailleurs, cherchant à plaire pour s'établir.

On vient de leur rebâtir un nouveau village.

Colonie lorraine.

Peu de temps après la conquête de 1769, le gouvernement fit construire un petit village à une petite lieue et au sud de Bastia, sur le chemin de cette ville à St-Florent, qu'il a peuplé de plusieurs familles lorraines. Mais cette colonie était presque à demi détruite, en 1774, par le mauvais air qui lui vient du sud, étant située sous le vent de l'étang de

Biguglia, qui n'en est éloigné que d'une demi-lieue. Depuis elle diminue encore tous les jours.

CHAPITRE VI.

§ Ier.

*Des rivières, des lacs, des étangs
et des marais de la Corse.*

On trouve dans cette île des lacs, beaucoup d'étangs le long des côtes maritimes, quelques marais, quelques rivières, beaucoup de ruisseaux, et trois ou quatre sources minérales.

Les lacs sont ceux de Creno et d'Ino. On les trouve sur le plateau de la haute montagne de Campotile, qui fait partie de celle de Gradaccio, appelée dans quelques cantons Monte Rotondo. Cette montagne égale presque la hauteur de celles des Alpes. De son sommet, on découvre toute la surface de l'île, la mer de Sardaigne, et toutes les côtes de France et d'Italie. On peut rarement y jouir du coup d'œil, parce qu'elle est couverte de neige la plus grande partie de l'année, et de gros nuages et de brouillards dans l'autre. D'ailleurs, la tête de cette montagne est un rocher presque à pic, où l'on ne peut arriver qu'en y grimpant, pendant une forte demi-lieue, avec l'aide des mains, et souvent à genoux.

La rivière de Golo prend sa source dans le lac d'Ino (1).
(132)

---

(1) Nous avons eu soin d'avertir le lecteur que nous publions le manuscrit tel qu'il est, sans relever aucune des erreurs, géographiques ou autres, qu'il contient.

Son cours, fort encaissé dans de hautes montagnes, va de l'ouest à l'est, traverse les provinces de Corte et de Bastia, va se jeter dans la mer près de Mariana, et est au moins de vingt-cinq lieues.

La rivière de Tavignano prend sa source dans le lac de Creno, distant de celui d'Ino d'une demi-lieue. Son cours traverse des pays incultes et déserts, va au sud-est se jeter dans la mer près d'Aleria, et n'est pas aussi étendu que celui du Golo. Il reçoit, au dessous de Corte, la petite rivière de la Restonica, dont les eaux paraissent chargées de parties mercurielles, par la propriété qu'on leur connait de blanchir le fer et de le préserver de la rouille. Son eau est extrêmement fraîche en toute saison, et est excellente à boire.

La rivière de Liamone prend aussi sa source dans le lac de Creno. Son cours est tout-à-fait opposé à celui du Tavignano. Il va de l'est à l'ouest se jeter dans la mer dans le golfe de Sagona. Ce sont là les trois plus grandes rivières de la Corse.

La rivière de Fiumorbo a deux sources, l'une dans la piève de Vivario, et l'autre dans celle de Corte, au centre des montagnes inhabitées. Elle va se jeter dans la mer près du lac d'Orbino.

La rivière de Gravone, qui a sa source au pied des montagnes de Bocognano, où elle reçoit plusieurs ruisseaux, va se jeter dans la mer à l'entrée du golfe de Valinco (sic).

La rivière de Valinco, qui donne son nom à ce golfe, a sa source dans la piève de Scopamene, passe près de Sartene, et va se jeter dans la mer, au fond du golfe de Valinco.

La rivière de Fiumalto prend sa source dans la piève d'Orezza, et va se jeter dans la mer à San Pellegrino.

Toutes ces rivières fournissent abondamment des truites peu grosses, mais saumonées, et des anguilles prodigieuses par leur grosseur, et des écrevisses près de leur source.

(133)

Une remarque qui étonnera, c'est qu'on n'y trouve aucune autre espèce de poisson d'eau douce.

Outre les rivières ci-dessus, et qui sont les plus considérables, il y a encore une quantité innombrable de ruisseaux.

On trouve encore dans cette île quelques sources d'eaux minérales, soit chaudes, soit froides, et des bains chauds reconnus pour très salutaires.

Il y a des eaux minérales chargées de fer et de vitriol à Stazzona, dans la piève d'Orezza. On en trouve de même nature dans la piève d'Alesani. Ersa, au Cap Corse, en fournit aussi, mais moins acides que les deux premières.

Il y a des bains chauds à Milliacciajo, dans le canton de Fiumorbo, placés au milieu du désert. Les eaux en sont sulfureuses. On y trouve aussi des eaux de même nature, bonnes à boire. On trouve des bains de la même espèce à Vico, mais qui ne sont pas aussi chauds. Il coule une source à Olmeta, au Cap Corse, dont l'eau est propre à arrêter les crachements de sang. Elle participe beaucoup du bols (?).

Il y a des eaux acidules et froides, chargées de quelques portions de sels alcalins, qui coulent entre deux rochers dans les montagnes auprès de Morosaglia, bonnes pour les vieilles dysenteries et pour les maladies de la peau. Il y en a de la même qualité à Corte.

A une lieue de Bastia, tirant au sud, on trouve l'étang de Biguglia, qui a trois lieues de longueur sur plus d'un quart de lieue de largeur. Il communique à la mer par une bouche. Comme ses eaux sont beaucoup plus basses en été qu'en hiver, et que ses bords sont marécageux, l'air est fort malsain dans ses environs pendant l'été et l'automne.

Entre l'embouchure du Golo et la tour San Pellegrino, on trouve une espèce de lac, ou marais, d'une forte lieue de longueur sur un quart de lieue de largeur, sans communication apparente avec la mer.

(134)

Près de la tour de Diana commence l'étang de ce nom. Il s'étend près d'une lieue dans les terres sur un quart de lieue de largeur. Il communique avec la mer. En été, lorsque le soleil a exhalé une partie de ses eaux, il se forme sur les bords une espèce de sel naturel dont se servent les habitants. On y a pêché de très bonnes huîtres.

Auprès de la tour d'Aleria on trouve un petit étang peu large, de demi-lieue de longueur, où les habitants recueillent aussi de ce sel en été. A quelque distance de cet étang on trouve celui d'Orbino.

L'air des environs de Portovecchio n'est si pestiféré que par les marais qui en sont à portée. Dans la province d'Ajaccio il y a plusieurs étangs peu considérables, mais dans lesquels on pêche des truites exquises. Près de St-Florent on trouve un marais, qui, desséché en été par le soleil, oblige les habitants d'abandonner ses environs, principalement lorsque le vent de chiroco règne, vent qui vient du sud-est, et qui est très malsain dans toute l'île.

Les étangs de Biguglia et de Diana sont les plus poissonneux de l'île, mais le poisson y sent un peu la vase.

Sur toutes les côtes de la Corse, la pêche est abondante et de la plus grande diversité de poissons, en particulier celle de l'esturgeon et de la sardine ; mais le poisson le plus estimé se pêche le long de la côte occidentale. Sur divers bords de cette côte on y pêche des huîtres remarquables par leur grosseur. On y pêche aussi beaucoup d'anchois, des rougets, des soles, du turbot, du thon, peu de merlans, et beaucoup d'autres espèces de poissons.

(135)

§ II.

Des productions de la Corse.

Le territoire de cette île est assez fertile, en général. Quoiqu'elle soit extrêmement montueuse, et qu'elle ait des montagnes presque aussi élevées que celles des Alpes, elles ne sont pas aussi arides. On trouve de très beaux vallons parmi ces montagnes, qui quoique peu étendus ne laissent pas que de produire, et qui produiraient encore davantage s'ils étaient mieux cultivés. Le blé y multiplierait avantageusement, ainsi que d'autres graines ; mais les habitants ne sachant depuis longtemps comment se défaire du superflu de leurs denrées, par les entraves que le gouvernement génois mettait à leur commerce, ont abandonné la culture de la plus grande partie de leurs héritages. La grande abondance de châtaignes qu'ils recueillent sans peine et sans culture les dispense de la nécessité de travailler la terre, et, pour l'ordinaire, ces peuples ne sèment de leurs terrains que ce qui leur est absolument nécessaire pour l'entretien de leurs familles.

Dans beaucoup de cantons, les terres sont aujourd'hui cultivées une année, et l'autre non. Il y en a quelques-unes qui produisent deux années de suite, et se reposent la troisième. Il en est quantité d'autres qu'on n'ensemence que tous les cinq ou six ans, mais qui pourraient produire de deux années l'une. Le seul engrais dont on se serve ce sont les cendres des broussailles, des grosses herbes et des aromates qui croissent dans les terres en friche auxquelles on met le feu avant de les préparer à recevoir la semence. La nature fait presque tout ici, et l'art bien peu de chose, faute de moyens, de bras ou de volonté. Malgré ce défaut, il s'y fait des récoltes très abondantes. Le terrain qui borde la mer depuis Bastia jusqu'à Portovecchio est encore plus fécond. Il serait d'une fertilité surprenante, mieux cultivé, et pourrait servir à la subsistance de six fois plus de population que la Corse n'en contient.

Comme chaque habitant est ici propriétaire aisé, et que les fortunes n'y sont pas assez disproportionnées pour y former des classes de riches et de pauvres, il arriverait, si toutes les terres étaient en valeur possible, qu'ils ne sauraient à qui vendre leur superflu. Ce serait donc au gouvernement à leur faciliter des débouchés assurés. Voilà une des raisons de leur paresse, qu'on peut joindre à beaucoup d'autres encore dont il sera parlé.

Les herbes potagères ne sont presque pas cultivées chez ce peuple. Cependant, on pourrait y recueillir toute espèce de légumes avec la moindre industrie. Nos troupes leur en donnent l'exemple, tous les jours, dans des terrains qui ne sont pas des meilleurs ni pour le sol ni pour l'exposition. Je veux prouver ce que j'avance. Nous avons un bataillon dispersé dans la piève de Campoloro, et un autre dans celle de Vescovato. Nos soldats y manquaient de tout en y arrivant. Nous avons demandé aux habitants une petite portion du terrain qui leur était inutile, en propriété seulement pour tout le temps que nous occuperions ces quartiers. On a distribué ce terrain, accordé sans peine, à chaque compagnie. Les soldats se sont amusés à le défricher, à le nettoyer des grosses pierres, dont ils avaient fait des murailles à l'entour, à y conduire de l'eau et à y planter des légumes. Au bout de deux mois chaque compagnie a joui du produit de ses peines, au delà de ses besoins. Le soldat, en s'occupant, y a trouvé son profit, et les propriétaires aussi quand nous quitterons ces quartiers. Ils n'ont point de prairies dans toute

(136)

l'île. Ils n'ont pour la nourriture de leurs bestiaux que de vastes terrains déserts, couverts de bois taillis, appelés communs, si élevés et si fourrés dans le bon terrain qu'il n'est pas possible d'y pénétrer sans beaucoup de peine. Ces taillis produisent de l'herbe et servent à la nourriture des bœufs, chèvres, moutons, cochons, chevaux et mulets, qui y paissent jour et nuit.

On recueille du lin dans presque toutes les parties de la Corse, mais en plus grande abondance et de plus belle qualité dans les provinces de Vico et de Sartene. On peut en dire autant de la vigne qui produirait des vins excellents dans certains cantons, comme au Cap Corse, dans le Nebbio, à Furiani, à Vescovato, à Ajaccio, et dans les environs de Bonifacio, s'ils travaillaient la vigne d'une manière intelligente et soigneuse, s'ils ne noyaient pas leur vin avec de l'eau en le faisant, s'ils le faisaient dans de bonnes cuves au lieu de le presser, à la vigne même, dans des carrés de maçonnerie qui restent découverts toute l'année, et d'où, sans le laisser cuver, ils le transportent, avec des outres très sales et très puantes, dans des tonneaux à leurs maisons.

La culture des oliviers, et leur méthode de faire l'huile, n'est pas mieux entendue. Cet arbre fait pourtant un des principaux revenus de l'île, principalement dans la Balagne, le Nebbio, au Cap Corse, à Bastia, et le long de cette côte sur les coteaux, jusqu'au delà de Cervione, près d'Aleria. Leurs oliviers ne sont ni greffés, ni entretenus, ni taillés, ni cultivés. Ils n'y touchent que pour en gauler les olives. Ces arbres sont dans les montagnes comme des forêts de chênes, et on n'abat les olives qu'en janvier et souvent en février. Il est vrai que, quant à la culture, la pente du sol où ces arbres sont situés est presque partout si escarpée que si on remuait le peu de terre qui s'y trouve il y aurait à craindre que dans moins d'un siècle ce peu de terre ne fût emporté par les pluies de l'automne et du printemps on ne peut pas plus orageuses ; mais ils pourraient cultiver seulement le pied de chaque olivier, et en arracher les broussailles et les grosses herbes qui ne peuvent que diminuer leur nourriture, car, malgré leur grosseur et leur vigueur, ces arbres ne produisent presque rien en comparaison de ceux de la Provence. L'olive n'est communément pas plus grosse qu'un gros noyau de cerise, et l'huile ne vaut rien pour manger, par la seule raison que pour en tirer plus d'huile ils laissent échauffer les olives en monceaux dans les greniers. En voici la preuve :

M. Thiéry, directeur des vivres, loue un verger d'oliviers aux portes de Bastia. Il fait soigner ces arbres comme en Provence, et en fait l'huile avec les mêmes précautions. Je ne suis pas le seul qui en ait mangé. Elle diffère de bien peu de celle de France. Encore, les oliviers ne sont-ils pas greffés. Je ne doute donc pas que s'ils voulaient adopter la méthode de Provence et pour les arbres et pour le fruit cette récolte ne doublât et pour la quantité et pour la qualité. Boswell, auteur anglais, donne pour certain que l'exportation des huiles est montée en Corse en une seule année jusqu'à deux millions cinq cent mille francs, et celle des marrons à trois cent mille francs. Je n'ose pas l'accuser d'exagération, mais il m'est permis de n'en rien croire.

Les vents qui règnent ici très fréquemment, et qui presque toujours sont impétueux, font encore perdre la moitié de la récolte des olives. S'ils ne les laissaient pas aussi longtemps sur l'arbre, cette perte serait beaucoup moins considérable. Dans mes promenades j'étais étonné d'en voir sécher à terre une aussi grande quantité, sans que personne s'occupât de les ramasser. Les plus économes y faisaient venir leurs cochons pour les manger. J'en demandai la raison. On me répondit qu'il faudrait payer des femmes ou des enfants sur le pied de vingt sols par tête, tandis que les plus laborieux ne pouvaient en ramasser que pour la valeur de douze sols. Les plus entendus partagent ordinairement le produit, quand ils peuvent trouver des ouvriers ; ce qui n'est pas commun, et ce qui les oblige à les cueillir aussi tard.

Le sol de la vigne n'est pas mieux cultivé que celui des oliviers ; et je me suis aperçu que la manière dont ils l'élèvent doit exiger plus de temps et leur occasionner plus de dépense qu'en Provence. Ils pourraient se l'épargner en élevant les souches, au lieu de les échalasser et les mettre en treilles. Peut-être bien aussi, ne recueilleraient-ils pas autant de raisins, vu que l'ardeur du soleil pourrait les dessécher au lieu de les mûrir. Ce qui me le fait présumer, c'est que l'usage des Corses à cet égard est observé sur toute la côte d'Italie.

J'ai parcouru bien des pays et des climats bien opposés. Je n'y ai jamais mangé des raisins aussi excellents que ceux qui croissent communément dans cette île. Ils donnent quelquefois la dysenterie, quand on en mange avant les premières pluies. Le vin qu'ils en font est blanc presque partout, très violent, et d'une médiocre qualité ; mais plusieurs expériences réitérées prouvent qu'en le faisant comme partout ailleurs, on en ferait d'excellent en rouge et en blanc, dans plusieurs parties de l'île citées ci-dessus.

Ces insulaires sont dans l'usage de ne donner d'autre façon à leurs terres que celle d'en remuer un peu la superficie avant de les ensemencer. Loin de blâmer cet usage, comme tant d'autres, je le trouve nécessaire et conforme à la nature du sol d'une forte moitié de l'île. Son noyau n'est qu'un rocher recouvert presque partout de huit à dix pouces de terre végétale, si l'on en excepte les bas-fonds, les plages ou les plaines, où les pluies doivent avoir amassé plus de terre. Il est vrai que dans ces parties ils pourraient mieux travailler, et les ensemencer plus souvent avec le secours des engrais qu'ils ne connaissent pas ; mais faute de bras, la moitié de celles de la Corse ne produisent rien, et faute d'argent ou d'industrie, l'autre moitié ne produit pas ce qu'elle pourrait produire.

En causant avec les habitants, je leur demandais pourquoi ils ne cultivaient pas mieux leurs champs, et pourquoi ils en laissaient tant en friche, aujourd'hui qu'ils étaient assurés de jouir de leurs récoltes et d'en vendre le superflu au plus haut prix. Ils me répondaient tous : « Pour défricher et pour ensemencer il faut de l'argent, des avances plus ou moins fortes que nous ne sommes pas en état de faire, et des bras. » Il n'y a pas de réplique à de pareilles réponses ; mais une bonne administration donnerait des encouragements, au moins à ceux qui donneraient les premiers exemples de bonne culture, au lieu d'imposer le pays dès la troisième année de possession. Quant à l'industrie nécessaire pour tirer le meilleur parti de leurs terres, je crois que l'intérêt est le meilleur maître qui puisse les instruire. Il ne leur faudrait qu'une compagnie qui fût assez en fonds pour faire aux particuliers les avances nécessaires.

Il s'en faut de beaucoup que je regarde la paresse qu'on reproche à ce peuple comme naturelle à leur caractère, et sans ressource. Elle ne leur est pas plus naturelle qu'aux autres peuples du midi de l'Europe, que les grandes chaleurs d'une partie de l'année viennent accabler et décourager, surtout lorsqu'on ne sue que pour autrui. J'en trouve la raison moins dans leur caractère que dans le gouvernement vicieux des Génois, qui depuis plus d'un siècle tenait ce peuple dans une espèce d'esclavage, le forçait à vendre au plus bas prix ses denrées aux agents de la République, et gênait, en même temps, son commerce par toutes les friponneries possibles.

(140)

J'en trouve la raison dans notre administration, depuis 1769, qui n'est nullement analogue aux mœurs, aux usages et au caractère de ce peuple.

J'en trouve la raison dans sa sobriété, dans le manque de population, dans l'incertitude où il s'est trouvé, pendant plus d'un siècle, de recueillir le produit de ses sueurs, dans la nécessité où il s'est trouvé de faire sa récolte à main armée et avec le secours de ses voisins, et dans ces révolutions continuelles où ce peuple a vécu depuis un temps immémorial, occupé toute l'année à attaquer ou à se défendre. Est-il, doit-il paraître étonnant qu'il préférât le repos au travail dans les instants de calme ? Le mari passait sa vie un fusil dans le bras, ou bien à s'occuper des intérêts de sa liberté, et la femme à prendre soin de son ménage, et à retirer ce qu'elle pouvait de son champ.

J'en trouve la raison dans le grand nombre de difficultés qu'il faudrait surmonter aujourd'hui, avec la meilleure volonté de mettre en valeur ce qu'on possède, pour donner à cette île la fertilité dont elle peut être susceptible. Personne ne disconviendra, je pense, qu'il faut des bras et de l'argent pour entreprendre des défrichements. Peu de particuliers sont ici en état de faire de pareilles avances, et ne sont pas encore dans l'usage de travailler eux-mêmes. Supposons qu'ils le puissent. Le territoire de cette île, si l'on en excepte quelques parties le long des côtes, est si escarpé qu'ils auraient à craindre de voir leurs défrichements entraînés par les pluies abondantes de l'automne et du printemps, qui sont ici assez régulières toutes les années. Supposons encore qu'il soit aisé d'y remédier, en faisant de distance en distance des murailles à pierres sèches pour retenir les terres. On sait que pour tirer parti des défrichements, il faut des engrais ; et ils n'en ont d'aucune espèce. Ils ont pourtant des bestiaux, et même en assez grande quantité ; mais ils vivent et couchent toute l'année dans les montagnes, conduits par des bergers, et quelquefois à dix lieues loin des habitations pendant l'hiver. On peut faire des écuries, dira-t-on, des étables à vaches, à cochons, des bergeries. J'en conviendrais, si les maisons des villes et des villages étaient situées de manière à avoir du terrain à leur disposition. Toutes les maisons se touchent, presque partout. On répondra qu'il n'y a qu'à les établir dans les champs. Nous voilà alors dans la nécessité du déplacement, et des avances pour construire. N'importe, je suppose encore la chose possible. Les étables construites, il faudra avoir de quoi nourrir les bestiaux pendant la nuit, et pendant l'hiver. Il n'y a pas de prairies dans le pays ; on n'y trouve que quelques grosses herbes le long des marais, des ruisseaux, dans quelques bas-fonds, et des pâturages dans les bois taillis, ou forêts, dont l'herbe est trop courte pour être fauchée. D'ailleurs, ce sont ordinairement des communs, entre plusieurs villages, et en outre ce serait alors autant de retranché aux pâturages. Supposons encore qu'on puisse nourrir les bestiaux, et que les engrais soient suffisants à chaque particulier. Comment les transportera-t-il dans les champs, dans un pays où les plus grands chemins ne sont que des sentiers le long des précipices, et qui dans bien des endroits ressemblent plutôt à des échelles qu'à des chemins ? Qu'on pèse chaque difficulté, et qu'on juge si l'on est fondé, depuis le peu d'années que la Corse appartient à la France, d'exiger de ce peuple la même industrie que des Français.

Je vois que dans les villes et leurs environs, où la tranquillité a dû être établie, plus soutenue et plus fréquente que dans l'intérieur du pays, les habitants y travaillent leurs terres comme ailleurs. Peut-être bien, n'y font-ils pas autant d'ouvrage dans un jour que nos cultivateurs ; mais ils y restent toute la journée, et tous les jours de la semaine.

(142)

Voilà une assez longue dissertation sur la culture. Elle était nécessaire à la vérité. C'est en discutant les choses qu'on parvient à les saisir par leur vrai côté. Je reviens à mon sujet.

Quoique ce pays abonde en troupeaux de vaches, de chèvres et de brebis, les habitants ne sont pas dans l'usage d'employer le lait à en faire du beurre ; mais ils en font d'assez bons fromages.

L'aloès fleurit ici comme dans le Levant, et l'on y trouve les mêmes plantes que dans les provinces méridionales de l'Europe. Par l'examen qui en a été fait, on ne leur trouve aucune différence.

La récolte du lin est assez considérable, dans des parties de l'île. Il est même assez beau pour être estimé, quoique la culture ne soit pas conforme à celle des pays où il vient le mieux.

Cette île abonde en miel, en cire, en goudron, et en fruits épineux, comme l'azerole rouge et blanche, la jujube, la sorbe. Presque tout l'intérieur de l'île est planté de châtaigniers, dont la récolte est considérable. C'est dans la partie de Merosaglia que sont ceux qui produisent les plus belles châtaignes et de la meilleure espèce.

Les limons et les poncires réussissent ici on ne peut mieux. Il y a même près de Bastia un petit village qui porte le nom de Citronniers (?), parce que son territoire en est planté presque partout. Les orangers, bien moins sensibles au froid que les citronniers, y réussissent encore mieux ; mais leurs oranges ne valent rien, faute de bonnes greffes. Ce même défaut regarde également tous les arbres fruitiers, qui, sans être sauvages, ne produisent que de mauvais fruits. Les figues y sont partout de la meilleure espèce, et préférables à celles de Provence. On y recueille beaucoup d'amandes et peu de noix. Quant aux poires, pommes, prunes, pêches et abricots, les espèces en sont si abâtardies que c'est presque du fruit sauvage. M. le comte de Marbeuf et plusieurs Français, qui ont fait des jardins potagers, ont voulu, comme en France, garnir les espaliers d'arbres fruitiers ; mais aucun n'a pu y réussir. La trop grande chaleur nuit à l'arbre et sèche le fruit avant la maturité. Excepté le pêcher et l'abricotier, les autres fruits plantés en plein vent, mais enfermés dans des enclos, ne réussissent pas mieux. Dans l'intérieur du pays, où les chaleurs sont moins précoces, moins fortes et moins longues, où les rosées plus abondantes entretiennent une plus grande fraîcheur, les arbres fruitiers y prospèreraient mieux, surtout dans les expositions plus au levant qu'au midi ; mais ce peuple est peu dans l'usage d'en élever.

Si on encourageait la plantation des mûriers, il est reconnu et éprouvé que ce climat est favorable aux vers-à-soie et à l'arbre qui les nourrit, et qu'on pourrait y en élever une assez grande quantité dont la soie a été trouvée aussi belle que celle d'Italie.

On trouve dans cette île diverses mines. Il y en a de plomb, de cuivre, de fer, de vitriol, d'antimoine, et d'argent, mais bien peu considérable, dont la dépense excèderait le produit. Celles de fer passent pour être de la meilleure qualité. Il y a encore une sorte de granit extrêmement dur. Il y en a même dont la qualité approche du granit oriental. On y trouve du porphyre, et une grande variété de jaspes. La magnifique église du Grand duc de Toscane à Florence a été achevée avec du jaspe de Corse. Sur les bords du lac Ino on trouve des morceaux de cristal de roche, d'un transparent très net, et tout taillés à cinq faces comme s'ils avaient passé par les mains du lapidaire. On trouve encore du pareil dans les montagnes du fief d'Istria. Il est si dur qu'en le frappant il donne du feu. Les habitants s'en servent quelquefois au lieu de pierres de fusil.

A deux lieues d'Ajaccio, on trouve de l'amiante dans les rochers des montagnes. Il est assez rare dans l'île. Il est communément attaché au rocher dans des creux profonds, et ce n'est qu'avec force qu'on peut en détacher quelques morceaux. On le confond mal à propos ici avec l'alun de plume. L'amiante est facile à distinguer par l'extrême longueur de ses filaments, forts et serrés les uns contre les autres, d'une couleur grise verdâtre, et sortant d'une pierre fort dure. Il est encore fort aisé à distinguer par le goût, car l'amiante n'a pas cet astringent qui caractérise l'alun de plume, qui est fort commun dans cette île.

On trouve encore dans ces mêmes endroits une terre argileuse, grasse, jaune, totalement semblable à la terre sigillée qu'on porte de Blois à Paris ; un talc magnifique par son éclat, sa transparence et sa couleur argentine, dont les feuillets se séparent aisément ; des pierres de lynx, ou bélemnites, longues de cinq à six pouces, grosses comme le doigt, de figure cylindrique, de couleur brune, dures et raboteuses ; d'autres pierres si dures qu'on a beaucoup de peine à en casser quelques morceaux, très unis, d'une couleur brune foncée, et qui ressemblent tout-à-fait à la pierre de touche par les épreuves faites ; un bol blanc, ou plutôt une espèce de marne, d'un goût si astringent qu'on ne peut le souffrir sur la langue.

Toute la Corse est presque couverte de makis. C'est une espèce de bois taillis, si élevés, si fourrés, qu'ils sont impénétrables dans beaucoup d'endroits. Ils sont communément formés par le myrte, l'arbousier, le laurier sauvage, quelques lauriers-roses, le buis ici très élevé, le grenadier, et par quantité d'autres arbustes épineux. Ces makis sont la retraite ordinaire des bandits quand on les poursuit ainsi que des criminels.

Le terme de bandit n'a pas ici la même signification qu'en

France. On y appelle de ce nom tout Corse qui ne veut ni reconnaître, ni se soumettre au gouvernement reçu. Alors ces mécontents abandonnent leurs domiciles pour aller vivre dans les déserts, par petite bande de douze à quinze, sous la conduite d'un chef qui se met à leur tête et dirige les expéditions en cas de guerre. Ces troupes de bandits ne sont pas plus nombreuses, pour trouver plus de facilité à se nourrir et à échapper aux troupes réglées.

A ces bandits se joignent souvent ceux que la justice ou des vengeances poursuivent. Tous les chefs de bandits sont du parti de Pascal Paoli, et à sa solde, ainsi que leurs troupes. Elles sont aidées, favorisées et nourries clandestinement par leurs familles, par le pays, et par les bergers ou les habitants qui n'aiment pas le gouvernement. Quelques-uns s'en servent pour se défaire de leurs ennemis, n'osant plus eux-mêmes les assassiner à cause des poursuites de la justice.

On trouve dans l'île des forêts de chênes, blancs et verts, de hêtres, de pins, de sapins, de cyprès, de liéges, d'aulnes, et quantité d'arbrisseaux, épineux ou non, de toute espèce. Ces forêts produisent beaucoup de bois propre à la construction des vaisseaux, ainsi que pour leur mâture. Elles en produisent aussi beaucoup d'autre propre à la menuiserie, tel que l'érable. Mais la majeure partie des bois utiles à la marine sont trop vieux aujourd'hui, si durs et si pesants qu'ils coulent au fond quand on charge un peu trop le radeau ; ce qui n'arrive point aux chênes des autres climats. Ils ont aussi le défaut de travailler considérablement, et il faudrait les laisser longtemps à l'air avant de les employer.

Théophraste rapporte que les Romains firent construire un vaisseau avec du bois de la Corse, et que ce vaisseau périt dans l'Océan. Cet exemple, justifié par les forêts qu'on y trouve aujourd'hui, remplies de très beaux chênes et sapins, prouve le parti qu'on pourrait en retirer encore.

(145)

Mais je crois que leur exportation du sol à la mer serait coûteux, surtout pour les sapins. Bien des Français ici ont prétendu qu'avec quelques dépenses on pourrait rendre les grosses rivières navigables, pour en faciliter l'exportation. Cela peut être ; mais presque toutes encaissées, comme elles le sont, entre des montagnes aussi escarpées qu'élevées, je doute que le succès répondît aux espérances et à la dépense.

Leur rapidité et les torrents qui s'y précipitent pendant les grosses pluies, et qui charrient beaucoup, auraient bientôt comblé les canaux qu'on pourrait faire, et leur dépense ainsi que leur entretien rendraient ces bois extrêmement chers.

Les lieux où sont situées les plus belles forêts sont, près de Bocognano, de très beaux bois de sapins à résine rouge et des meilleurs pour des mâtures ; mais ils coûteraient cher pour les conduire à la mer. Dans le pays de Cappella de Coggia est une forêt de chênes-verts fort étendue. Le village de Bastelica est entouré de bois, surtout de très beaux sapins. Dans la pièvre d'Ornano il y a beaucoup de bois de chênes-verts. Dans la pièvre de Campoloro, et à peu de distance de Portovecchio, sont des forêts de chênes-blancs de la plus belle espèce pour la marine. On en trouve de parsemés çà et là dans quantité d'autres forêts. Entre Bocognano et Vivario, on trouve dans les montagnes une forêt assez étendue, dont les arbres sont de toute beauté. Quoique ce terrain soit très élevé, la forêt est pourtant en plaine. On y trouve, dans toute son étendue, une terre noirâtre qui sent la résine ; et cette forêt est remplie de hêtres très élevés, de plusieurs espèces de pins, de sapins, de cyprès, de térébinthes. La plupart de ces arbres donnent naturellement, et sans incision, leur térébenthine, ou résine liquide, qui en été coule si abondamment qu'elle en imbibe tout le sol.

(146).

§ III.

Du commerce de la Corse.

———

Quoique cette île soit située on ne peut plus avantageusement pour le commerce, les habitants ne tirent aucun parti des productions de leur cru. Son commerce et ses branches sont sans activité, et se réduisent à peu de chose. Il consiste en huiles très grosses, et cuirs tannés ou non tannés, en lin, en cire, en miel, en châtaignes, en limons, en planches, en madriers et en merrains. Ce n'est, pourtant, ni faute de moyens, ni manque de situation pour en faire un plus considérable, mais bien celle des habitants, qui, contents du simple nécessaire, vivant de peu, et préférant une vie paisible à une plus active, n'ont pas cherché, n'ont pas pu, ou n'ont pas voulu, mettre à profit les avantages que le pays peut leur procurer. D'ailleurs, la dureté des Génois est une des vraies causes du dépérissement de leur commerce. Avec un peu d'activité, d'encouragement et d'industrie, ils pourraient en faire un très étendu, et d'une grande utilité à la France.

Le seul commerce du blé, des vins, des eaux-de-vie et de l'huile, serait considérable. Celui des bois de construction et de charpente ne le serait pas moins. Ils pourraient y joindre celui des anchois, du poisson et des viandes salés, des laines pour de grosses étoffes, et des poils de chèvre, des cuirs verts et tannés, du lin, des châtaignes, des fruits secs, des amandes, des citrons, des limons, des oranges, du miel, de la cire ; celui des résines liquides, ou térébenthines, qui

(147)

découlent naturellement et sans incision, par leur abondance, et qu'ils ne se donnent seulement pas la peine de ramasser. S'ils se mettaient dans l'habitude de travailler ces arbres, ils en retireraient une très grande quantité, d'autant plus que celle qui coule naturellement est aussi claire, aussi transparente, et d'une aussi bonne consistance que celle de l'île de Chio que l'on estime tant.

§ IV.

Du climat de la Corse.

Le climat de cette île peut passer pour un des plus agréables de l'Europe. Le ciel y est presque toujours en hiver comme en été, et rarement y est-il obscurci deux jours de suite. Les rosées abondantes qui tombent vers le coucher du soleil et pendant la nuit suppléent à la pluie. Elle n'est abondante que régulièrement en novembre, décembre, mars et avril. Ce n'est aussi que pendant ces mois-là qu'on entend gronder le tonnerre. Le reste de l'année il n'y pleut que rarement.

L'hiver n'est presque pas sensible le long des côtes maritimes, surtout dans la partie d'Ajaccio et de Bonifacio. Les chaleurs de l'été y seraient même quelquefois insupportables si elles n'étaient tous les jours tempérées par un vent de mer qui souffle assez régulièrement depuis neuf à dix heures du matin jusqu'à cinq heures du soir. Ce sont les chaleurs de la nuit qui y sont les plus incommodes. En 1774, le thermomètre est monté à Bastia jusqu'à trente degrés, pendant des huit jours de suite, au lieu que dans l'intérieur de l'île,

(148).

qui n'est qu'un amas de montagnes très élevées, les chaleurs y sont plus modérées, et le froid s'y fait plus vivement sentir pendant l'hiver, et même de très bonne heure quand on habite le voisinage des monts couverts de neige la plus grande moitié de l'année. J'y en ai vu encore assez considérablement sur la fin de juin 1774 et 1777.

Il règne assez constamment dans cette île des vents impétueux, qui y causent de grands dommages, principalement celui d'ouest, le plus violent de tous, qui, quand il tourne un peu au sud, fait ici autant de mal aux grains et aux fruits que la grêle même. Si ce vent est nuisible aux biens de la terre, en échange il est très salutaire à la santé des habitants, en ce qu'il purifie l'air infect qu'on respire aux environs de Biguglia, d'Aleria, de Portovecchio, d'Ajaccio, de St-Florent, du cours du Golo et de toutes les rivières encaissées dans les gorges des montagnes, dans quelques bas-fonds humides, dont l'air, faute de pouvoir circuler et se renouveler, devient suffocant et mortel, surtout en été, quand les vents du sud ou du sud-est soufflent. Il est prudent alors, et presque tout l'été, d'être rentré chez soi avant le coucher du soleil, et de n'en sortir qu'après son lever, parce que le serein est également dangereux, en été, le long des côtes maritimes, et plus encore au moment du coucher du soleil ; mais sur les coteaux un peu plus élevés, dans toutes les parties du Cap-Corse, et dans presque tout l'intérieur du pays, l'air vif et sain, la bonté des eaux, et la sobriété assez naturelle et nécessaire aux habitants, les font parvenir à une très grande vieillesse, qui n'est ni caduque ni infirme. Par les chaleurs il est prudent de souper très légèrement et de bonne heure, si l'on veut jouir de sa santé. Les Italiens et les Corses vivraient quatre jours du dîner et du souper d'un Allemand.

La saison de l'année où l'air est le plus contagieux sur les côtes de la circonférence de l'île est en août, septembre et octobre, principalement quand le vent du sud règne quelque temps. La santé la plus robuste en est tout de suite affectée ; le poisson et la viande fraîche sont corrompus en moins de six heures. Les bains de mer, et peu de nourriture, sont tout ce qu'on a pu trouver de plus salutaire. Dans ce pays, et sur toute la côte d'Italie, ce vent s'appelle scirocco. C'est un air humide et brûlant, qui vient d'Afrique, traverse les marais de la Sardaigne, et vient achever de se corrompre en passant sur ceux de la plaine d'Aleria. Ce vent est si généralement malsain qu'à Naples il est passé en proverbe de dire, quand on parle d'un mauvais sujet ou d'un mauvais ouvrage, qu'il a été fait par un vent de scirocco.

Les marais, depuis Bastia jusqu'à Portovecchio, sont si dangereux, par l'air qu'on y respire, que le tempérament le plus vigoureux aurait de la peine à résister à son venin en y couchant une seule nuit. Le moins qui en arrive c'est une fièvre opiniâtre pour longtemps. Aussi, toute cette longue plaine de plus de vingt lieues d'étendue, quoique des plus fertiles, reste-t-elle inhabitée. Les propriétaires, pour la cultiver, se servent des Lucquois, des Génois, ou d'étrangers, avec lesquels ils s'arrangent sur le partage du produit. Ces étrangers ont le plus grand soin, pendant les cultures et les récoltes, de n'y arriver qu'après le soleil levé, d'en sortir avant son coucher, et d'entretenir autour d'eux de grands feux allumés. Quelques Français, auxquels on a accordé du terrain dans ces environs, ont voulu construire des fermes sur le lieu. Les maîtres, après plusieurs maladies sérieuses, ont été forcés d'y mettre des fermiers, qui rarement peuvent y passer l'année entière. Encore y a-t-il près de deux lieues de ces fermes aux marais.

Une autre cause des fièvres assez régulières pendant les mois d'août, septembre, octobre, sur presque toute la circonférence de l'île, et dans quelques parties de l'intérieur, c'est le défaut de bonnes eaux pendant l'été, quoique, en général, l'eau soit bonne, mais ils ne savent, ou ils ne veulent pas la conduire avec soin dans les lieux où on en manque.

Il est vrai que la Corse passe depuis des siècles pour très malsaine ; mais cette réputation ne lui vient que du mauvais renom que lui avaient donné les Romains, dont les colonies, établies à Aleria et à Mariana, furent bientôt détruites par le mauvais air qu'on y respire encore aujourd'hui. Cette réputation-là est restée encore aujourd'hui, pour n'avoir pas approfondi la vérité, ou pour n'avoir pas connu l'intérieur de cette île, car on peut ajouter qu'il n'est parfaitement connu que depuis une vingtaine d'années.

§ V.

Des animaux domestiques et sauvages et des insectes de la Corse.

Les races de chevaux, mulets, ânes, bœufs, vaches, cochons et brebis, sont ici de la plus petite espèce ; celle des chèvres est de la plus élevée ; celle des chevaux est presque abâtardie, et communément ils ne sont pas plus grands que des ânes un peu forts. Ils sont assez vifs, mal faits, endurcis au travail, mais peu vigoureux. On attribue cette faiblesse à leur mauvaise nourriture et au peu de soin que l'on en prend. Ils ne vivent et ne couchent, l'hiver comme l'été, que dans des champs, et pendant l'hiver leur nourriture n'est ni abondante, ni de bonne qualité. Quand on les emploie à porter, ou à faire quelque course, alors seulement on leur donne un peu de son et une mesure de châtaignes. Procope les compare à des moutons.

(150)

Celle des mulets est plus élevée, en proportion, que celle des chevaux. Ils sont mieux faits, plus vigoureux, infatigables, et d'une agilité inconcevable dans les montagnes les plus escarpées. Ils ne sont pourtant ni mieux soignés, ni mieux nourris, ni mieux couchés que les chevaux. Sans doute que la nourriture du pays leur convient mieux.

Les ânes sont de la plus petite et de la plus mauvaise espèce. Comme ces animaux ne coûtent ni soin, ni dépense, ni nourriture, chaque particulier en a ici beaucoup plus que partout ailleurs.

Les taureaux, les bœufs, les vaches, sont généralement très petits. Des bergers, que plusieurs particuliers ou plusieurs villages ont en commun, et auxquels on donne un certain profit sur le troupeau, les conduisent, après la fonte des neiges, dans des pâturages qu'on trouve abondamment dans les montagnes, et pendant l'hiver ils les abandonnent pour se rapprocher des coteaux ou de la plaine. Comme ces pâturages ne sont, en général, que de grosses herbes peu convenables aux vaches, elles donnent peu de lait, et la viande de boucherie n'est mangeable qu'en mai, juin et juillet.

Le mouton est également fort petit, et d'un assez mauvais goût, quand on ne choisit pas les pâturages convenables à ce bétail. Ils couchent également en plein air, toute l'année. Ils sont tous noirs, et il est rare d'en voir de blancs. Leur laine est très grossière, et lisse comme le poil des chèvres. Il est assez ordinaire de trouver des béliers qui ont plus de deux cornes. On en voit qui en ont jusqu'à six.

Les troupeaux de chèvres sont fort nombreux, et l'espèce en est belle. Aussi, la consommation des jeunes chevreaux était-elle plus considérable que celle du mouton et du bœuf. Ce bétail habite aussi la campagne, toute l'année. N'étant pas dans l'usage d'en tirer du beurre, du laitage, les bergers en font d'assez bons fromages de différentes espèces.

(151)

Le cochon est également fort petit, presque tous noirs, et des plus excellents à manger. Comme ils restent toute l'année dans les bois, pêle-mêle avec les sangliers, ce sont plutôt des métis que des cochons. L'espèce en est ici fort abondante, ainsi que la consommation pendant l'hiver.

Les poules d'Inde n'y sont pas communes, mais elles sont d'un très bon goût quand elles sont bien nourries. Pour la volaille, elle n'est ni bonne ni mangeable, de quelque façon que l'on s'y prenne pour la nourrir. En échange, le pigeon et le canard y sont d'un goût très délicat.

Il y a des cerfs, des chevreuils, beaucoup de sangliers, assez de lièvres, point de lapins, des perdrix rouges de la grosse et de la petite espèce, des perdrix grises, des poules pintades, des faisans, des poules de Pharaon, nommées aussi calpetières en Picardie. Les vallons des montagnes sont remplis de palombes, de tourterelles et de pigeons ramiers. Les merles, encore plus nombreux, y sont excellents, et comme une pelote de graisse, quand, au lieu d'olives, ils se nourrissent de la graine de myrte et de la baie d'arbousier. Les bécassines et les bécasses y fourmillent au passage. Les marais et les étangs sont couverts de canards sauvages assez bons, et d'une infinité d'oiseaux aquatiques.

La consommation journalière qu'on fait aujourd'hui du gibier y a mis un prix excessif. En 1764, avant l'arrivée des Français, le prix du gibier et des autres denrées était des plus modiques. Un bœuf propre au labour se vendait environ quatre-vingts livres ; une vache, de vingt six à trente livres ; un cheval, de la meilleure espèce, de cent à cent quarante livres ; le plus beau mulet, à peu près le même prix ; un âne, de vingt à vingt-quatre livres ; une brebis, quatre francs ; une perdrix, quatre sols ; le bœuf, deux sols la livre ; le mouton, moins d'un sol ; le poisson commun, un sol la livre ; le vin, quatre sols la mesure de six livres de poids. Ainsi du

(152)

reste. En 1774, beaucoup de ces mêmes choses avaient quadruplé de prix.

On trouve dans les montagnes les plus escarpées et les plus sauvages une espèce de chèvre à poils très fins et très ras, qu'on appelle ici *muffoli*, grosse à peu près comme un chevreuil. Elle est charmante par la finesse de sa tête et la beauté de ses yeux, par la forme de son corps, par sa peau mouchetée, par sa vivacité et son agilité. Cet animal a des cornes comme le bélier, et la peau fort dure. Il ne se plait que dans les endroits escarpés et sauvages. Il saute de rochers en rochers à une très grande distance, et quand il est poursuivi jusqu'au bord d'un précipice, ne pouvant s'élancer sur quelque rocher voisin, il se précipite de haut en bas, avec l'adresse de ne tomber que sur ses cornes. Quoiqu'il soit très farouche, il s'apprivoise comme un chien, quand on le prend jeune. J'en ai vu plusieurs suivre les gens de la maison à la ville et à la campagne.

On ne trouve dans cette île ni loups, ni pies ; mais, en échange, le renard y abonde. Il est fort gros et très vorace. Il attaque jusqu'au poulain. On y voit aussi beaucoup d'oiseaux de proie, des aigles et des autours.

L'espèce des chiens de chasse pour le sanglier, et celle des chiens d'arrêt, est excellente ; surtout celle qu'on emploie pour la bête fauve. Ces chiens ont le poil ras, et tiennent le milieu entre le mâtin et le chien de berger. Ils ont l'air terrible, et s'attachent difficilement à un second maître. Ils gardent jour et nuit le maître auquel ils sont attachés, et, s'il était attaqué, ils le défendraient jusqu'à se faire tuer sur la place.

Cette île a l'avantage de n'avoir aucun insecte venimeux. Le scorpion y est rare et peu venimeux. Il y a seulement une espèce d'araignée dont la morsure est mortelle, si on n'y remédie promptement par une incision cruciale qu'il faut laver avec de l'eau fraîche quand on manque d'eau-de-vie. On l'appelle *marmignato*. Elle est extrêmement petite, variée par une infinité de couleurs aussi vives que brillantes. On la trouve ordinairement dans les champs, où elle mord les moissonneurs et les vignerons. Son venin est un poison froid. On n'y a jamais vu de tarentule, malgré ce que quelques auteurs ont écrit, qu'elle y était commune. Ils ont sans doute confondu avec un animal fort commun, nommé *tarenta*, qui s'introduit souvent dans les maisons fraîches ou humides, qui va même sur les meubles, sur les lits, et qui ne fait pas de mal. C'est une espèce de lézard assez gros, qui a de la peine à courir, et qui ne se meut qu'à force de replis. Sa peau ressemble à celle du crapaud, excepté qu'elle est un peu plus brune.

On trouve sur les côtes de la mer, où il y a du rocher, la pinne marine, qui produit une soie assez fine, de couleur brune, et qu'on peut mettre en usage comme la soie ordinaire ; le solen, autrement dit couteau de mer ; le pas (?), le flion, l'étoile de mer, le pontonnier ou pilote de mer, le tubulaire ou l'orgue de mer, le réseau ou le retz marin, le pourpre, et une infinité de coquillages de différentes espèces; du corail rouge et pourpre, et des madrépores d'une grosseur prodigieuse.

(153)

CHAPITRE VII.

§ Ier.

*Du gouvernement civil et militaire
avant et après la conquête de 1769*

La Corse n'a presque jamais eu de gouvernement fixe, ni de lois exactement suivies, excepté peut-être sous la république de Pise. Il n'en restait que quelques traces dans quelques parties de l'île, lors de la révolte de 1729. On peut conjecturer de ce défaut d'ordre la destruction des arts, des sciences, du commerce, et de tout ce qui peut contribuer à civiliser les hommes, et corriger la férocité de leurs mœurs. Les faibles vestiges de justice qui subsistaient au milieu de ce siècle se bornaient à deux Statuts qui servaient de règle pour juger les procès, tant civils que criminels. Le premier était le Statut Corse, et le second était celui de Gênes. Les villes de Bastia, Calvi, Ajaccio, Bonifacio, avaient des livres particuliers, appelés les livres rouges, dont les articles étaient des additions ou modérations de ceux que contenaient les Statuts, et qui indiquaient en même temps les concessions et les priviléges que la République avait accordés autrefois aux habitants de ces villes dans leurs Capitulations. Les citoyens de Bastia jouissaient, entre toutes, du privilége de ne pouvoir être forcés de comparaître, tant en demandant qu'en défendant, que devant le juge de Bastia. L'on suivait donc, d'abord, dans l'île, le Statut Corse et ce qui était prescrit dans les livres rouges ; ensuite on avait recours au Statut de Gênes, et après, au droit écrit. L'on n'admettait point à Calvi l'usage du Statut Corse. On le rejetait totalement pour suivre le Statut civil et criminel de Gênes. Trois consuls, élus tous les six mois par les habitants de la ville, jugeaient de concert avec le gouverneur particulier de Gênes.

A Bonifacio, dont la ville n'est habitée que par une colonie génoise, l'on y suivait entièrement le Statut de Gênes, sans jamais admettre celui de l'île.

Il y avait dans chaque village un podestat, subordonné au podestat majeur établi dans chaque piève, qui était élu chaque année par les habitants, avec l'approbation du commissaire général de la République. Ces podestats étaient choisis dans les meilleures familles, et étaient des espèces d'officiers municipaux, qui, chargés de la confiance publique, veillaient au bien-être autant qu'au bon ordre de chaque piève. Ils avaient le pouvoir de juger définitivement jusqu'à concurrence de huit livres de Gênes.

La République avait à Bastia un gouverneur, avec le titre de gouverneur général, et qui était en quelque sorte le vice-roi de l'île, quoique son ressort ne s'étendît que dans la partie d'en deçà des Monts. Elle en avait un autre à Ajaccio qui avait à peu près la même autorité dans la partie d'au delà des Monts. Depuis la révolte de 1729, il n'y eut plus qu'un commissaire général dans toute l'île.

Il y avait en outre des commissaires particuliers dans les villes de St-Florent, Corte, Calvi, Bonifacio et Portovecchio, qui étaient sous les ordres des deux commissaires généraux. Les troupes qui occupaient les places de l'île étaient sous les ordres de ces deux commissaires, chacun dans son district.

Suivant le Statut civil de Corse, ces commissaires généraux et particuliers étaient amovibles tous les ans, mais la République jugeait à propos, selon les circonstances, de les continuer deux ou trois ans.

Il y avait dix-huit nobles, ou principaux du pays, élus par la Nation, dont douze dans la partie d'en deçà des Monts, et six dans la partie d'au delà des Monts, qui assistaient le Gouverneur Général de leurs conseils dans l'administration du pays, et qui l'accompagnaient ordinairement dans ses fonctions.

On appelait des décisions de tous les juges particuliers de l'île devant le Commissaire Général, duquel on pouvait encore appeler aux syndics supérieurs de Gênes, qui étaient d'habiles jurisconsultes que la République envoyait tous les deux ans pour examiner la conduite des juges. Les parties pouvaient en outre recourir au Sénat de Gênes, lorsqu'elles étaient mécontentes des jugements tant civils que criminels.

Voilà en général comment la justice s'administrait dans toute la Corse, avec des additions, des réformes et des modérations convenables aux maximes, aux usages, et aux priviléges accordés dans certaines villes de l'île. D'après cet exposé, il est facile de concevoir que ce pays, où le trouble et la confusion n'ont presque pas cessé de régner, n'a guère pu avoir des lois fixes ni observées. Les anciens écrivains qui ont parlé de ces peuples les donnaient pour des hommes ensevelis dans la plus grossière ignorance, plus propres au métier des armes qu'à l'étude. Ce qui justifie ces auteurs, c'est une des principales clauses insérées dans l'amnistie qu'on y publia en 1738, sous la garantie du roi de France, qui portait l'établissement des colléges pour l'instruction de la jeunesse.

C'est au milieu des guerres civiles que Pascal Paoli sut arrêter l'anarchie, qui désolait la Corse, par des lois qui le protégeaient autant que les habitants. Son administration était une espèce de démocratie qui indisposa la noblesse contre lui. Cependant bien des Corses m'ont assuré que son véritable projet, une fois tranquille et maître de l'île, était d'y établir le gouvernement anglais, composé d'une chambre haute et d'une chambre basse.

§ II.

Du gouvernement civil et militaire de la Corse depuis la conquête de 1769.

Depuis la réunion de la Corse à la France, Louis XV y établit un gouverneur, commandant en chef, un intendant, un conseil supérieur, onze juridictions, quatre juntes, une table de marbre pour la noblesse, une prévôté, une amirauté, une maîtrise des eaux et forêts, une chambre des domaines, une douane, un bureau des postes par mer, et des piétons pour les lettres par terre, une régie des vivres, une direction des hôpitaux, et un bureau des terriers pour lever des plans, évaluer et arpenter le territoire de l'île.

Quoique la Corse n'ait été conquise qu'en 1769, le Conseil Supérieur de l'île fut pourtant érigé par un édit du Roi en 1768. Ce conseil a le pouvoir de juger souverainement et en dernier ressort les appels qui sont interjetés des sentences des juges particuliers. Il est composé d'un premier président, de dix conseillers, mi-partie français et corses, d'un procureur général du Roi, d'un avocat-général, d'un substitut, d'un greffier, de deux huissiers et de deux secrétaires interprètes.

Par un édit de septembre 1769, le Roi a établi une chancellerie près le Conseil Supérieur, et il a érigé en titres d'offices, formés pour le service de cette chancellerie, un conseiller du Roi, garde des sceaux, un conseiller secrétaire audiencier, un conseiller secrétaire contrôleur, quatre secrétaires qui sont qualifiés conseillers du Roi secrétaires de la Couronne de France en la Chancellerie près le Conseil Supérieur de Corse, deux conseillers du Roi référendaires, un conseiller du Roi trésorier receveur des émoluments du sceau, un scelleur, un chauffe-cire et quatre huissiers.

Le Roi a aussi créé onze siéges de juridiction royale, pour rendre la justice en première instance dans toute l'étendue de la Corse. Chaque siége est composé d'un juge royal, d'un procureur du Roi, d'un assesseur, d'un greffier et de deux huissiers. Ces juridictions tiennent leurs séances, la première à Corte, les suivantes à Bastia, à Rogliano, à Saint-Florent, à Vico, à Sartene, à Cervione, à Calvi, à Bonifacio, à La Porta d'Ampugnani et à Ajaccio.

Par un édit d'août 1772, le Roi a créé quatre juntes nationales et une juridiction prévôtale contre les bandits et les fugitifs en Corse. La première réside à Orezza, la seconde à Caccia, la troisième à Tallà, la quatrième à Mezzana, et la juridiction prévôtale à Bastia. Cette prévôté est composée d'un prévôt, d'un assesseur, d'un secrétaire interprète et d'un greffier. Ces officiers se font assister par des gradués pour juger les affaires prévôtales, devant être sept juges pour pouvoir rendre un jugement compétent. Ces officiers doivent se transporter sur les lieux où sont arrêtés les coupables.

Sa Majesté a aussi créé deux siéges d'amirauté dans l'île ; l'un à Bastia, duquel dépendent les ports de Calvi et de St-Florent; l'autre à Ajaccio, duquel dépendent les ports de Portovecchio, de Bonifacio, de Valinco et de Sagone. Chacun de ces siéges est composé d'un lieutenant, d'un procureur du Roi, d'un greffier et de trois huissiers.

Chaque ville, bourg, ou village un peu considérable est sous la police d'un podestat, et de deux pères de commun qui lui sont subordonnés. Il juge les différends entre les particuliers de son village, qui n'excèdent pas une certaine somme. Il est chargé de percevoir les deniers royaux, et de les faire parvenir à leur destination, qui, pour l'ordinaire, est dans le chef-lieu de la piève.

Outre ce podestat par village, il y a encore un podestat majeur pour chaque piève, qui a une inspection sur tous les podestats de sa piève. Ces officiers municipaux sont élus par le peuple, et l'élection ne regardait autrefois que les meilleures familles ; mais, depuis qu'on les traite avec trop peu de considération et qu'on les rend responsables de trop de choses, ce choix ne regarde plus que des personnes très ordinaires. Le nom de podestat répond à celui de maire ou de bailly ; et celui de père de commun répond à celui de consul ou échevin.

Les affaires générales de l'île se concilient, se discutent, ou se terminent à la Consulte, espèce d'Etats qui s'assemblent toutes les années à Bastia au nom du Roi. Le Commandant en chef les assemble. Le clergé, la noblesse, le tiers-état, et les pièves de chaque province y envoient leurs députés. C'est dans cette assemblée qu'on élit tous les ans trois sujets pour être députés auprès du Roi à Paris.

§ III.

Du gouvernement ecclésiastique et du clergé de l'Ile de Corse.

Des auteurs soutiennent que l'Evangile ne fut prêché dans cette île qu'au commencement du sixième siècle. Ils appuient leur sentiment sur ce que les évêchés d'Ajaccio, d'Aleria et de Sagone, qui sont les plus anciens, n'ont été érigés que depuis ce temps-là. Ceux de Mariana et de Nebbio ne furent établis qu'un siècle après. Ils disent encore qu'il y a eu autrefois en Corse plus d'évêchés qu'il n'y en a aujourd'hui, et qu'on les a supprimés. Tous les habitants, excepté la colonie grecque, professent la religion catholique, apostolique et romaine, et paraissent y être extrêmement attachés ; mais l'ignorance ou la mauvaise foi des prêtres fait qu'ils la défigurent par quantité de superstitions ridicules.

On y compte aujourd'hui cinq évêchés, qui sont ceux d'Ajaccio, d'Aleria, de Sagone, de Mariana et de Nebbio. Les trois premiers relèvent de l'archevêque de Pise, et les deux autres de celui de Gênes. La ville seule de Bonifacio n'est comprise dans aucun des évêchés de l'île. Elle relève directement, et fait partie du diocèse de l'archevêque de Gênes. Comme la plupart des villes où les évêchés avaient été établis originairement n'existent plus aujourd'hui, les évêques ont transféré leurs siéges dans d'autres villes de leur diocèse. Celui d'Aleria a fixé sa résidence à Cervione, celui de Sagone à Calvi, celui de Mariana à Bastia, et celui de Nebbio à Santa Maria, près de St-Florent.

Tous ces évêques étaient anciennement à la nomination du Pape, et la république de Gênes n'avait que le droit d'exclusion, qui consistait à faire connaître au Souverain Pontife et au Sacré Collége les sujets qui pouvaient ne pas lui être agréables, et le Pape, ordinairement, avait égard à ses représentations. Toutes les principales dignités ecclésiastiques étaient à la collation du Pape. Il avait aussi le droit de conférer les prieurés et les canonicats, lorsqu'ils vaquaient dans les mois de janvier, février, avril, mai, juillet, août, octobre et novembre ; ceux qui tombaient en vacance pendant les mois de mars, juin, septembre et décembre étaient réservés à l'évêque diocésain, qui y pourvoyait à son gré.

(159)

Quant aux prévôtés et aux cures, on les accorde par la voie du concours, et l'on se conforme entièrement aux décisions du Concile de Trente.

Par un édit de septembre 1769, le Roi a fait connaître son intention concernant l'exercice et l'usage du droit de régale dans l'île de Corse. Il déclare que le droit de régale s'étend dans toute l'île, et qu'il usera du dit droit, en la même manière que dans les autres pays de son obéissance, sur les évêchés du dit pays, ainsi que sur tous les bénéfices dont la disposition appartiendra aux évêques, soit comme ordinaires, soit par droit de dévolution, et qui viendront à vaquer postérieurement à l'enregistrement et publication de l'édit. Le second article porte que ceux qui se trouveront pourvus de bénéfices situés dans le dit pays, au dit jour de l'enregistrement du dit édit, par les collateurs inférieurs, ne pourront sous prétexte de litige, ou défaut de prise de possession personnelle, ou autre titre quelconque, être troublés ou inquiétés dans la possession des bénéfices qui leur auront été conférés, encore que la régale eût été ouverte au temps ou depuis qu'ils auront été pourvus.

L'évêché d'Aleria est estimé le plus riche, et il peut rapporter de vingt à vingt-cinq mille livres de rente ; celui d'Ajaccio, de quinze à vingt mille ; celui de Mariana, à peu près autant ; celui de Sagone, de huit à dix mille, et celui de Nebbio, encore moins. Mais si un jour le territoire de la Corse se trouve cultivé, comme il commence à l'être, les revenus de chaque évêché pourront augmenter au moins d'un tiers dans moins de trente ans.

Chaque évêché est composé d'un certain nombre de pièves, en plus ou moins grand nombre. Chaque piève est composée d'une ou de plusieurs paroisses, selon l'étendue de la piève et sa population.

Chaque paroisse est régie par un curé ou vice-curé,.

qui répond à la qualité de secondaire, selon la volonté de l'Evêque.

La piève était jadis une division ecclésiastique du diocèse de chaque évêché, contenant une ou plusieurs paroisses, sous la régie du *Pievano*, autrement dit curé de la piève. Mais comme beaucoup de pièves sont composées de plusieurs paroisses, ces paroisses ne sont régies que par des secondaires sous l'autorité du *Pievano*. Lorsque l'Evêque s'aperçoit que le *Pievano*, par ses infirmités ou par incapacité, est hors d'état de gouverner sa piève, au lieu de vice-curés il nomme des curés aux autres paroisses, qui dès lors cessent d'être subordonnés au *Pievano*.

On compte dans l'étendue de la Corse quatre chapitres de chanoines et une collégiale. Le chapitre de Vico, diocèse de Sagona, est composé de dix chanoines et de deux dignitaires ; celui d'Ajaccio, diocèse d'Ajaccio, est composé de quatorze chanoines et de deux dignitaires ; celui de Campoloro, diocèse d'Aleria, est composé de douze chanoines ; celui de Bastia, diocèse de Mariana, est composé de douze chanoines et de deux dignitaires ; la collégiale de Calenzana, diocèse de Sagona, est composée de huit chanoines et de deux bénéficiaires. Il y a, en outre, soixante-dix couvents de religieux, dont soixante de mendiants. Ce sont des franciscains, des capucins, des récollets, des servites, des dominicains, des joséphins, des lazaristes, et une petite maison de chartreux à Bastia où résident un père et un frère pour régir les biens qui appartiennent à la Chartreuse de Pise. Il y a encore six couvents de religieuses, dont quatre à Bastia et deux à Ajaccio. Tous les couvents des moines, ainsi que toutes les églises, avaient joui, jusqu'à la réunion de cette île à la France, du droit d'immunité, et les crimes les plus atroces y trouvaient un asile qu'on n'osait violer.

Les prêtres et les moines, dont l'ignorance est aussi extrême que dangereuse au gouvernement, ont le plus grand ascendant sur l'esprit des peuples, principalement dans la montagne où à peine savent-ils leur catéchisme ; aussi, ont-ils pour eux la plus grande vénération. L'usage où ils sont de se mêler de tous les mariages qui se font leur donne une grande liberté de fréquenter les filles et les femmes, sans donner le moindre ombrage ni aux maris, ni aux pères et aux mères, quoique très jaloux, quand même on les trouverait tête à tête.

Il n'est pas rare, dans les montagnes, de voir un curé ou un prêtre tuer lui-même ses bestiaux, les dépecer, les vendre, et de là aller dire sa messe. La seule marque qui les distingue du peuple, dans l'intérieur de l'île, est la tonsure, et un rabat à la janséniste. On a vu en 1773 un curé de Rostino entrer dans l'église de sa paroisse, vêtu comme un bandit, le chapeau sur la tête, la pipe à la bouche, continuer de la fumer en s'habillant pour dire la messe, et ne la quitter que pour monter à l'autel.

La fourberie des moines et des prêtres est si grande, le fanatisme du peuple si fort, qu'ils leur vendent, quelquefois assez cher, de petits reliquaires d'hosties consacrées, et des recettes magiques, qui, moyennant un certain nombre de signes de croix, faits en certains temps et dans telles occasions, avec un nombre de pater et d'ave, les rendent invulnérables aux coups de poignard et de fusil. On a trouvé de ces reliques, et de ces recettes magiques de toutes les façons, sur le corps des bandits pris ou tués, qui avaient mérité vingt fois la roue.

Cette île fourmille de prêtres ou d'abbés. Il n'est pas de famille tant soit peu honnête qui ne tienne à honneur d'avoir un petit collet dans sa maison, quoique la plupart meurent dans cet état, sans autre bénéfice que celui que leur procure la faculté de dire la messe. Ils sont presque tous très ignorants, grands controversistes, peu réguliers dans leur conduite, et difficiles à soumettre au gouvernement. Dans les moindres troubles, ce sont ordinairement les prêtres ou les moines qui attisent le feu de la discorde. Dans la révolte du Niolo, en 1774, deux curés furent envoyés aux galères pour ce fait. On a remarqué que depuis 1729 les moines et les prêtres prêchaient publiquement la révolte, en affirmant par des écrits publics que tout Corse mort les armes à la main pour sauver la liberté de la patrie était réputé martyr.

Le clergé régulier et séculier de l'intérieur du pays avait un intérêt aux troubles de la Nation, et même à en exciter. Les évêques, la plupart Génois, plus attachés au parti de la République qu'à celui des mécontents, étaient alors obligés de se cacher à Gênes ou dans les places fortes de l'île. Dès lors, le clergé et les moines vivaient à leur fantaisie, ne reconnaissaient plus aucune autorité, et s'abandonnaient à tous les vices qu'on peut leur reprocher sans injustice. D'ailleurs, il est bien plus agréable de gouverner que de l'être, maîtres comme ils le sont de l'esprit des peuples. Enfin, c'était une chose monstrueuse que le désordre, la dissolution et l'ignorance crasse dans lesquels vivaient la plupart des ecclésiastiques en 1769. On voyait souvent alors des moines et des curés, armés de pied en cap, se mettre à la tête des mécontents, les conduire aux attaques, et faire le coup de fusil avec eux. Après avoir vécu près de quarante ans dans la dissolution la plus complète, il sera difficile de rétablir les choses au point où elles devraient être.

Au commencement de 1775, un prêtre de Cervione, résidence de l'évêque d'Aleria, chargé de l'instruction de la jeunesse, cherchait depuis quelque temps à séduire la fille d'un soldat du régiment. Ne pouvant y réussir, il offrit un louis pour coucher avec elle. Quoique des moins vertueuses, elle avait résisté aux empressements de ce prêtre, mais elle ne tint pas vis-à-vis de l'argent. Elle accepta la proposition pour le soir même, le père et la mère étant absents ; mais en même temps elle fit part de son aventure à un officier du régiment qui vivait avec elle. Il convint avec cette fille qu'il fallait faire déshabiller ce prêtre dès qu'il serait arrivé, et ne se coucher que la dernière, sous le prétexte de fermer la porte et d'éteindre la lumière. Ce moment devait être celui de lui ouvrir la porte. Tout fut exécuté comme l'on était convenu, et M. l'abbé, après avoir donné son louis, fut bien étrillé et mis à la rue avec sa seule chemise sur le corps. Le reste de ses hardes furent portées, le lendemain au matin, à son évêque. Croirait-on que ce drôle eut encore l'impudence de dire sa messe le lendemain au matin ?

§ IV.

De la population de la Corse.

Il s'en faut bien que la population de cette île soit aujourd'hui aussi nombreuse qu'elle l'était sous les Romains, puisque l'on y comptait alors environ quatre cent mille âmes, et qu'il ne s'y en trouvait que cent vingt deux mille en 1769.

Les ravages que des guerres continuelles y ont occasionnés, les troubles dont elle est depuis longtemps la victime, les guerres intestines, les vengeances particulières, et les descentes fréquentes des corsaires tunisiens et algériens, ont beaucoup contribué à la dépopulation de cette île. Cependant, on a tout lieu de croire que, la paix et la tranquillité une fois bien établies, la population augmentera sensiblement en peu d'années. On en juge par le dénombrement qui vient d'être fait en 1774, avec exactitude, par ordre du gouvernement, de la province seule du Cap-Corse. Elle se montait a douze mille et deux ou trois cents âmes, dont presque la moitié était mâle, chose assez surprenante après une si longue guerre qui a dû détruire plus d'hommes que de femmes. Encore faudrait-il supposer qu'il naisse autant de mâles que de femelles, supposition démentie par plus d'une observation. Il est nécessaire d'observer que la province du Cap-Corse n'est ni une des plus étendues, ni une des plus peuplées de la Corse.

Selon les historiens de cette île, le dénombrement de ce peuple sous les Romains se montait à quatre cent mille âmes, en y comprenant les deux colonies d'Aleria et de Mariana. Lorsque M. le comte de Marbeuf passa dans cette île en 1764, on estimait la population de ces peuples à cent vingt trois mille âmes. Quelque forte que soit cette diminution, je suis toujours plus étonné qu'elle ne soit pas plus considérable, eu égard aux causes de destruction multipliées dans cette île.

Une remarque qui étonnera, et qui est justifiée par les gens du pays, c'est que la population ne s'est jamais mieux réparée de ses pertes que pendant les guerres générales. La raison qu'on m'en a donnée est toute naturelle. La Corse perdait plus d'habitants, par les meurtres et les assassinats dans la paix, qu'une guerre générale n'en détruisait.

Le père Cancelloty, jésuite missionnaire, qui avait voyagé en Corse, fit un calcul par lequel il paraissait qu'en quarante années de gouvernement génois la Corse avait perdu vingt-huit mille hommes par les assassinats, et d'autres causes, et d'autre part, qu'en quarante-sept années de guerre elle n'en a perdu que dix mille, y compris ceux qui avaient quitté le pays dans les temps de troubles.

Voici les différentes époques que j'ai pu ramasser, concernant la population de ce peuple :

(164)

Cinquante ans, environ, avant l'ère chrétienne, la population de la Corse sous les Romains passait pour être de 400.000 âmes.

En 1729 on comptait quarante mille familles payant la taxe aux Génois. En comptant cinq personnes par famille, le total devait monter à 200.000 âmes.

En 1739, sous M. le maréchal de Maillebois, elle ne montait pas à plus de 160.000 âmes.

En 1747, sous M. le marquis de Cursay, on la faisait monter à 140.000 âmes.

En 1764, sous M. le comte de Marbeuf, on l'estimait à 122.000 âmes.

En 1774, les bureaux des terriers, chargés de cette opération, l'estiment à 122.000 âmes.

Une observation assez suivie prouve que les femmes sont ici de la plus grande fécondité, sans mauvaises suites de couches, sans mettre au jour des enfants contrefaits, et dans l'usage d'être sur pied peu de jours après leurs couches. Il est vrai qu'elles nourrissent, toutes, leurs enfants, depuis la première jusqu'à la dernière.

Des observateurs prétendent que cette fécondité est moins due aux femmes et au climat qu'à l'usage où sont les Corses de marier leurs enfants, filles et garçons, dès que la nature en a indiqué le moment. Ils disent que cet usage prévient le libertinage, conserve la santé des individus, en ce qu'on s'épuise moins avec sa femme que de toute autre manière ; que les enfants naissent plus robustes, les mères moins exposées à de fâcheuses suites de couches, et les maris mieux en état de se reproduire.

N'ayant pas de domestique, je me servais d'une femme corse pour faire ma chambre. Je la voyais d'une pâleur extrême depuis quelques jours. Je lui en demandai la raison. Elle me répondit qu'elle avait fait une fausse couche de cinq

(165)

mois, et cependant elle n'avait pas discontinué un seul jour de venir faire ma chambre. Quoique cet accident lui fût arrivé à la fin d'octobre 1775, au bout de huit jours elle se porta comme à son ordinaire, et fut encore enceinte au bout de deux mois.

CHAPITRE VIII.

DE L'HABILLEMENT, DE LA LANGUE, DES USAGES, DES MŒURS ET DU CARACTÈRE DES CORSES.

L'habillement de ce peuple se ressent de la rudesse de ses mœurs. La plupart de ceux qui habitent les côtes maritimes, et qui jouissent d'une certaine aisance, sont habillés à la française, mais avec moins de luxe et beaucoup plus de vanité. Dans ces mêmes villes, le peuple est vêtu comme dans l'intérieur du pays.(?) Ceux-ci ont l'air hideux, et quand on les aperçoit d'un peu loin, on ne sait d'abord si c'est un ours ou une créature humaine. Leurs cheveux mal peignés, leur barbe sale et peu soignée, les haillons dont ils sont couverts de la tête aux pieds, les rendent difformes. Ils portent une camisole, rouge ou jaune, sous une espèce de vêtement qui ressemble plutôt à une veste qu'à un habit, fait d'une grosse étoffe à longs poils, d'un brun presque noir, fabriquée dans le pays, moitié laine moitié poil de chèvre, sans être teinte ni dégraissée. Leurs culottes, et leurs guêtres faites en forme de bas, sont de la même étoffe que l'habit. Au lieu de chapeau, ils portent un bonnet pointu, aussi de la même étoffe. Quand il fait froid, ils portent sur leur habit une espèce de manteau très court, avec un capuchon, le tout encore de la même étoffe, et tout semblable au manteau des Capucins, avec cette seule différence que quelques-uns y ajoutent des manches à la matelote. Les plus aisés portent des bottines de cuir, au lieu de guêtres d'étoffe. D'autres, au lieu de guêtres, enveloppent leurs jambes avec des peaux de chèvres, le poil en dehors. Ceux qui ont prémédité quelque vengeance laissent ordinairement croître leur barbe. C'est chez ce peuple la marque la plus certaine d'un assassinat prochain.

Parmi les femmes, il y en a quelques-unes, comme parmi les hommes, qui se coiffent et qui s'habillent à la française. Elles se mettent même de très bon goût. Comme le père ou le mari ne peuvent pas ou ne veulent pas fournir à la dépense de la toilette, qui était des plus simples avant la conquête, elles se coiffent et travaillent elles-mêmes leurs ajustements, ou bien elles s'aident entre elles. Les dames françaises leur servent de modèles. Elles n'en rencontrent pas une, dans les assemblées ou aux promenades, qu'elles ne l'étudient de la tête aux pieds. J'en ai surpris quelques-unes dans cette occupation. Elles y sont si profondément appliquées que, quoique très enjouées et d'une grande vivacité, elles ne voient, elles n'entendent plus rien, alors, que l'objet de leurs recherches. Elles y réussissent si parfaitement qu'il ne parait aucune mode, qu'elles ne la saisissent avec la plus grande dextérité.

Les autres dames bien nées des villes et de l'intérieur du pays ont conservé leur ancien habillement, qui consiste en un corset de soie, ou d'autre étoffe, avec des manches à la jésuite, très justes, la jupe extérieure d'une autre couleur que le corset. Leurs cheveux sont tressés avec des rubans au dessus de la tête, et d'autres fois ils sont enveloppés dans un filet à réseau en soie, de la couleur qui leur plait le plus. Cet ajustement leur sied bien quand elles sont bien faites, d'autant plus que leurs jupes sont très courtes sur le devant,

(167)

et traînent jusqu'à terre sur le derrière. Quand elles sortent, elles portent sur leur tête un voile assez grand de toile des Indes, à fond blanc et peint, de fort bon goût. On le nomme *mezaro*.

Les femmes mitoyennes (sic), au lieu de *mezaro*, portent une longue jupe de toile bleue, qu'elles retroussent sur la tête quand elles sortent, et qu'elles quittent quand elles rentrent. Leur habillement est fait de la même manière, à l'étoffe près, dont le corset est moins riche.

Les femmes du peuple, dans les villes, sont aussi habillées de la même manière, avec la seule différence que leur corset est communément rouge, et leurs cheveux sont ramassés en paquet un peu sur le derrière de la tête, et couverts d'un béguin ou d'un filet, sans *mezaro* ni jupe bleue. C'est ordinairement entre le filet et l'oreille découverte qu'elles portent des fleurs naturelles.

L'habillement des femmes de l'intérieur du pays, qu'on nomme paysannes, est fait de la même étoffe et est de la même couleur que celui des hommes, à peu près comme celui des paysannes provençales. Dans le Niolo, et dans les parties les plus agrestes de l'île, leur habillement diffère de celui-là en ce que la jupe et le corset sont tout d'une pièce, et ouvert par devant, et que leur coiffure n'est qu'une espèce de tortillon qu'elles portent sur la tête presque toute la journée, et qui leur sert à porter le fardeau.

La propreté, dans les deux sexes, est ici très négligée dans tous les états. Chez le peuple, et surtout dans l'intérieur, ils sont presque tout couverts d'une croûte de gale, qui disparait en hiver, pour renaître au printemps assez régulièrement.

La langue générale de la Corse est l'italienne ; mais elle diffère selon les lieux. Dans les villes maritimes, on y parle un italien épuré et facile à entendre. La liaison que le commerce établit entre ces villes et celles d'Italie, ainsi que celle des habitants, en a purifié le langage; mais à l'égard des habitants de l'intérieur, ils parlent un jargon italien très corrompu, et entremêlé de termes et d'expressions mauresques, que les habitants des villes ne peuvent guère comprendre sans se familiariser avec eux.

La nation corse est d'un fanatisme excessif. Ils sont scrupuleux observateurs des prières du matin, de l'Angelus et du soir ; des bénédicités, de l'agimus, de l'eau bénite, des signes de croix, du chapelet et du scapulaire ; enfin, de tout ce qui caractérise un peuple plus ignorant et superstitieux que religieux. Les jours d'abstinence, il ne mangera ni œufs, ni beurre, ni fromage ; mais, il ne répugne pas par intérêt à travailler le dimanche et les plus grandes fêtes, à se venger de ses ennemis, à tuer même sa femme ou son bienfaiteur sur le moindre soupçon. Ils disent en plaisantant qu'il y a moins de mal à tuer quelqu'un qu'à manquer à la messe, ou manger gras les jours défendus.

Tout Corse est charitable et hospitalier envers les moines, les étrangers, les malheureux, et même ses ennemis ; mais en même temps il ne se fera point de scrupule d'aller attendre sur le chemin les mêmes personnes qu'il aura reçues chez lui, pour les voler ou pour les assassiner si c'est un ennemi, ou si elles portent une arme à feu.

Les moines et les prêtres manient l'esprit de ce peuple comme ils veulent, et de manière à le faire croire stupide, si l'on ne savait pas qu'il est, au contraire, très délié, très fin, qu'il a de l'esprit naturellement, et même une certaine éloquence. Leur respect pour eux tient presque de la vénération. Il est si excessif qu'un de ces montagnards ne rencontre jamais un moine dans le chemin sans lui demander sa bénédiction à genoux, et sa main à baiser. Cependant aujourd'hui dans les villes, et même dans les quartiers de

(169)

l'intérieur où nous avons des troupes, le peuple commence à ne les prendre que pour ce qu'ils valent. Cette nation, en général, malgré sa dévotion, sa superstition et son fanatisme, n'a qu'une religion extérieure ; et la seule qu'il professe véritablement est celle de son intérêt, même entre amis et proches parents, et de sa passion pour la licence qu'il colore du nom de liberté, surtout parmi les habitants des villes maritimes.

Le Corse est infatigable à la guerre, et il a une disposition si naturelle à faire la petite guerre qu'on en ferait des troupes légères excellentes. Il passe les nuits dans les champs ou dans une embuscade, avec un fusil dans les bras, un pistolet, un poignard, une carquière garnie de plusieurs cartouches, le tout pendu à sa ceinture ; un petit sac de cuir sur le dos, rempli de petits pains d'orge, de châtaignes et de fromage, avec une gourde remplie d'eau et de vin pendue à son côté. Voilà comme ces insulaires vont à la guerre pour dix à douze jours. Après l'argent, le fusil est ce qu'ils aiment le plus. Leur attachement à l'argent est assez ordinaire dans les pays où il est rare, et où les denrées sont à bas prix. Aujourd'hui qu'il y est plus commun, et que les denrées se vendent bien, leur avarice disparait tous les jours.

Armés comme il vient d'être dit, et avec ce peu de provisions, ils se rassemblent au son des sifflets ou des cornets, pour marcher, sous la conduite d'un chef, à l'expédition qu'ils se proposent, non en colonne ni en bataille, mais à la débandade, et épars comme une compagnie de perdreaux, tout au travers des bois, des rochers, des précipices même, quand il le faut, avec l'attention d'avoir toujours une petite avant-garde. Arrivés près de leurs ennemis, ils se postent en embuscade, ou ils se disposent à l'attaque. Dans ce dernier cas, à la faveur des broussailles, des rochers ou des murailles, ils fondent sur eux ; ou bien, en se rasant, pour ainsi dire,

(170)

contre la terre, ils tirent de toutes parts ; et après avoir fait leur feu, chaque homme, dans la même attitude, recharge son arme avec la plus grande célérité, pour recommencer ; de manière que une troupe attaquée en campagne ne peut jamais savoir ni le nombre de ses ennemis, ni ajuster ses coups pour répondre à leur feu. Dans pareil cas, marcher promptement sur le feu est le seul parti à prendre pour les vaincre, et le moins périlleux pour n'être pas détruits en détail.

Avant que de vous attaquer, ou avant de l'être, ils ont la coutume de se donner un rendez-vous, à deux, quatre, six, et quelquefois à dix lieues, sur quelque situation avantageuse; de sorte que quand leur attaque est repoussée, ou qu'ils sont forcés dans leurs embuscades, ils s'éparpillent tous à volonté, qui d'un côté, qui de l'autre, passant par les endroits les plus difficiles et les plus escarpés, pour se porter à leur rendez-vous. De là ils remarchent à vous dans dans le moment où vous vous y attendez le moins.

La haine de ce peuple est barbare et cruelle. Elle ne s'éteint jamais. Quand cette odieuse passion le domine, il n'y a plus d'humanité à attendre de lui. Il est inflexible, et sa vengeance devient implacable. L'impunité des crimes dans laquelle il a vécu tant d'années, et la vie oiseuse qu'il mène le fortifient encore dans cette cruelle façon de penser. Le père élève ses enfants dans ses principes. Dès que les garçons ont l'âge de raison, il ne les entretient que des maux que les siens ont soufferts depuis leurs divisions avec les Génois, ou avec leurs ennemis. Il leur parle sans cesse de ses parents ou de ses amis qui ont péri pour la cause commune, soit dans les supplices, soit d'une autre manière. Il leur fait connaître ceux qu'ils doivent craindre, ou haïr, ou détruire. Par de telles exhortations, il les excite dès l'âge le plus tendre à conformer leurs sentiments aux siens, et à nourrir dans leur cœur le désir de la vengeance.

(170)

Plusieurs observations réitérées m'ont persuadé que ce peuple a de la fermeté, de la patience et beaucoup de constance dans l'adversité ; mais c'est un être tout différent dans le cours ordinaire de la vie. Il se croirait déshonoré s'il proférait la moindre plainte, s'il poussait un soupir en mourant de la main de ses ennemis.

J'ai observé six bandits, séparément et en différents temps, jusqu'au supplice de la roue auquel ils avaient été condamnés, non pour jouir du triste spectacle de voir expirer un malheureux dans les horreurs des tourments, mais pour observer le caractère de ce peuple jusque dans les derniers retranchements, dans ces instants où la nature semble nous abandonner à nous-mêmes pour nous livrer à l'appareil du supplice, et aux approches d'une mort cruelle ; lorsque le corps est épuisé par le séjour d'un cachot, par l'imagination toujours tendue sur une fin tragique et diffamante, par ce sentiment intérieur et douloureux de toucher au moment de se séparer de tout ce qui nous attachait le plus en ce monde, lorsque, dis-je, cette espèce de mort anticipée vient se joindre à celle qui nous attend. Par mon état, j'ai été forcé d'assister à quantité d'exécutions sur de très braves soldats. Je dois avouer que je ne leur ai jamais trouvé la tranquillité et la fermeté que ces six malheureux conservèrent avant et pendant leur supplice, sans se plaindre, sans avouer ni leurs complices ni leur chef, et sans vouloir jamais faire amende honorable au Roi et à la justice, disant qu'ils n'avaient commis d'autre crime que celui de défendre leur liberté, et finissant par le mot de *Pazienza !* Quand une fois ils ont prononcé ce mot, dans telle occasion que ce puisse être, leur parti est pris, et rien au monde ne les ferait changer de sentiment. De pareils hommes ne me paraissent pas si méprisables.

Ces peuples sont d'une taille qui tient plutôt de la médiocre que de la haute, assez bien faits, communément maigres, ingambes et vigoureux. En général, ils sont graves, sérieux et mélancoliques, au milieu de leur vivacité, et ils rient peu. Les malheurs de leur patrie semblent les occuper entièrement, et leur donnent une humeur sombre et farouche. Leur physionomie n'a pourtant rien de désagréable, quoiqu'elle ait quelque chose de dur. Presque toutes montrent de la vivacité et beaucoup de finesse dans le regard. On ne voit parmi eux aucun divertissement, excepté qu'ils aiment passionnément les jeux de hasard; mais ce jeu, quelquefois au dessus de leurs facultés, se passe, même au jeu de commerce, sur un ton d'avidité qui rend leur société désagréable. Les femmes, au contraire, sont très gaies, enjouées, disent volontiers ce qu'elles pensent, et le disent avec esprit. Elles aiment aussi le jeu, où elles ne sont pas plus belles joueuses que leurs maris. Le peu de ressources en est peut-être la cause. Ce qu'elles aiment le plus, c'est la danse, où elles font plaisir à voir par leur légèreté et par leurs grâces. Pour l'amour, on pourrait dire sans mentir qu'elles ne le font qu'en courant. Le même quart d'heure qui voit naître une liaison la voit terminer. On a fait un rêve agréable; le lendemain on ne s'en souvient plus. Cependant, les femmes, en général, sont assez sages; mais cette sagesse est moins une vertu chez elles que la crainte continuelle où elles sont de finir misérablement de la main du mari, sur le plus léger soupçon.

Avant l'arrivée des Français, il était très commun d'entendre dire qu'un tel venait de tuer sa femme. Quand cela arrive, et c'est toujours par jalousie, ils vont dire eux-mêmes à ses parents d'aller faire enterrer leur fille, morte en tel endroit; et ils sont persuadés qu'elle s'est mise dans le cas de mériter une pareille mort. Aujourd'hui que la justice poursuit tous les crimes, on n'entend plus parler de ces horreurs.

En général, les Corses des villes comme ceux de la montagne, hommes et femmes, pauvres ou riches, aiment à parler, et parlent tous naturellement bien. Ils veulent être écoutés, et ils regardent comme un affront, dans la conversation, quand on ne les écoute pas jusqu'à la fin. Leur éloquence n'a souvent d'autre but que celui de vous surprendre ou de vous tromper. Ils sont dans l'usage, quand ils vous parlent, de ne jamais perdre vos yeux de vue. On dirait qu'ils cherchent à vous pénétrer, et à ne pas l'être. Ils sont tous naturellement méfiants et cachés. J'ai eu à faire à des Corses qui aimaient autant perdre leur cause après avoir été bien entendus, que de la gagner sans l'être.

Je me suis souvent occupé de bien observer les hommes et les femmes lorsqu'ils se querellaient, soit d'homme à homme, ou autrement. Je me suis toujours convaincu que la dispute ne serait ni longue ni dangereuse, quand leur caractère bouillant se développe tout de suite de part et d'autre; mais, quand ils ont l'air de se haranguer sans s'interrompre, et que l'un des deux prend le parti du silence, dans une certaine attitude, et que le mot *pazienza* ! vient à leur échapper, ce calme profond annonce communément l'orage le plus violent, et il est prudent alors de se tenir sur ses gardes. Les hommes, mais plus particulièrement les femmes, dans leurs querelles, parlent des yeux, des muscles de leur visage, du geste, et par les différentes attitudes qu'elles prennent, tout aussi expressivement que par le langage.

Il m'est souvent venu à l'idée que des comédiens pourraient se perfectionner dans cette île. Les hommes et les femmes de tous les états ne savent se parler, même des choses les plus indifférentes, sans gesticuler de toutes les manières, avec une expression qui leur est particulière, et sans mettre beaucoup de chaleur dans la conversation. Toujours pleins de leur sujet, on voit que leur langue fait des efforts pour vous rendre, tout à la fois et au même instant, toutes les idées qui leur viennent en foule. Au défaut de la langue, ils pensent, sans se douter, y suppléer par les gestes.

J'ai encore observé plus de modération et de tranquillité dans les hommes et dans les femmes dans le reste de l'année que dans les mois de février, mars et avril. Je me suis aperçu que dans ces mois-là leur tempérament parait être en effervescence. La moindre contradiction, un rien les fait sortir de leur situation ordinaire. Mais une remarque encore plus singulière, c'est qu'au milieu de la fureur dont les femmes paraissent être transportées, dans leurs disputes entre elles, il est on ne peut plus rare de les voir se toucher seulement du bout du doigt. Pour les hommes, quand ils font tant que de se frapper, ce n'est ordinairement que pour se détruire. J'ai fait la même observation du mois de février, mars et avril, sur les animaux domestiques. Les mulets, les chevaux, les ânes, les chiens, et jusqu'aux poules, se battent tous alors comme des enragés. Ne pourrait-on pas conjecturer de cette observation que le physique de ce climat, de l'air et de cette saison influe beaucoup sur les individus de cette île, dans ces mois-là? Comme je suis assez mauvais physicien, j'abandonne la matière à de plus instruits que moi.

Ces peuples me paraissent glorieux sans ambition. Ils exigent des politesses des étrangers, et ils ne trouvent pas au dessous d'eux de garder leurs bestiaux. On en voit peu demander l'aumône, et ceux qui font ce métier aimeraient mieux mourir de faim que de faire celui de domestique, ou se louer à la journée pour travailler la terre d'autrui. Le dernier habitant s'estime autant que le premier. Avant notre arrivée, les plus riches parmi eux ne dépensaient, ne consommaient pas plus que les pauvres, ne vivaient pas mieux, et n'étaient pas mieux vêtus. Leur vanité ne va pas à leur faire désirer un autre pays que le leur, ni chercher à s'allier avec de plus grands qu'eux. Dans les villes les habitants ont de la hauteur, et de la fierté dans les campagnes. Ils sont reconnaissants du moindre service, et ils se tiennent offensés quand on leur offre de l'argent en reconnaissance de ceux qu'ils rendent. Leur amour-propre paraît flatté de vous tenir dans une espèce de dépendance. Il volera pourtant douze sols, s'il le peut, à celui dont il vient de refuser douze francs. Il m'a paru souple, rampant et bas avec ceux dont il aura besoin, fier et insolent avec ceux qui le recherchent. Il est si peu habitué au travail qu'il ne se donnera aucun mouvement, même pour son intérêt ou son bien-être. L'avarice qui le domine ne forcera pas son naturel à cultiver son champ, ou faire le moindre commerce. Ce sont des Lucquois, des Sardes, des Génois, des étrangers, qui viennent tous les ans, au nombre de dix à douze mille, pour faire les travaux les plus pénibles, comme exploiter les terres et les bois, faire les récoltes, scier les planches, tailler les pierres, et servir de domestiques ou de manœuvres. Ils sont si sobres, et ils ont si peu de besoins, que, pourvu qu'un ménage, dans la montagne, quelque nombreux qu'il soit, ait en propriété six châtaigniers et autant de chèvres, il ne pensera pas à cultiver d'autres productions. Dans les villes, c'est tout une autre espèce d'hommes et pour le caractère et pour les usages.

Les femmes, en général, ont toutes de la physionomie, sont bien faites, de la plus grande fécondité, enjouées, voluptueuses comme chez tous les peuples qui approchent des tropiques, mais peu sensibles et incapables d'attachement. Elles sont plus jolies le long du Golo et dans la Balagne. Elles n'ont, pour l'ordinaire, ni les vices des hommes, ni même ceux de leur sexe, parce qu'elles ne sont aux yeux de leurs maris que de viles esclaves. Elles vivent, dans leur ménage, dans une si dure dépendance, si surchargées de travail, qu'elles en deviennent comme abruties. En outre, la servitude dans laquelle elles sont élevées pendant leur jeunesse

(175)

est cause qu'elles ignorent ce qu'elles ont d'appas sur les hommes. L'amour, qui presque chez tous les peuples policés est une passion reçue et approuvée, n'est chez celui-ci qu'un désir brutal d'obéir aux lois de la nature. L'amour se fait ici à l'espagnole. L'amant va chanter sous les fenêtres de sa maîtresse, s'accompagnant de sa guitare ; mais il est on ne peut plus rare d'en entendre. Il est vrai qu'on est ici dans l'usage de marier les garçons et les filles dès l'âge le plus tendre.

Les femmes des habitants des villes sont moins esclaves, moins gênées, moins maltraitées, et mieux regardées de leurs maris, à la bastonnade près, qui circule à la ville comme à la campagne, mais moins fréquemment. Elles sont dans l'usage, dans toute l'étendue de l'île, de nourrir elles-mêmes leurs enfants, et, à moins de quelque raison indispensable, il est on ne peut plus rare de prendre une nourrice.

Ces insulaires croient honorer beaucoup celle qu'ils prennent pour leur femme, et, pour l'ordinaire, ce choix regarde la plus apparentée, la plus laborieuse et la plus propre au travail. Si elle ne lui donne pas de garçons, son humeur, dans le ménage, devient insupportable. Les femmes, chez ces peuples, et dans l'intérieur de l'île, sont chargées des emplois les plus fatigants ; et tandis que le mari dort, ou fume, ou politique, ou joue, ou fait la petite guerre, elles ne cessent de travailler dans les champs et à la maison. Comment concilier cette paresse excessive avec leur inquiétude et leur caractère turbulent et porté à la révolte? Ne pourrait-on pas dire des Corses ce que Tacite disait des Germains : « C'est un singulier contraste qu'on observe chez ce peuple, ami de l'oisiveté et ennemi du repos. »

Il est bien rare qu'une femme, dans la montagne, mange avec son mari. Au contraire, elle le sert à table, ainsi que ses garçons, et ce n'est qu'après le dîner du mari que la femme fait le sien avec ses filles. Je ne puis me persuader que ces peuples aient voulu, par cet usage, tenir leurs femmes dans un état d'avilissement qui répugne à tous les hommes ; mais je croirais plus volontiers que cet usage, très ancien, a pris son origine dans les guerres de la nation, qui ne discontinuaient que pour renouveler celles de village à village, de famille à famille, de parti à parti, ou de particulier à particulier. Les hommes alors, toujours les armes à la main, ne pouvaient avoir des heures réglées pour leurs repas. Les femmes mangeaient donc toutes seules. L'habitude prise dans des temps de troubles, qui ont rarement cessé, a dû se perpétuer dans les temps de tranquillité.

Il n'y a pas longtemps encore que ces peuples se croyaient très riches lorsqu'ils avaient beaucoup de garçons. C'est ce qu'ils appelaient leur force, et ce qui était pour eux l'objet de tous leurs désirs. Quant à leurs filles, ils ne s'en embarrassaient pas beaucoup. Seulement, quand l'âge de les marier est arrivé, un moine est ordinairement chargé de trouver un épouseur, s'il ne s'en est pas encore présenté. Il va à la quête de maison en maison, et, dès qu'il en a découvert un, il le conduit chez la fille, du consentement du père et de la mère. S'ils se conviennent, ils se frappent mutuellement dans la main, en signe de promesse. Cette première cérémonie ne tarde pas d'être suivie du contrat de mariage. Après cette entrevue, s'il prenait fantaisie au garçon de se dédire, il lui en coûterait la vie infailliblement. Aussi, dès ce moment, se conduit-il avec sa prétendue comme si elle lui appartenait. Il va même, quelquefois, jusqu'à la maltraiter en présence de ses parents, sans qu'ils s'en formalisent. Il croirait s'avilir s'il rendait quelques devoirs d'honnêteté à sa future, de lui dire des douceurs, de la prévenir par des égards qui puissent la flatter. Le jour même des épousailles, il n'est pas d'usage que la prétendue lui donne le bras, soit en allant, soit en revenant de l'église. Aussi, rien n'est plus froid, plus triste que leurs amours et leurs mariages.

Pendant la publication des bans, le prétendu rend régulièrement visite à sa maîtresse, toujours sur le même ton qu'auparavant, excepté qu'il est accompagné de sa guitare. La fiancée est enfin conduite à l'église, et souvent malgré elle. La cérémonie faite, ses parents l'accompagnent à son nouveau ménage. Là, toutes les femmes du village viennent jeter plusieurs sortes de grains, en signe de l'abondance qu'elles lui souhaitent.

Le nouvel époux régale toute la noce d'une frugale collation, fût-il des plus riches. Sitôt que ce maigre repas est fini, il fait un signe de tête à sa femme, qui quitte alors la compagnie pour le suivre dans sa chambre. C'est là qu'elle débute par donner à son mari les plus grandes marques de soumission. Elle se déshabille elle-même, quitte sa chemise, usage ordinaire chez ce peuple, et va se jeter ainsi dans le lit de son époux. Une demi-heure après, les nouveaux époux se lèvent, et ouvrent la porte de leur chambre aux filles du village qui viennent les féliciter. Dès le lendemain, elle commence à aller aux champs, à porter le bois, les récoltes, et d'autres fardeaux sur la tête, enfin à faire les travaux d'une bête de somme. J'en ai rencontré mille pour une, dans les montagnes et le long des chemins, par la plus forte chaleur, porter des fardeaux très lourds sur leur tête, le mari la suivant monté sur son âne ou sur son mulet. L'exemple suivant démontrera le cas qu'ils font de leurs femmes :

Le sieur S....., habitant du Cap-Corse, après avoir fait une petite fortune sur mer, arriva à Marseille chez un négociant dont il épousa la fille, avec la clause insérée dans le contrat de rester les hivers à Bastia et les étés à sa campagne. Arrivé au Cap-Corse, il envoya chercher à sa campagne une monture. On lui amena un seul cheval qu'il monta sans cérémonie. Sa femme, assez jolie, jeune, très aimable, et peu habituée à de telles manières, fut pourtant obligée de le suivre à pied, par une très forte chaleur, et de grimper une montagne très escarpée, de près d'une lieue de trajet, pour arriver dans la campagne de son mari. Si un Corse, expatrié pendant nombre d'années, et avec une certaine aisance, a été capable de cette dureté, qu'on juge de celle des autres habitants qui ne sont jamais sortis de leurs montagnes !

C'est à la vie errante, tumultueuse, semée de troubles, de dissensions, de guerres civiles, dont l'anarchie fut toujours la suite, que les femmes de l'intérieur de l'île doivent la servitude humiliante dans laquelle elles vivent avec leurs maris, depuis les temps les plus reculés.

Maîtres absolus dans leurs familles, ils n'ont d'autre règle de conduite que leur volonté. S'ils ne détruisent pas leurs garçons, c'est que c'est un appui pour eux dans le besoin. S'ils ne détruisent pas leurs filles, c'est que c'est un second appui par les gendres qu'elles doivent leur donner. Détruisent-ils leurs femmes, les parents croient, ou feignent de croire qu'elles ont mérité une pareille mort. Dans un tel état de choses, le plus fort a dû nécessairement opprimer le plus faible, surtout lorsqu'il n'est protégé ni par les lois, ni par la société, ni par ses proches. Ces sortes d'événements n'arrivent pas dans les villes, mais il n'y a pas de mari qui ne se soit séparé de sa femme, au moins une fois. J'en connais qui s'en sont séparés jusqu'à quatre fois.

Quand un veuf se remarie, et qu'il épouse une fille, il doit donner un séquin à chaque garçon du village, en dédommagement du tort qu'il leur fait en les privant de cette fille. La même pièce se donne, pour une veuve qui se remarie à un garçon, aux filles du village.

Quoique les femmes de l'intérieur de l'île, et souvent celles des villes, soient accablées de travail, elles n'en sont pas mieux nourries. Du pain d'orge, du fromage, des châtaignes, et de la soupe à l'eau et de l'huile, voilà à peu près leur nourriture, quoique le ménage soit aisé, car on ne connait presque pas de pauvres ici. Les dimanches et jours de fête seulement, elles sont régalées avec du cabri, de la chèvre ou du cochon.

Un usage, chez ce peuple, qui paraîtra un conte fait à plaisir, c'est que toute la famille, père, mère, mari, femme, oncles, tantes, frères, sœurs et enfants, couchent tous ensemble, assez communément, dans la même chambre, où ils sont quelquefois neuf ou dix, pêle-mêle, et sans chemise. Telle est leur coutume, ne conservant dans le particulier aucune espèce de pudeur entre les deux sexes, quoique jaloux à l'excès de leurs femmes et de leurs filles (1).

Une autre contrariété de leur caractère, c'est leur jalousie, avec l'opinion avantageuse qu'ils ont de la vertu de leurs femmes, répétant souvent ce proverbe : « que douze onces d'honneur ayant été jetées sur la terre, leurs femmes en avaient pris onze pour leur part, et avaient laissé la douzième aux autres. »

Il n'est, parmi eux, que bien peu de médecins, de chirurgiens et d'apothicaires. Encore, n'ont-ils recours à eux que pour les maladies les plus graves. Ils ont beaucoup de connaissance des propriétés et de la vertu de certains simples, qu'ils se transmettent de père en fils, ainsi que de la manière d'en faire usage, suivant les différentes maladies ou blessures. Ils ont, cependant, beaucoup d'estime pour ceux qui exercent la médecine, ou quelques-unes de ses parties. Communément, ce sont des gens bien nés.

(179)

---

(1) Nous faisons observer de nouveau que nous publions le document tel qu'il est, sans relever ce qu'il contient d'erroné ou d'exagéré.

On trouve dans quelques cantons de l'île des coutumes bizarres autant qu'extraordinaires, qu'on dit venir des Sarrasins, et qui ne sont point en usage dans les villes. Les femmes de ces cantons envoient porter des présents, et les portent souvent elles-mêmes, aux personnes qui viennent de mourir. Ils consistent en vin, en tabac, en châtaignes etc. Ces femmes sont chargées de causer avec le mort, auquel elles font, en pleurant, mille questions ridicules, comme de lui demander pourquoi il est mort si tôt, lui qui devait vivre pour soutenir sa famille ; s'il n'en était pas aimé ; s'il avait à s'en plaindre ; si sa femme ne faisait pas toutes ses volontés ; et cent autres questions de cette espèce, auxquelles le défunt ne répondant rien, elles recommencent leurs cris et la même comédie. Ensuite, elles le mettent sur sa couverture et finissent par le faire sauter. Ces habitants disent que cet usage n'est pas aussi extravagant à leurs yeux qu'aux nôtres, parce qu'il a rappelé à la vie des personnes qu'on croyait mortes, et qui n'étaient qu'en léthargie. On observe les mêmes cérémonies à l'égard des femmes, des garçons et des filles, à la réserve des interrogations qui diffèrent selon le sexe. Si c'est une fille d'un âge nubile, on lui demandera si elle n'avait pas un amant ; pourquoi elle ne veut pas répondre à ses vœux ; on l'assure qu'on n'en saura rien, et que, si on vient à la découvrir, on l'obligera à l'épouser. « Allons ! prends courage, réveille-toi, nomme-nous cet amant, et nous allons te l'amener. Ou bien, dis-nous ce qui t'oblige à vouloir mourir. » Ensuite, succède la danse de la couverte. L'amant de la défunte, si elle en a un, accompagne son corps à l'église. Là il lui est permis de lui faire ses tendres adieux.

Une femme qui a perdu son mari doit, pour marque de deuil, être vêtue de noir, et, de plus, porter la même chemise, la même coiffe, se servir des mêmes draps et serviettes dont elle faisait usage lors de la mort de son mari, pendant assez de temps pour rendre ce deuil fort dégoûtant. Les enfants et les parents en usent de même, et ce deuil en linge sale est plus ou moins long selon le degré de parenté.

Lorsqu'un homme est assassiné, ce qui arrivait fréquemment avant 1769, la veuve, les enfants, les parents, et les femmes du village, apportent le mort devant la porte de l'église. Ils se prennent ensuite tous ensemble par la main, et tournent ainsi de toutes leurs forces autour de lui, en pleurant et en gémissant. Ensuite, la veuve est étendue sur le défunt, et, dans cette attitude, les parents du mari lui déchirent ses habits, la tirent par les cheveux, et lui mettent le visage en sang, en lui reprochant la mort de son mari, et, en y ajoutant les injures les plus fortes, ils l'accablent de coups. Plusieurs de ces malheureuses en sont restées si défigurées qu'elles n'ont pu trouver à se remarier.

Après la cérémonie de la veuve, vient celle des enfants. En leur montrant la chemise ensanglantée de leur père, qui est soigneusement conservée avec le nom de l'assassin, on les exhorte à ne pas oublier de venger sa mort. Après, on porte le mort dans l'église, et, lorsque l'on est au moment de l'ensevelir, sa parenté vient encore auprès de sa veuve, pour lui donner, l'un un coup de poing, l'autre un coup de pied, et ensuite on la reconduit à sa maison, où les femmes finissent par renverser le foyer et tous les meubles de la chambre, qui, pour l'ordinaire, ne sont pas considérables. Ils prétendent qu'un pareil traitement, tout inhumain qu'il paraisse d'abord, oblige la femme à veiller soigneusement sur la vie de son mari, dans la crainte d'être assommée à sa mort par sa famille, si elle avait quelques reproches à lui faire sur sa conduite à son égard.

J'ai déjà parlé de la passion excessive de ce peuple pour la vengeance. Je vais la justifier par l'exemple suivant : Ce fut à peu près vers le temps de l'arrivée du régiment en

Corse, que deux frères, assez bien nés, des environs d'Ajaccio, furent trouver M. de Beaumanoir, officier général commandant au delà des Monts, pour le prier de les aider à faire rentrer en Corse l'assassin de leur père, avec lequel ils désiraient se réconcilier sincèrement. M. de Beaumanoir les loua beaucoup, les engagea à persister dans des sentiments si humains, et leur promit d'écrire sur le champ à ce particulier pour lui faire part de leurs bonnes intentions. Ce particulier, après son crime, s'était retiré à Rome, où il vivait de ses revenus, pour échapper à la vengeance d'une famille nombreuse. Charmé de l'occasion favorable qui se présentait de revoir ses proches et son pays, il se rendit aux propositions de M. de Beaumanoir, et partit de Rome pour se rendre à Ajaccio. Arrivé dans cette ville, M. de Beaumanoir l'invita à dîner pour le lendemain, et il envoya en même temps prier les deux frères qui lui avaient demandé cette réconciliation. Elle se fit chez lui de la meilleure grâce possible, et, après le dîner, ils partirent tous les trois ensemble pour se rendre à leurs maisons de campagne, voisines l'une de l'autre. A peine furent-ils hors des portes de la ville, qu'un des frères lui brûla la cervelle d'un coup de pistolet. Un détachement courut sur le champ à leur campagne pour les arrêter. On la trouva totalement abandonnée et sans le moindre meuble, preuve bien certaine du dessein prémédité de se venger.

Je n'ai pas eu occasion de voir par moi-même la cérémonie qu'on fait subir à la veuve d'un homme assassiné ; mais nos troupes ont vu dans le Niolo les veuves des douze révoltés qui avaient été pendus tous ensemble au même arbre, par ordre de M. le comte de Marbeuf, s'arracher les cheveux, et se mettre le visage tout en sang, en présence de leurs maris, en leur faisant des questions plus extravagantes les unes que les autres, et dans le genre de celles qui sont attestées de tout le pays.

(182)

Voici ce qui arriva à Madame Y***, fille de Madame de X***, dont j'ai déjà parlé. Elle avait été mariée en premières noces à M.Y***, conseiller au Conseil Supérieur de Bastia. Son mari mourut quelque temps après. Le jour de son enterrement, comme on le sortait de sa chambre pour le porter à l'église, elle voulut se jeter à corps perdu sur celui de son mari, avec toute l'apparence du désespoir sur sa physionomie. Un conseiller français, qui était chez elle dans ce moment, effrayé de la situation de cette femme éperdue, la saisit de toutes ses forces pour l'arrêter et la faire rentrer dans ses appartements. Plus elle faisait des efforts pour se dégager de son bras, plus notre conseiller redoublait de résistance. Enfin, Madame Y***, voyant qu'il n'y avait pas moyen de se débarrasser de cet homme, lui dit du plus grand sang-froid et avec étonnement : « C'est l'usage, Monsieur ; souffrez que je m'acquitte de mon devoir. » Elle se remaria peu de temps après à M. d'A....., consul de France à Bastia. On peut juger, par cet exemple, du fond qu'il y a à faire sur les larmes et les lamentations des autres femmes corses.

Le fanatisme de ces insulaires est encore aujourd'hui si fort que les prêtres et les moines leur persuadent tout ce qu'ils veulent. Il n'y a que peu d'années que le Père Léonard, franciscain, professeur de la faculté de Corte, publia en Corse, pendant la dernière guerre contre les Génois, un petit traité dans lequel il s'appuie des passages de l'Ecriture Sainte, pour prouver que ceux qui meurent les armes à la main, en défendant la liberté de la patrie, doivent être réputés martyrs. En corrigeant les vices des prêtres et des moines, on parviendrait bientôt à détruire le fanatisme du peuple.

On dit que le peuple est peuple partout ; et sur ce principe on croit pouvoir conduire celui-ci comme les autres. Je ne conviens pas de cette vérité, à bien des égards, avec ces insulaires, parce qu'il ne m'a pas paru tel. Tout particulier, dans cette île, qui, avec un génie hardi, du courage, de la fermeté, quelques lumières et beaucoup de parents, est assez instruit des intérêts de sa nation, ou d'un des deux partis dominants, et assez éloquent pour échauffer les esprits, les manier relativement à ses vues, ce particulier, dis-je, fût-il du plus bas étage, est assuré de se faire un parti, et de jouer un rôle parmi ses compatriotes.

La Nation entière elle-même n'est depuis des siècles qu'un composé d'une infinité de partis, qui, plus ou moins rassemblés, forment le parti dominant. Les différentes révolutions de la Corse fournissent quantité d'exemples de cette vérité. Hyacinthe Paoli fut élu capitaine général de sa nation. Ce n'était pourtant qu'un simple citoyen, habitant de Merosaglia dans la montagne, plus instruit, mieux élevé qu'ils ne le sont communément. Son fils, Pascal Paoli, fut aussi élu capitaine général. Gafforio, son prédécesseur, avait joui du même privilége, quoique simple citoyen de la ville de Corte. Cependant le parti de Matra, une des meilleures, des plus nombreuses et des plus anciennes familles de l'île, dont le père avait aussi gouverné la Corse, leur fut toujours opposé, sans jamais pouvoir prendre le dessus.

Il y a très peu de jours qu'une fille, de telle famille qu'elle fût, pour faire un mariage avantageux, n'avait besoin d'autres titres que celui d'avoir beaucoup de frères, d'oncles, de cousins et de parents. Voilà la raison pourquoi les anciennes familles sont aujourd'hui si fort mésalliées. Au premier besoin, c'était déjà un parti tout rassemblé, respecté, recherché, pour faire passer un avis dans l'assemblée de la Nation, ou pour en contre-balancer un autre. Est-il, doit-il paraître étonnant qu'un pareil peuple, vivant dans l'anarchie depuis un temps immémorial, qui par cette seule raison doit connaître ses forces, qui se trouve dans l'habitude et dans la volonté d'en faire un fréquent usage, pour être considéré, recherché et craint, est-il étonnant, dis-je, qu'un pareil peuple ne ressemble à aucun autre?

Une preuve de la licence extrême dans laquelle ce peuple a vécu depuis longtemps, c'est un usage qui subsistait encore lors de l'arrivée de M. le comte de Marbeuf, et qui occasionnait le plus d'assassinats. Lorsque les parents d'une fille la refusaient à un garçon, de telle condition qu'elle fût, pour peu que cette fille consentît à ce mariage, et souvent même sans son approbation, le garçon l'embrassait, ou la décoiffait un jour de fête, au sortir de la messe. Aussitôt, tous les enfants, souvent postés exprès, se mettaient à crier : *Disonorata!* Dès ce moment, il fallait, de toute nécessité, accorder cette fille, ou bien venger cette injure dans le sang du garçon. Ce meurtre en occasionnait souvent dix autres.

A peu près dans ce temps-là, M. Sansonetti, gentilhomme de Bastia, enleva une fille du village de Borgo, pour la faire épouser à son fils à qui les parents l'avaient refusée. Ce mariage se fit malgré l'opposition de la famille de cette fille, et, lorsque les Français prirent possession de Bastia en 1764, ces deux familles se faisaient la guerre à coups de fusil, aux portes de la ville, et partout où ils pouvaient se rencontrer.

Je crois devoir répéter encore que les mœurs, le caractère et les usages des habitants des villes diffèrent beaucoup des mœurs, du caractère et des usages de ceux de l'intérieur de l'île. Dans les villages, et plus encore dans les montagnes, les habitants y vivent si frugalement, font si peu de dépenses pour leur nourriture et pour leur entretien qu'ils sont presque tous à leur aise, sans avoir besoin de faire valoir tout le terrain qu'ils possèdent.

Ce peuple naturellement fier et insolent, suite naturelle de la parfaite égalité qu'il croit devoir exister parmi les hommes, pousse ce sentiment jusqu'à l'impudence, dans la prospérité. Le régiment en fit l'épreuve en arrivant dans cette île, à Bastia, lors de la révolte du Niolo. Elle me frappa au point que les Français avaient plutôt l'air d'avoir été vaincus par les Corses que d'être leurs vainqueurs. Il est vrai que sous les ordres de M. le comte de Narbonne ils ne conservèrent pas longtemps cet air-là.

Pour peu qu'on ait séjourné dans les villes de la Corse, on ne tarde pas à s'apercevoir que les habitants en sont plus policés, plus fins, plus souples, plus dissimulés, moins familiers, moins fermes, moins belliqueux, moins hospitaliers, moins jaloux, moins fanatiques, moins fougueux, aussi inquiets, aussi inconstants, aussi vindicatifs. aussi légers, aussi séditieux, aussi portés à la révolte, aussi avares, aussi présomptueux, enfin, qu'ils ont beaucoup plus de vices et moins de vertus.

C'est, me dira-t-on, vouloir prêter à rire à ses dépens que de prodiguer le nom de vertu aux Corses. Je vais prouver par les exemples suivants que je ne leur accorde rien gratuitement.

Ces peuples sont généralement hospitaliers, même envers leurs plus cruels ennemis. Il est vrai qu'au sortir de chez eux ils les assassinent s'ils le peuvent. Ils ont d'autres principes, une autre morale, une autre probité que la nôtre.

M. le comte de Marbeuf fit afficher et publier dans toute l'île qu'il accordait cent écus à quiconque arrêterait un bandit, et cinquante écus à celui qui en tuerait un, sans que l'intérêt, bien décidé dans cette nation, ait porté un seul Corse à cette action, pas même leurs ennemis. Au contraire, malgré le châtiment des galères prononcé contre tout habitant qui recèlerait, nourrirait, ou entretiendrait quelque commerce avec eux, ils ont été nourris et secourus dans toutes les occasions.

On a tenté, sous M. de Marbeuf et sous M. de Narbonne, toutes les promesses possibles, pour porter les bandits à livrer leurs chefs, sans pouvoir jamais en séduire aucun. Bien plus, parmi tous les bandits qu'on a exécutés par le supplice de la roue, il ne s'en est pas trouvé un seul qui ait voulu déclarer, ni son chef, ni ses compagnons, ni le lieu de leur retraite, ni aucun des habitants qui les aidaient.

Généralement, les Corses, hommes et femmes, en revenant des champs avec des fruits, sont dans l'usage d'en offrir aux passants. Si on veut leur donner de l'argent, après en avoir accepté, ils le refusent en vous témoignant que vous leur faites beaucoup de déplaisir.

M. de la Grange, capitaine des Grenadiers au régiment de Bourbonnais, campé au camp de Merosaglia lors de la révolte du Niolo en 1774, vit un jeune Corse, dans le camp, que la curiosité y avait amené. Sa physionomie et son esprit lui firent tant de plaisir qu'il le fit dîner avec lui. Le père et la mère de cet enfant, qui n'étaient que de simples paysans des environs, vinrent le lendemain au matin le remercier, et lui apporter une corbeille remplie de vivres et de fruits.

Un jour, que je me promenais sur le chemin de Bastia au Cap-Corse, je vis passer deux Corses tout couverts de sueur, et qui couraient à toutes jambes. L'un des deux me demanda si je n'avais pas vu passer deux soldats vêtus de telle façon, portant chacun un petit panier. Je leur dis qu'oui. Sans me répondre, ils continuèrent de courir du côté de la ville, et moi je me mis à les suivre. Je ne tardai pas à les voir revenir, mais plus tranquillement. Je leur demandai alors ce qu'ils voulaient à ces deux soldats : « Ils mangeaient nos figues et nos raisins depuis plusieurs jours, me dirent-ils, mais ils nous ont promis de ne plus y retourner, en nous priant de ne pas leur faire de la peine. »

M. de Gafforio, colonel des volontaires de son nom, et fils du capitaine général assassiné par les Génois, fut pris par les bandits avec un de ses parents et un officier français, étant à la chasse. Comme ils étaient à délibérer sur le genre de mort qu'ils leur feraient subir, un bandit le reconnut pour lui avoir sauvé la vie, peu de temps auparavant, dans une rencontre avec un détachement de son régiment. Non seulement il lui sauva la vie, mais après avoir massacré le Français et son parent, cette troupe de bandits voulut encore l'escorter dans sa route, pour le protéger contre une autre troupe qu'il aurait pu rencontrer. Si on trouve de pareils sentiments parmi des roués, on doit espérer d'en rencontrer d'aussi vertueux parmi les habitants. J'en ai connu dans les villes, et plus encore dans les montagnes, qui ont le cœur droit et généreux, aimant le bien, aimant à le faire, et sensibles à celui qu'on leur fait.

Pendant l'hiver 1773 à 1774, le magasinier du bois de la ville de Corte avait fait une coupe de bois dans la forêt, près de la ville. Il se servit de quelques soldats de Bourbonnais pour le faire transporter en ville. Un habitant, voisin de cette forêt, avait aussi fait une coupe de bois à portée de celle du magasinier. Il arriva que les soldats se trompèrent en amassant le bois coupé. Cet habitant, s'en étant aperçu, y fut un matin, et il vit qu'effectivement on charriait son bois. Il courut au soldat, et voulut se le faire rendre. Le soldat n'entendait pas l'italien, ni le paysan le français. La dispute ne tarda pas à s'échauffer. Elle devint si vive, de part et d'autre, que le soldat prit une bûche, et en frappa si rudement cet homme à la tête qu'il en mourut. Les enfants du mort attaquèrent ce soldat à la justice de Corte, où il fut condamné à être pendu. On fit part à M. de Baguet, lieutenant-colonel du régiment de Bourbonnais, de la tournure que cette procédure allait prendre à Bastia. Cet officier estimable autant que respectable, et de qui je tiens tout ce détail, vit bien, sur le compte qu'on lui rendit, qu'il y avait

(187)

plus de vivacité que de méchanceté dans ce malheur. Il obtint de M. le comte de Marbeuf et de M. le Premier Président la permission de pacifier cette affaire. Il partit pour Corte, et, de là, fut à la campagne des enfants du mort. Il parla à l'aîné, et il n'eut pas de peine à le faire convenir qu'il y avait dans cette aventure plus de malheur que de méchanceté. « Au reste, lui dit-il, vous êtes seul le maître de la vie du soldat qui a eu le malheur de tuer votre père ; mais, comme c'est un honnête homme qui s'en repent véritablement, et un très bon soldat, le régiment serait bien aise de le sauver, et il m'envoie vers vous pour vous demander sa grâce, en vous laissant le maître du prix. » Ce jeune homme lui répondit, avec les marques de la douleur la moins équivoque, qu'ils n'étaient pas dans l'usage en Corse de vendre le sang de leurs proches ; que pour ce qui regardait le soldat, il n'était pas le maître d'en décider lui seul, mais qu'il allait assembler sa famille, et que le lendemain il lui rendrait réponse. Effectivement, il lui apporta un acte signé de toute sa famille, passé par devant le notaire, par lequel elle pardonnait de bon cœur à ce soldat la mort de leur père ; qu'elle ne lui demandait rien, qu'elle ne le chercherait jamais sur ce meurtre, et qu'il pouvait sortir de prison en toute sûreté, si la justice voulait y consentir.

Il me semble que de pareils traits feraient honneur aux peuples qui le jugent si sévèrement, et je connais des nations très civilisées, qui passent pour estimables, où le plus vil intérêt serait le juge d'un pareil malheur. Quand il est question de prononcer sur le caractère ainsi que sur les mœurs, la vérité et l'honnêteté exigent d'en dire le bien et le mal ; à plus forte raison lorsqu'il est question de toute une nation.

J'ai ouï dire à M. le comte de Marbeuf que, si l'on parvient jamais à civiliser ce peuple, il ne lui resterait que ses vices. Cette parole m'a paru plus brillante que solide, en ce

(188)

que, s'il n'a entendu par le terme « le civiliser » que le plier aux vues du gouvernement, ce serait effectivement le vrai moyen de les lui conserver ; mais s'il n'entend par cette expression que le soumettre à des lois aussi utiles à la Nation qu'au Roi, je pense au contraire qu'il s'en corrigerait insensiblement. Il convient lui-même dans cette pensée que ces insulaires ne sont pas sans vertus.

Un trait que je regarde comme le crime de toute la Nation, et qui m'avait fort prévenu contre elle, c'est son ingratitude et sa perfidie envers M. le marquis de Cursay, auquel elle avait tant d'obligations. Elle joignit ses plaintes à celles des Génois pour demander justice au Roi de sa conduite pendant son séjour en Corse. Un jour que je causais avec M. de Buttafoco, celui-là même qui avait eu une bonne partie de la confiance de M. le duc de Choiseul, dans le temps où il était question de faire passer cette île sous la domination du Roi, je le priai de me dire les raisons qui avaient pu porter sa nation à joindre ses plaintes à celles des Génois pour perdre M. le marquis de Cursay, lui qui en était si aimé, craint, respecté et considéré, lui qui l'avait défendue et soutenue avec tant de zèle et de succès contre les mauvaises intentions des Génois. Il me répondit que M. de Grimaldy, alors commissaire général en Corse, lui avait fait pressentir de la part de la République, qu'elle (la Nation) n'avait aucune réconciliation à espérer, si elle ne se joignait pas à la République pour demander justice au Roi de la conduite de M. de Cursay ; que dans cette alternative, sa nation avait pensé qu'il valait mieux sacrifier un particulier que tout un peuple, mais que nous devions regarder ce procédé de sa part moins comme un crime de perfidie et d'ingratitude que comme une nécessité d'état. Je ne fus pas tout-à-fait de son avis.

La franchise avec laquelle j'écris sur ce peuple prouvera

(189)

mieux que tout ce que je pourrais dire que je ne cherche pas plus à lui trouver des vertus qu'à pallier ses vices. Je dirai avec tout le monde que c'est un des peuples de la terre les plus corrompus, mais je ne dirai pas avec tout le monde qu'il est indomptable, indisciplinable, incorrigible, n'ayant pas même les qualités sociales ; qu'il n'est bon à rien, sans aucune espèce de ressources, et qu'il est le rebut de toutes les nations. Je dirai, comme je crois l'avoir prouvé, que ce peuple a encore du nerf, de l'âme, du courage, de la fermeté. Je ne suis pas étonné de ses vices ; il est à mes yeux ce qu'il doit être. Je ne le suis que de lui trouver encore des vertus. Avant que de donner pour certain qu'une chose n'est bonne à rien, on en fait l'épreuve de plus d'une manière. A-t-on éprouvé ce peuple une seule fois, depuis les Carthaginois, relativement à son intérêt et à son bonheur ? Il n'y a qu'à lire le tableau de ses révolutions pour se convaincre du contraire.

Si l'on ne jugeait d'un peuple, pour lui donner un caractère, que sur les cruautés et les barbaries que le fanatisme de religion ou des guerres civiles lui ont fait commettre, tel que le français, l'anglais, l'écossais, l'irlandais, l'allemand, et tant d'autres nations, serait-on fondé à en dire tout le mal que méritent de pareilles horreurs ? Non, sans doute ; puisque ces mêmes nations, aujourd'hui plus éclairées, détestent les excès auxquels se sont portés réciproquement les Catholiques et les Protestants par un zèle mal entendu. Telle est à peu près la nation corse. On ne la juge que d'après les excès dans les révolutions qu'elle éprouve depuis tant de siècles. Elle n'a joui que d'un seul instant de tranquillité sous la république de Pise, et ce n'est pas certainement celui-là que les différents historiens ont choisi pour le peindre. Aucun n'en parle. La nation suisse est dans le même cas. Personne n'en dit mot, quoique ce soit le peuple de l'Europe dont il y eût à dire le plus de bien, tant sur la sagesse de son gouvernement que sur celle de ses mœurs. Il semble que la plume et l'imagination de l'historien languissent sur l'uniformité constante de la situation d'un peuple. Est-ce donc dans la maladie d'un individu qu'on peut bien juger de sa bonne ou de sa mauvaise constitution ?

La seule administration des Génois sur les Corses, pendant les quarante dernières années de leur gouvernement, aurait suffi pour corrompre le peuple le plus vertueux. Cette république, fatiguée des barrières continuelles que lui opposait le caractère de ces insulaires, et manquant en outre des moyens de le plier à ses vues, crut, pour pouvoir les contenir, devoir en empêcher, en retarder, et même en détruire la population par tous les moyens possibles. Pour parvenir à ses fins, sa politique la plus constante fut de fomenter les troubles parmi eux, au lieu de les apaiser, et de soutenir toujours le parti le plus faible pour les détruire l'un par l'autre, ressource assez ordinaire des gouvernements faibles et vicieux. Un peuple ne peut que se corrompre de plus en plus sous le joug d'une telle administration ; et que doit-il devenir lorsqu'il l'était déjà ? C'est dans le chapitre suivant que j'achèverai ma pensée sur cet article.

CHAPITRE IX.

SUR LES CONTRADICTIONS
QU'ON RENCONTRE DANS PRESQUE TOUS LES ÉCRITS
SUR LA CORSE.

J'ai dit qu'en parcourant les différentes relations ainsi que les histoires, tant anciennes que modernes, qui parlent de la Corse, je les ai trouvées toutes remplies de contradictions. J'en ai même rapporté quelques-unes à la page 22. Ne pourrait-on pas croire, sur toutes ces contradictions, que les différents portraits qu'on fait de ces insulaires, ou de leur île, faits la plupart sur des ouï-dire, ou par des personnes peu instruites, sont un peu trop chargés, et ne conviennent pas, généralement, à toute la nation et à tout le pays?

Un peuple libre peut apprécier les vices et les vertus d'un peuple courbé sous le joug du despotisme; mais des hommes asservis aux préjugés de leur nation, esclaves d'une politique plus ambitieuse que juste, plus fausse qu'éclairée, qui change de principes et de système toutes les fois qu'elle change de ministre, dont le bonheur et le malheur des peuples ne dépendent continuellement que d'une intrigue de cour, dont la majeure partie de cette cour n'est que la partie la plus dépravée et la plus corrompue de la nation, des hommes, dis-je, de cette trempe sont-ils bien en état de qualifier de vicieuses ou de vertueuses les actions d'un peuple libre, ou qui n'a jamais discontinué de faire des efforts pour le devenir, d'un peuple toujours vaincu, jamais assujetti, d'un peuple toujours méprisé, toujours tyrannisé par ses maîtres, parce qu'il refuse les fers dont on voudrait le charger? On veut l'assujettir à un gouvernement qui, dans le vrai, n'est utile qu'au souverain, et l'on est étonné de lui trouver de la résistance. A la suite de cette résistance viennent les portraits. Ce n'est que dans la paix et la tranquillité de bien des années qu'on peut observer une nation. Encore le préjugé national doit-il dicter le jugement, et souvent l'emporter sur la vérité, lorsqu'on écrit sur un peuple qui n'a jamais été soumis entièrement à ses maîtres que momentanément et par la force. Cette seule raison doit faire croire que les Carthaginois, les Romains, les Goths, les Sarrasins, les Papistes, les Pisans, les Génois et les Français, doivent leur donner beaucoup de mauvaises qualités, et pas de bonnes.

Les Génois doivent qualifier, et qualifient en effet de rébellion, de sédition, de mutinerie, de caractère féroce et indomptable, les mêmes actions de ce peuple dans lesquelles les Anglais ne trouvent que grandeur d'âme, courage, vertu, intrépidité, fermeté, constance à se délivrer de l'oppression d'une puissance tyrannique qui l'avait envahi. Boswell, anglais qui parcourait la Corse pendant les premières hostilités de M. le comte de Marbeuf, et qui a fait l'histoire de cette nation, en fait un peuple de héros.

Pour bien pouvoir juger d'un tableau, il faut premièrement savoir en saisir le vrai point de vue, et je pense être fondé à croire que beaucoup de personnes ont parlé de cette île sans l'avoir parcourue, et sur des connaissances très superficielles. Sénèque a plutôt dépeint, dans ses écrits, le lieu de son exil que la Corse, dont il ne parle qu'au travers de sa mélancolie, du chagrin et de l'ennui qu'il y éprouvait. Moi-même, j'en ai écrit beaucoup de mal à mes amis, dans les commencements que je l'habitais, et dans le temps que je ne la connaissais pas encore. Aujourd'hui je trouve que ceux qui en ont parlé avec plus de vérité et de justesse, de discernement et en fort peu de paroles, sont le roi de Prusse, Jean-Jacques Rousseau et les auteurs de l'Encyclopédie.

En lisant attentivement le chapitre sixième qui traite du climat et des productions de la Corse, le chapitre huitième qui parle des usages, des mœurs et du caractère de ses habitants, on s'apercevra sans peine que ses côtes maritimes comparées à son intérieur présentent deux pays tout-à-fait opposés, tant pour le climat que pour les productions. On peut en dire tout autant des habitants. Ce qui pourrait être applicable à ceux de l'intérieur du pays ne saurait l'être à ceux de ses côtes ; et voilà, je pense, la source de ces contradictions, car, à la rigueur, on pourrait avancer que la Corse est habitée par deux peuples différents, et qu'elle a deux climats tout-à-fait opposés.

Le long des côtes maritimes et de presque toute la circonférence de l'île, les chaleurs sont très fortes, et l'air y est très malsain en beaucoup d'endroits. L'hiver, dans cette partie, n'y est presque pas sensible, puisqu'il ne gèle pas, ordinairement, et qu'il est on ne peut plus rare d'y voir tomber de la neige. Les eaux ne sont pas bonnes dans la plupart des villes, et même on en manque dans quelques-unes. Dans tout l'intérieur, au contraire, elles y sont excellentes. L'été y est très supportable, et l'air y est presque partout très sain. Mais l'hiver, dans des parties, y est aussi précoce et aussi rigoureux que dans les Alpes.

La fertilité de l'intérieur, en grains, en vignobles, en arbres fruitiers, en olives, n'est presque rien en comparaison de celle des côtes. Son produit consiste en troupeaux, en pâturages, en forêts de toute espèce, en mouches à miel, en gibier, en bêtes fauves, mais peu de grains, de vignes et d'oliviers. Le lin, seulement, y vient supérieurement.

Quant aux habitants, la différence est aussi sensible. Ceux

(193)

des côtes maritimes, étant enfermés dans des villes entourées de murailles, gardées par des forts et par des troupes, ont toujours été soumis, et des premiers, même sans résistance, aux différentes puissances qui ont successivement possédé la Corse. Vivant continuellement avec les troupes et les officiers de l'administration de ces différentes puissances, ils ont dû insensiblement contracter les usages, les mœurs et le caractère de ces divers peuples, à peu près comme on prend, sans s'en apercevoir, et même sans le vouloir, l'accent d'un pays que l'on habite. Leur caractère a donc dû s'abâtardir. Les habitants de l'intérieur, au contraire, n'ayant que la seule ville de Corte, dans le centre, avec un château, n'ont jamais été soumis entièrement à aucune puissance. Ils ont, de plus, presque toujours vécu dans une espèce d'anarchie ; raison pour avoir conservé cette raideur de caractère qu'on leur trouve encore aujourd'hui. Par conséquent, leurs usages, leurs mœurs, et le caractère national, ont dû moins s'altérer dans l'intérieur que le long des côtes.

Je n'ai pas l'amour-propre de penser avoir mieux observé que ceux qui m'ont précédé ; mais j'ai celui de croire qu'ils n'ont pas assez distingué leurs observations. Un exemple développera mieux mes idées sur ce point. Je suppose deux étrangers en Corse, dont l'un, par ennui ou par désœuvrement, veuille connaître le caractère de cette nation, et dont l'autre, guidé par le plaisir de s'instruire, veuille faire la même observation. Je dis que le premier assurera que le corse est le peuple le plus sobre sur le vin ; et il en donnera pour preuve que, dans un séjour de trois ans, il n'a pas vu un seul habitant la tête échauffée par la boisson ; et il dira vrai ; tandis que le second assurera que c'est le peuple le plus méfiant, le plus dissimulé, et qui se livre le moins. Il ajoutera que ce n'est pas par sobriété qu'il n'est pas sujet au vin avec le même excès que les autres nations, mais par la seule crainte de laisser échapper son secret, dans l'ivresse ; et il en donnera pour preuve que, dans les conversations qu'on a avec ce peuple, même sur les matières les plus indifférentes, avec la plus légère attention on découvre la peine qu'il se donne pour deviner votre pensée et vous cacher la sienne. Il ajoutera encore qu'après toutes les révolutions qu'il essuie depuis tant de siècles, et le nombre de partis différents qui le divisent et le détruisent, la nécessité lui impose la loi de la dissimulation et de la méfiance. Et il dira encore vrai. Voilà pourtant deux conséquences bien différentes tirées de la même observation. C'est que le premier ne dit que ce qu'il a vu, au lieu que le second y ajoute ce qu'il a observé et ce qu'il a approfondi.

Une autre preuve de la vérité de cette observation, c'est que les femmes les plus assujetties et les plus subordonnées de l'Europe à leurs maris, ne prenant que peu ou point d'intérêt aux affaires publiques, disent gaiement, librement, ce qu'elles pensent, et boivent tout aussi volontiers. L'injure la plus forte qu'on puisse leur dire c'est de les appeler hubriaga (*ubriaca*). Elles s'enivrent donc, car le reproche n'a pas dû précéder le délit. En France, c'est de les appeler catin ; et personne n'ignore que ce reproche injurieux n'a, jusqu'à ce jour, encore empêché aucune femme de se mettre dans le cas de le mériter. Il en est des observations sur le sol de la Corse comme de celles que je viens de citer sur ses habitants. Celui qui apprécie la totalité de cette île par sa circonférence n'en juge pas mieux que celui qui l'apprécie par son intérieur, distinction que je n'ai trouvée bien nette dans aucun auteur.

CHAPITRE X.

CONCLUSION
SUR LES CHAPITRES PRÉCÉDENTS

Avant de me décider sur le jugement qu'on peut porter à l'égard du peuple corse, et le parti qu'on pourrait en retirer, je remonte à ce qu'il était antérieurement, pour m'aider à connaître ce qu'il pourrait devenir un jour.

Je le vois opprimé sous les Carthaginois, ensuite arraché de ce joug cruel par les armes des Romains, sans jouir d'un sort plus heureux, puisqu'ils étaient emmenés en esclavage à Rome. Des Romains, il passe sous la domination des Goths, qui y établissent le gouvernement féodal, autre espèce d'esclavage. Depuis cette époque, l'histoire de ce peuple ne présente, pendant plusieurs siècles, qu'une suite de guerres et de ravages, par le nombre de ceux qui s'en disputèrent la possession.

Les Sarrasins s'emparent de la Corse, et pour y jouir de quelque tranquillité, ils sont obligés d'en chasser la plupart des habitants. Le Pape l'enlève aux Sarrasins, par le succès d'une croisade aidée des familles corses réfugiées à Rome. Ces mêmes familles corses, pour se soustraire à la domination du Pape, appellent à leur secours, tantôt les Pisans, tantôt les Génois.

La république de Pise possède seule la Corse avec quelque tranquillité. Encore se vit-elle forcée de la céder au comte Colonna. Ce comte se trouve trop faible pour gouver-

(195)

ner cette île. Il appelle les Génois à son secours. Le Pape la donne à Alphonse, roi d'Aragon, auquel les Génois l'enlèvent. Depuis que les Génois la possèdent, ils n'ont jamais pu se flatter d'en être entièrement les maîtres, et ils ont fini par être forcés de la céder à la France.

Je trouve dans la chaîne des révolutions que ce peuple a éprouvées, depuis qu'il appartenait aux Carthaginois, jusqu'à ce jour, que ces insulaires ont presque toujours vécu dans un état violent ; passant continuellement, et contre leur gré, d'une puissance à une autre, sans vouloir jamais en reconnaître aucune ; sans gouvernement suivi ou adopté ; sans lois observées ; sans police ; presque toujours les armes à la main, ou disposés à les prendre ; n'ayant d'autre règle de conduite que leurs passions, leurs animosités ou leur volonté ; ne se soumettant jamais qu'à la nécessité ou au plus fort ; divisés par une infinité de partis ; déchirés de factions ; se faisant la guerre à eux-mêmes ; le plus fort disposant ou vendant le plus faible ; aigris de leur situation ; humiliés de se voir toujours opprimés et méprisés de ce qu'ils ne sont pas assez forts pour résister, et assez riches pour désaltérer la soif de leurs maîtres ; doués d'un caractère inflexible, ne pouvant se plier à la contrainte et encore moins à la servitude ; jaloux à l'excès de leur liberté, et pourtant toujours accablés sous le joug le plus dur ; restant néanmoins assez vigoureux par leur caractère, aidés par la situation avantageuse de leur île, pour réclamer constamment leur liberté comme le souverain bien, et manquant de forces pour se la procurer ; leurs efforts les faisant passer continuellement de cette lueur d'espérance à une servitude encore plus dure ; le désespoir ne les arrachant de la tyrannie que pour les replonger dans l'anarchie ; dans cet état, cherchant partout un protecteur et ne trouvant jamais qu'un tyran. Ne doit-on pas convenir que le peuple le plus vertueux, vivant dans

(196)

cette crise pendant des siècles, devait nécessairement contracter tous les vices qu'on lui reproche ?

Une preuve incontestable que l'anarchie, la tyrannie et le défaut de police, ont autant influé sur les actions de ce peuple que la nécessité, c'est que, dès les premiers six mois du commandement de M. le comte de Narbonne, il s'est commis cent fois moins de crimes en Corse qu'auparavant, de l'aveu même des habitants. C'est que M. de Narbonne est un homme juste, ferme, éclairé, qui connait l'esprit de cette nation, et qui possède toutes les qualités nécessaires pour la gouverner.

Personne ne nie que le caractère et le génie de ce peuple soit plein de vigueur et de feu, par conséquent susceptible des grandes passions. Ce sont là les matériaux, à peu près, dont les hommes sont pétris pour être bons ou mauvais au plus haut degré ; au lieu qu'un peuple abruti par l'esclavage, soit du préjugé national, soit du gouvernement, ne saurait supporter le poids des grandes vertus. Son indifférence est si profonde, sur ce point, que, bien loin de désirer de changer de situation, son abrutissement le porte jusqu'à respecter ses fers. Je ne pense pas qu'on fasse ce reproche au peuple corse. En tout cas, une résistance de quarante années à la tyrannie des Génois est bien propre à le justifier. S'il n'a pas réussi à s'en délivrer, ce n'est pas faute de volonté, mais de moyens.

Pour abattre le tyran, il ne faut qu'une seule volonté particulière, bien déterminée. L'histoire des despotes est remplie de pareils exemples. Mais, pour détruire la tyrannie, il faut le concours général, la réunion des volontés particulières ; et cette unanimité ne peut être que le produit des âmes fortes, nerveuses et vertueuses. Quoique ces exemples soient on ne peut plus rares, cependant le peuple corse en fournit un bien vivant à toute l'Europe, qui est un sûr garant que, dans tous les cas, une poignée d'hommes généreux, bien unis, vertueux et incorruptibles, seront toujours un frein, qui, tôt au tard, arrêtera les effets du despotisme, s'il ne peut le détruire. Voilà le côté qui me parle en faveur de ce peuple.

Les nations les plus vertueuses et les plus estimées, sous la protection des lois et de la justice, se sont cependant couvertes d'opprobre et d'infamie dans leurs guerres intestines, dans celles de religion, dans les révolutions qui ont bouleversé leur constitution. L'histoire fourmille de pareils exemples. Elle nous apprend que les plus grands exemples de vertu, de grandeur d'âme et de courage, n'ont été donnés que par des peuples libres, parce que la liberté seule nous rend capables d'exercer nos facultés dans toute leur étendue. Soit qu'on l'observe dans une nation, dans un corps, dans une société, même entre deux particuliers, c'est une vérité dont chacun se trouve à portée de se convaincre. Elle nous dit que ces peuples ont poussé l'héroïsme jusqu'à sacrifier leur propre intérêt à celui de la patrie ; qu'ils ont été capables des plus grands efforts dans tous les genres, pour se dégager des liens de l'esclavage dont on a tenté de les enchaîner. Elle nous montre ces mêmes peuples sans âme, sans vigueur, incapables de sentir et de réfléchir sur leur état, et de prendre aucun parti pour en sortir, lorsque le despote, et la crainte qui l'accompagne, les a assujettis au point de regarder leur existence comme une grâce. Elle nous fait voir que de pareils hommes, l'âme avilie, le cœur flétri, se méfient les uns des autres, et, après avoir fait le sacrifice de tout sentiment honnête, ne peuvent avoir recours qu'à l'intrigue et à la dissimulation, à tous les vices, au meurtre même, s'il le faut, sans se préserver de ses coups. Elle nous prouve dans plus d'une occasion que l'anarchie est presque toujours le fruit de la tyrannie, et qu'alors un

(198)

peuple corrompu n'est susceptible que de la plus humiliante bassesse dans la crainte du châtiment, comme des plus grands excès dans l'espérance de l'impunité. C'est pour lors que le plus fort opprime le plus faible, que le plus vicieux corrompt, trahit, ou vend ses concitoyens, en se vendant lui-même. De tous ces différents caractères, formez-en un, et vous aurez celui du peuple corse.

Qui ne connait les actions et les vertus héroïques des Grecs et des Romains ? Leurs descendants habitent le même sol, respirent le même air, éprouvent les mêmes influences du ciel et du climat. Et pourtant, quelle différence des enfants à leurs ancêtres ! Ce changement n'est dû qu'au cours des événements politiques, qui a produit, à la longue, une révolution totale dans leur constitution. C'est qu'une révolution dans le gouvernement doit nécessairement en amener une dans les mœurs. Par conséquent, que de vices doivent s'accumuler sur la tête d'un peuple, lorsque des révolutions, toujours destructives, se succèdent pendant des siècles, pour le détruire ! Telle a été la situation du peuple corse, quant aux ravages qui l'ont déchiré. Si le même enchaînement rétrograde de révolutions replaçait ces Grecs et ces Romains aujourd'hui si avilis, si défigurés, au même état d'où ils sont descendus, qui douterait que l'amour de la patrie, joint à celui de la liberté, ne réchauffât bientôt leurs âmes engourdies, et ne répandît dans leurs cœurs cette chaleur de sentiment, cet enthousiasme, cet héroïsme, qui ont couvert de gloire leurs ancêtres, et les formèrent pour servir de modèles à la postérité ?

Une politique mal entendue, qui ne peut être avantageuse à quelques sujets qu'aux dépens du maître et de la nation, cherche à amuser le genre humain, et à détourner son attention des notions simples et lumineuses de la liberté. Les efforts qu'elle fait journellement, et sous les replis dans lesquels elle est forcée de s'envelopper pour réussir, ne montrent que plus évidemment le droit que chaque individu peut prétendre à cette liberté. Il ne doit donc pas paraître étonnant que le peuple corse se soit armé, dans tous les temps et dans toutes les occasions favorables, pour la recouvrer. D'ailleurs, ne serait-il pas fondé à demander aux Génois les titres sur lesquels ils les ont tyrannisés ? Ne pourrait-il pas leur dire : « Il est vrai que nous nous sommes soumis à votre République, mais jamais unanimement. Ce n'est qu'en différents temps que le parti dominant vous a vendu le suffrage du parti le plus faible. Encore, ce n'a été que sous des conditions. Les avez-vous observées à notre égard ? Ne les ayant pas remplies, le pacte devient nul. Et si la France ne vous avait fourni des secours en plus d'une occasion, nous allions vous prouver très juridiquement en 1764 que nous ne vous appartenions plus. De quel droit nous avez-vous donc vendus à la France sans notre consentement ? »

Je peux donc conjecturer que ce peuple dans la paix et le repos deviendrait meilleur de jour en jour, s'il était gouverné avec douceur, avec justice et avec beaucoup de fermeté, par des lois adaptées à ses mœurs et à son caractère ; si toute la nation était consultée, et avait concouru à les accepter ; si la pluralité avait le plus grand intérêt à ne pas les enfreindre ; si le gouvernement n'avait pour principe de conduite que l'affection et le dévouement à l'intérêt général ; si on l'éclairait sur ses véritables intérêts ; si on le délivrait du fanatisme qui l'égare, et de l'ignorance qui le perd ; si on lui démontrait qu'une liberté indéfinie détruit même la liberté naturelle, en ce que, si un individu a le droit de se permettre tout ce qu'il veut, les autres doivent jouir du même droit, et que dans cet état de choses il n'y a plus de liberté ; si on lui faisait sentir la différence qu'il y a entre l'autorité de la loi et celle du caprice; si on lui faisait sentir

(200)

que la liberté que cette loi accorde et assure à tout citoyen exige, ainsi que l'ordre public, des sacrifices, et que ces sacrifices ne sont, au fond, qu'un amour de soi-même bien entendu, et fondé sur le désir commun du bonheur de tous ; si on lui faisait éprouver une justice impartiale, désintéressée, qui anime, qui encourage les gens de bien, et ne peut effrayer que les méchants; si l'industrie était excitée par l'émulation, encouragée par les récompenses, et jamais ralentie ni intimidée par les vexations ; s'il jouissait du plaisir, tout nouveau pour lui, de ne contribuer qu'à des impositions qui n'épuisent et n'enrichissent personne, qui ne nourrissent ni le luxe, ni l'orgueil, ni le fripon, qui ne sont employées qu'aux besoins publics, et qui ne circulent que pour son bonheur.

Je dois convenir que je plains plus ce peuple, que je ne le blâme. Mais un particulier, entraîné par le préjugé de sa nation, peut-être trop lié à ses intérêts, ne saurait porter un jugement équitable, par l'impuissance où il se trouve de pouvoir démêler les ressorts cachés qui font mouvoir une nation contre une autre, ressorts souvent impénétrables, dont le choc amène ces révolutions toujours teintes de sang, et qui presque toujours font le malheur de l'une sans rien ajouter au bonheur de l'autre. La postérité peut seule prononcer ce jugement équitable sur la conduite de ce peuple, sur son attachement à sa liberté, et sur les moyens qu'il a mis en usage pour se la procurer.

FIN.

(200)

TABLE ALPHABÉTIQUE DES MATIÈRES

D'APRÈS LA PAGINATION DU MS. ORIGINAL (1)

A

Abdala, fils de Nugulo, relève le parti de son père, 84, — parait une 2ᵉ fois, et est forcé d'abandonner la Corse, 84.
Acquisition de la Corse par M. le duc de Choiseul, et ce qu'elle a coûté à la France, 72.
Administration des Génois en Corse, 90.
Administration de la France en Corse, 52.
Administration de Pascal Paoli en Corse, 47.
Ajaccio, ville, sa situation, ses fortifications, sa population, son port, son commerce, 112-113-125-159.
Alphonse, roi d'Aragon, reçoit la Corse du pape Urbain IV avec l'investiture de ce comté, 86.
Alphonse V, roi d'Aragon, veut faire valoir les droits de sa Maison sur le comté de Corse, 87.
Alaric selon quelques auteurs s'empare de la Corse quand les Goths vinrent en Italie, 83.
Aloès, 142.
Alun de plume, 144.
Aleria, ville, est brûlée par les Sarrasins, 85, — sa position et ses ruines, 107-124, — sa fondation, 127-149, — son évêché, 159.
Algajola, ville, sa situation, ses fortifications, sa population, son port, son commerce, 116.

---

(1) Voir l'indication placée au bas de chaque page, et au besoin chercher à la page qui suit.

Aiguillon (duc d'), 30 — son mécontentement apparent sur la conduite de M. de Marbeuf, 33, — est soupçonné de favoriser les troubles, 33-35-64, — est remplacé dans le ministère par M. le chevalier du Muy, 64.

Amiante, 144.

Amirauté, sa création, ses fonctions, 158.

Angrais (sic), 141.

Anglais (les) envoient des secours aux mécontents de la Corse et en favorisent les troubles, 38.

Ancyclopédie (sic), ce qu'elle dit des Corses, 24-192.

Anse sans nom, 108.

Anse de Barbarina, 111.

Anse de Canelle, 108.

Anse de Favone, 108.

Anse de Calcatoggio, 113.

Anse de Porticciolo, 112.

Anse de Paravene, 111.

Anse de Porticciolo (*au Cap Corse*), 105.

Anse de Mortella, 117.

Anse de Lagua, 108.

Anse de Puraggiola, 116.

Anse de San Antonio, 113.

Anse de Roccapina, 111.

Anse de St-Cyprien, 108.

Araignée venimeuse appelée Marmignate, 153.

Aristote, ce qu'il dit des Corses, 82.

Argens (le marquis d'), ce qu'il dit des Corses, 24.

Auteur cherche à connaître le vrai caractère des Corses, 25, — reçoit des ordres pour aller à Toulon où l'on parlait mal de la conduite de M. de Marbeuf, 25, — reçoit des ordres pour partir en Corse, 25, — son départ de Toulon pour la Corse, 25, — observe l'île de Corse de son vaisseau, 26, — son arrivée dans le golfe de St-Florent, 26, — son débarquement dans la cale de Fornali, 26, — est parfaitement reçu du régiment de Bourbonnais à Bastia, 27, — justifie ses intentions sur ce qu'il écrit, 27, — ses liaisons avec les Corses et les Français, 30, — découvre bien des faits, 30, — s'informe des preuves de la conspiration annoncée contre les Français, 30, — blâme la conduite de M. de Marbeuf à l'égard de M. de Buttafoco, le Major, 31, — se contrefait avec les Corses pour les faire parler, 34, — justifie M. de Marbeuf, 42-43-68, — est le témoin des propos inconsidérés des Français sur les Corses, 42, — a des soupçons sur la conduite de M. de Cursay pendant son séjour en

Corse, 43, — justifie ses soupçons sur M. de Cursay, 45-46, — cite un partage de famille sous M. de Cursay sans réclamation, 54, — prouve ce qu'il avance sur la politique de la France à l'égard de la Corse, 58, — n'est point étonné de trouver le peuple corse tel qu'il est, 58, — dit que la vie en Corse était en 1777 aussi chère qu'à Paris, 59, — se justifie de ce qu'il dit du Conseil Supérieur, 61, — aurait désiré une autre espèce d'imposition sur la Corse, 69-70, — aurait désiré une autre administration et en donne la raison, 76, — cite les jardins potagers faits par les soldats, 136, — s'instruit sur la mauvaise culture des terres de la Corse, 139, — il pense que des avances faites en argent seraient aussi utiles au Roi qu'aux propriétaires, 140, — justifie la paresse des Corses et en donne les raisons, 140-141, — a vu les montagnes de la Corse couvertes de neige à la fin de juin, 148, — observe six bandits à l'article de la mort, 171, — ses observations sur le caractère des peuples et des animaux de la Corse en février, mars et avril, 173, — convient que les Corses sont corrompus, mais non pas sans ressources, 189, — ce qu'il pense de tant de relations différentes sur la Corse, 191, — lui-même convient avoir écrit beaucoup de mal sur la Corse, 192, — exemple qu'il donne sur les observations mal faites, 193-194, — cherche le caractère des Corses, 195, — raisons qui lui parlent en faveur des Corses, 197, — ce qu'il pense des Corses, 199, — ce qu'il conclut des Corses, 200.

Autrichiens, font le siège de Bastia, leur départ, 16-100, — aident les Corses, 45-99.

B

Baguet, lieutenant-colonel de Bourbonnais, 187.
Bianzilla, Sarrasin, ravage la Corse, 85.
Barcelone, (comte de), invité par le Pape, envoie des troupes à Hugues Colonna pour chasser Nugulo, 84.
Baronius (cardinal), lettre de Grégoire VII aux Corses, trouvée dans les annales, 84-85.
Bastia (ville de), son siège par les Autrichiens et les Piémontais et les mécontents, 1-99, — sa description, sa position, 105, — sa population, 106, — ses fortifications, son port, 106.
Beaumanoir, Commandant au delà des Monts, à Ajaccio, exemple de la vengeance des Corses, 181.
Bandits (les) favorisent la révolte du Niolo, 29, — leurs chefs attaquent les convois, bloquent les quartiers, 32 — noms des chefs les plus

considérés, 32-38, — parcourent la Corse, 57-65, — attaquent les escortes, 60, — leurs têtes mises à prix, 61, — passent à Livourne, 61, — repassent en Corse, 63, — sont sommés de se rendre à discrétion, 65, — leurs maisons sont brûlées, leurs femmes et enfants chassés de leurs villages, 65, — demandent sans succès à capituler, 66, — leurs parents sont arrêtés, 66, — se rendent à discrétion, 66, — ce que signifie le terme de bandits en Corse, 144, — leur utilité aux Corses, 145-162, — leur fermeté à la mort, 171, — refusent de livrer leurs chefs pour de l'argent, 175-186.

Baie d'Orchino, 114.

Baie d'Omigua, 114.

Baie de Sarasco, 108.

Biguglia (village de), où se tint la première conférence de M. de Cursay avec les Corses, 3-17.

Borgo (village de) est pris par les Français, et repris par les Corses à M. de Chauvelin, 75.

Boswell, anglais, a fait une histoire de la Corse, 138, — ce qu'il dit des Corses, 192.

Bouches de Bonifacio, 110.

Bonifacio (ville de), sa situation, sa description, sa population, ses fortifications, son port, son commerce, 109-110-128-159.

Boissieux (comte de), 38, — passe en Corse avec des troupes, 44-97, — négocie avec les chefs des mécontents, 97, — commence les actes d'hostilité, 97, — mourut à Bastia, 97.

Buttafoco, l'Inspecteur, attire M. de Matra au service de la France, 37, — veut desservir M. de Marbeuf, 43-68, — est chargé par M. le duc de Choiseul d'entrer en négociation avec Pascal Paoli, 52-73, — a le régiment des Volontaires de Corse, 59, — est employé par la noblesse corse, 73, — joue M. le duc de Choiseul, 74, — n'est pas plus considéré des Corses que des Français, 74, — sa réponse à l'auteur sur l'ingratitude des Corses à l'égard de M. de Cursay, 188.

Buttafoco, le Major, avertit M. de Marbeuf qu'on trame en Corse contre les Français, 30, — est mis en prison pour n'avoir voulu révéler le nom de personne, 30, — sort de prison sur les ordres du Roi, 31, — est fait Major des Volontaires Corses, 37.

Burnaby, ses écrits sur la Corse, 22.

Bureau général des lettres et bateaux de poste, 54.

Bureau des terriers, 55-56-57, — lenteur de leur travail et de leurs opérations, 56-57.

Bureau des douanes, sa conduite, 55.

C

Camp de Merosaglia, 29.
Casabianca, est fait lieutenant-colonel des Volontaires, 37.
Campotile, la plus haute montagne de Corse, 132.
Callimaque, ses écrits sur la Corse, 23.
Calanque de l'Agnello, 104.
Calanque de la Costa, 104.
Calanque de Vasina, 105.
Calanque de Fautea, 108.
Calanque de Santa Perpetua, 114.
Cap Corse, 102.
— Corno di Becco, 104.
— Blanc, 118.
— de Tamarone, 104.
— Sagron (sic), 105.
— d'Arco, 106.
— de Fautea, 108.
— Lagua, 108.
— St-Cyprien, 108.
— de la Chiappa, 108.
— Presile, 109.
— de l'Esperone, 109.
— Bianco, autrement dit *percé*, 109.
— de Fieno, 111.
— de Figari, 111.
— d'Olmeto, 111.
— Senetoze, 111.
— de Campo-Moro, 111.
— de Muro, 111-112.
— Negret, 112.
— Sanguinaire, 113.
— de Fieno, 113.
— Rosso, 114.
— Arsenino, 114.
— Scandola, 114.
— de Vela, 115.

— 246 —

Cap Cavallo, 115.
— Rivellate, 115.
— Ostriconi, 116.
— de la Mortella, 117.
Cale des Mute, 118.
— sans nom, 118.
— Fornali, 117.
— St-Nicolas, 117.
— de Peralto, 117.
— d'Argaglio, 116.
— de Tizzano, 111.
— d'Orzo, 112.
— de Paolo, 114.
— vieille, 114.
— Moretta, 114.
— de l'Elbo, 115.
— de Rivellate, 115.
— de Sto Ambrogio, 116.
— de San Damiano, 116.
— de Palombaro, 116.
— de Figaroni, 104.
— de Santa Maria, 104.
— dell'Oro, 108.
— St Cyprien, 108.
— Sta Julia, 109.
— de Porto Nuovo, 109.
— sans nom, 110.
— Paravene, 111.
Chardon, est fait Intendant de la Corse, 55, — sa conduite dans la Cayenne, 55, — est rappelé, 36-55, — son administration en Corse, 36.
Chauvelin (marquis de), passe en Corse, 4-101, — ne connaît pas la Corse, 4, — n'est pas du sentiment de M. de Cursay, 10, — avoue son incrédulité sur le succès des opérations de M. de Cursay, 12, — change d'idée sur les opérations de M. de Cursay, 13, — arrive en Corse et continue la guerre, 75-101.
Chancelier (le), nomme aux charges de judicature et du Conseil Supérieur, 53-55-69.
Chapitres des chanoines de la Corse, 161.
Choiseul (duc de), 33, — force les Génois à céder la Corse à la France, 47-52, — est trompé par la noblesse corse, 51-52, — nomme aux

charges militaires, 53-54-69, — raisons qui ont dû le déterminer à donner la Corse à la France, 72-73, — ne croyait pas être forcé à faire la conquête de la Corse, 73, — est trompé par M. de Buttafoco, 74.

Capucin (un), est fait évêque de Sagone, 74.

Carthaginois (les), 80-82, — leur tyrannie envers les Corses, 82-195.

Calvi (ville de), sa situation, sa description, ses fortifications, son port, son commerce, sa population, 115.

Champalini, passe en Corse avec une troupe de bandits, 66, — établit son commerce en Sardaigne, 66, — manière de faire sa récolte en Corse, 66, — est poursuivi par les troupes du Roi, 67, — son lieutenant se rend à discrétion avec une partie de sa troupe, 67, — manière dont il s'échappe pour repasser en Sardaigne, 67-68.

Charlemagne, (roi de France), s'empare de la Corse et la donne au Pape, 83.

Chiroco (vent de), ses effets malfaisants, 135-148-149.

Cicereius, préteur romain, défait les Corses, 82.

Climat de la Corse, 147-148-149-150.

Clergé de la Corse, est porté à la révolte, 37-162, — sa mauvaise foi, 158, — son ignorance, 161-162, — se mêle de tous les mariages, son ascendant sur l'esprit des peuples, 161-162-169-183, — ses mœurs, 161-162-163, — sa fourberie dont il usait encore en 1776, 162.

Canton (un), son explication, 120.

Colonies romaines, 127.

Colonies génoises, 128.

Colonies lorraines, 131-132.

Colonies grecques, 124-128-129-130-131.

Colonna (comtes), perdent la Corse pour avoir voulu y établir des impôts, 70-86, — s'emparent de la Corse, 83-195, — Hugues meurt à Rome, 84.

Contrôleur général, nommé aux charges de finances et veut de l'argent, 53-55-69, — impose la Corse, et réclame pour les trois premières années, 63.

Conseil supérieur, 55, — mal composé, 61, — anecdotes sur deux femmes de conseillers, 62, — son établissement, 156, — son érection avant d'avoir la Corse, 157.

Chancellerie, son établissement, 157.

Contradictions sur la Corse et sur ses habitants, 22-190.

Conspiration contre les Français, 25-29.

Consulte, s'assemble à Bastia, 64, — est reculée, 64, — accorde le titre de premier baron à M. de Narbonne, 68, — quelles sont ses fonctions, 158.

Contades (marquis de), passe en Corse, 38.

Commissaires de marine, 55.

Commissaires génois, 154-155, — leurs fonctions, 155.

Comestibles, leur prix en 1764, 152.

Commerce de la Corse, 146-147.

Corte (ville de), sa situation, sa description, sa population et ses fortifications, 122-123.

Corse (la), peut être d'une grande utilité à son souverain, 14-33-72-73, — crainte des Corses qu'elle ne retourne aux Génois, 34, — Moyens que la France a employés pour avoir la Corse, 43, — passe sous la domination de la France, 47-72, — des cantons ou villages vivant en commun, 57, — la vie y est aussi chère qu'à Paris, 59, — se défend d'elle-même par sa situation, 63, — ce qu'elle a coûté et coûte annuellement à la France, 72-74-75, — divers noms qu'elle a portés, 81, — passe aux Carthaginois, 82, — passe aux Romains, 82, — plus peuplée qu'aujourd'hui, 82, — passe aux Goths, aux Sarrasins, au Saint-Siége, 83, — la noblesse corse introduit l'anarchie, 84, — passe aux Pisans, 85, — passe aux Génois, 87, — position géographique, 101, — sa distance des pays d'alentour, 101-102, — est une suite de la chaîne des Alpes, 102, — son estimation par lieues, 102-103, — sa forme, ses productions, 102-146, — son commerce, 146-147, — son climat, 147-150, — ses lieux malsains, 148-149, — passe pour malsaine, 149, — ses animaux et insectes, 150-153, — bas prix des denrées, 152, — de son gouvernement avant et après la conquête de 1769, 154-158, — sa religion, 158, — sa population, 163, — a deux climats, 192, — a deux peuples, 192, — fertilité des côtes différente de celle de l'intérieur, 193-194.

Corse (peuple), ne peut être gouverné que par de bonnes lois, 2-6, — tous, et les chefs principalement, ont un intérêt à la révolte, 2, — ne ressemble pas aux autres peuples, 2-183-184, — raison de sa révolte contre les Génois, 23, — ni pauvres ni riches, 3-136-179, — un parti en vend un autre, 5, — est brave et aguerri, 5, — se méfie des Génois, 6, — méprise les troupes génoises, 8, — est inconstant, indocile, infidèle, 12, — est flatteur, 13, — est disposé à la licence et à la révolte, 14, — fonde sa force sur le nombre de la famille, 19-176, — aime l'argent, 27-160, — est rusé et insolent, 184, — est paresseux, prévenu contre le gouvernement français, 34-68, — ne se livre jamais, 34-173-194, — doute que la France soit dans l'intention de garder la Corse, 34-35,

— avis qu'il reçoit de ses députés de Paris, 35, — son indignation contre les gens d'affaires, 35, — son mépris pour M. Chardon, 35, — ne se plaint ni des troupes ni de M. de Marbeuf, 36, — son impudence envers les Français, 41, — ses railleries sur M. de Marbeuf, 41, — raisons qui le portent à être sous la domination de la France, 45, — se fait lui-même justice quand on la lui refuse, 54, — bien des familles vivent en commun du produit du même champ, 57, — les esprits s'échauffent, 59, — loin de nuire aux bandits il les favorise et n'en veut arrêter aucun pour de l'argent, 60-145-185, — raisons qui le révoltent, 61-62-69, — la fermentation devient générale, 63, — quitte cet air d'impudence avec les Français, 65, — croit n'avoir changé que de tyran en changeant de maître, 69, — est inconstant, de mauvaise foi et paresseux, 70-80-176, — ne s'est révolté qu'à cause des impôts sous ses différents maîtres, 70, — se méfie de M. de Buttatoco, 74, — se décide pour la guerre, 75, — moyens de le gouverner, 76, — a toujours travaillé pour sa liberté, 80-191-196, — se soulève contre les Romains et en est chargé d'un tribut, 82, — est divisé par les noirs et les rouges, 87, — demande aux Génois la suppression des impôts, 90, — aventure de Finale et soulèvement général, 91, — raisons de sa paresse, 135-136-139-140-146, — se sert des étrangers pour cultiver les terres, 149-174, — son ignorance et son respect aveugle pour les moines, 161-168-169, — son fanatisme, 162-168-183, — marient leurs enfants très jeunes, 165, 175, — son habillement, son langage, ses usages, ses mœurs, son caractère, 166, — est malpropre, sa langue, son hospitalité, 168, — n'a du tout point de religion, 169, — est fait pour la guerre, leur manière de la faire, 169-170, — est vindicatif, 171-181, — a de la fermeté, de la constance, 171, — sont braves et mélancoliques, 171, — sont mauvais joueurs, 172, — assassinent souvent leurs femmes, 172-178, — parlent avec éloquence, 172, — leurs querelles, 173, — leur véhémence en mars, 173, — ne veulent point servir de domestiques, 174, — ses mœurs, 174, — sa sobriété, 175-184-194, — sa manière de faire l'amour, 175, — choix de leurs femmes, 176, — se séparent souvent de leurs femmes, 178, — taxe pour les veufs qui se remarient, 178, — couchent pêle-mêle, 179, — opinion qu'ils ont de leurs femmes, quoique très jaloux, 179, — ont peu de médecins, 179, — leurs coutumes bizarres, 179, — est composé d'une infinité de partis, 183-196, — preuves de l'anarchie où il a vécu, 184-196, — celui des côtes ne ressemble presque pas à celui de l'intérieur, 184-185-192-193, — ont quelques vertus, 185-188, — sa perfidie envers M. de Cursay, 188, — a toujours vécu dans un état violent,

195, — est plein de vigueur et de feu, 196, — sa constance à se délivrer de la tyrannie, 197-199, — son caractère, 198, — effets que des révolutions suivies ont dû produire sur ses mœurs, 198, — question qu'il pourrait faire aux Génois sur la vente de la Corse, 199.

Corses (femmes) sont très fécondes, 165-175, — leur habillement, 167-168, — sont vives et enjouées, 167-172-175-194, — sont très malpropres, 168, — ne sont que voluptueuses, 172, — ne sont vertueuses que par force, 172, — leurs querelles, 173-174, — leur véhémence en mars, 173, — ont toutes de la physionomie, 175, — sont très assujetties à leurs maris, 175-178-194, — celles des villes diffèrent de celles de l'intérieur du pays, 175, — sont accablées de travail, 176-177, — ne mangent pas avec leurs maris, 176, — leurs fiançailles, leur mariage, 176-177, — exemple de madame S....., 177, — taxe pour les veuves qui se remarient, 178, — leurs usages avec les morts, 179, — deuil de leurs parents, 180, — ce qu'elles ont à souffrir si leur mari est assassiné, 180-182, — celles que préfèrent les Corses, 183, — ne sont ni si sobres ni si défiantes que les Corses, 194.

Corse (noblesse) est humiliée par Pascal Paoli, 51-73, — elle cabale auprès de M. le duc de Choiseul, 51-73, — observe la conduite de Paoli, 52, — est frustrée des emplois, 59, — elle trompe M. le duc de Choiseul, 51-52.

Cursay (marquis de), ses mémoires, 1— arrive en Corse, 1-45-99, — pense que la Corse ne peut être gouvernée que par de bonnes lois, 2, — gagne le peuple pour être le maître des chefs, 2-3, — traite avec les chefs, 3, — conférence de Biguglia, 3, — on lui remet les places fortes et la justice, 3-45, — conduit le peuple à M. de Grimaldi, 4, — se justifie sur de fausses imputations, 5, — punit un assassin, 7, — établit des impôts et fait construire des édifices publics, 9, — refuse de rendre les places fortes et les ports, 9, — n'a que deux mille hommes de troupes en Corse, 10, — les criminels se montrent sur sa parole, 12, — lie les chefs par le peuple, 15, — négocie avec Gafforio, 16-17, — est aimé et considéré, 19, — prend le ton de maître et le persuade, 19, — fait faire des exécutions militaires, 19, — les peuples se soumettent à ses jugements, 20, — sa sévérité a de bons effets, 20, — est abandonné et trahi des Corses, 21-188, — parait s'être plus occupé des intérêts du Roi que de ceux des Génois, 22, — fait sa cour à Madame de X***, 39, pacifie la Corse, 46, — son administration militaire, 54.

Cyrnæus, ce qu'il dit des Corses, 24.

D

Diodore de Sicile, ce qu'il dit de la Corse, 22.
Division de la Corse par partie en deçà et au delà des monts, 118.
Domaine du Roi, sa conduite vicieuse, 57.
Dangé est fait premier président du Conseil Supérieur, 56.
Défrichements (sur les), 141.

E

Ecueils de Galeria, 115.
Egriate (les), leur position géographique, 116-117.
Evêque d'Aleria, veut perdre M. de Marbeuf, 43-68, — érection de son évêché, 158, — sa résidence, 159, — ses revenus, 160.
Evêque d'Ajaccio, érection de son évêché, 158, — sa résidence, 159, — ses revenus, 160.
Evêque de Mariana, érection de son évêché, 159, — sa résidence, 159, — ses revenus, 160.
Evêque de Nebbio, érection de son évêché, 159, — sa résidence, 159, — ses revenus, 160.
Evêque de Sagone, négocie avec Paoli, 73, — est fait évêque, 74, — érection de son évêché, 158, — sa résidence, 159, — ses revenus, 160.
Etrusques (les), 82.
Etat major de l'armée et des places, 54.
Etang de Biguglia, 106-134-135.
— de Foce terrazzano, 107.
— de Diana, 107-134-135.
— del Sale, 108.
— d'Orbino, 108.
— de Fiumorbo, 108.
— de Palo, 108.
Etangs aux environs d'Ajaccio, 134.

F

Fleuve de Golo, 106-132.
Fleuve de Liamone, 113-132.

Fleuve de Tavignano, 107-132.
Forêts de différentes espèces, 145-146.
Fief de Nonza, 119-120.
— de Brando, 119-120.
— de Canary, 119-120-127.
— d'Istria, 120-125.
Français (les), ce qu'ils disent des Corses, 24-68-71, — leur mécontentement en Corse, 29-68, — leur mépris, 69, — croient ce peuple sans ressource, 80, — sur la navigation des rivières, 145, — ce qui est arrivé à ceux établis auprès des marais, 149.

G

Gafforio, est l'âme des chefs, 15, — son frère lui parle de la part de M. de Cursay, 16, — est de basse extraction, 17-183, — il décide les autres chefs, 17, — a une entrevue avec M. Patrizi, 17-18, — est un des chefs des mécontents, 18-46, — est assassiné, 46-51, — son fils est fait colonel, 74.
Gafforio, le fils, générosité des Corses, 186.
Génois (les), les officiers ont un intérêt aux troubles, 2, — réclament des droits à M. de Cursay, 3, — portent leurs plaintes au Roi, 3, — leurs ministres ruinent le pays, 6-140, — leurs troupes sont méprisées, 6-8, — ne peuvent avoir de bonnes troupes, 8-11, — les officiers au lieu de punir favorisent les crimes, 10-11, — les crimes selon les lois de Gênes ne sont pas punis de peines capitales, 11, — cèdent la Corse à la France, 31-47-101-195, — leur politique affreuse envers les Corses, 44-69-87-88-89-190, — accordent la levée d'un régiment à la France, 45, — ont recours à la France, 45, — font assassiner Gafforio, 46-51, — traitent avec la France, 46, — veulent se défaire de la Corse, 47, — n'ont révolté la Corse que par les impôts, 70, — chassent les Pisans, 85, — établissent une colonie à Bonifacio, 85-86, — s'emparent de la Corse, 87, — font assassiner Sampiero d'Ornano, 89, — aventure de Finale, 91, — sont battus par les mécontents, 92, — raisons qui les portent à regarder comme vicieuses des actions que les Anglais qualifient de vertueuses, 191, — n'ont jamais possédé la Corse tranquillement, 195, — questions que les Corses pourraient leur adresser sur la cession de la Corse, 199.

— 253 —

Gouvernement ecclésiastique, 158.
Giuliani, est un des chefs des mécontents, 18.
Goths (les), 195.
Gouvernement français, ne met aucune imposition, 31, — taxe la Corse la troisième année, 31, — envoie des contraintes, 31-36-55, — réclame de nouvelles impositions, 31, — nouveau plan d'administration, 33, — se conduit mal avec les Corses, 34, — veut diminuer le nombre de ses troupes, 35, — néglige les anciennes familles, 36, — a des vues sur la Corse, 44, — lève un régiment en Corse, 45, — entretient des liaisons secrètes avec les Corses, 45-46, — traite avec les Génois, 46, — fait négocier auprès de Paoli, 52, — promet les emplois afin de posséder la Corse, 53, — vues déplacées du gouvernement, 68-69, — fait rire le peuple au lieu de se faire respecter, 55, — n'a jamais eu de plan de conduite sur la Corse, 57-58, — sa conduite comparée à celle d'un médecin, 58, — lève un corps de volontaires, 59, — difficultés de faire embarquer les volontaires, 59-60, — aurait dû imposer la paresse et non l'industrie, 69, — passe d'un excès de douceur à un excès de sévérité, 71, — se méfie de M. de Buttafoco, 74, — fait passer de nouvelles troupes en Corse, 75, — moyens de s'attacher les Corses et d'en tirer parti, 76, — envoie tous les ans trois millions en Corse, 77, — ce que la Corse lui coûte, 77, — la perte annuelle de ses troupes, 77-78, — établit un Conseil supérieur, etc. 156.
Grecs (les), leurs actions valeureuses, 198, — différence qu'il y a aujourd'hui avec leurs descendants, 198.
Gradaccio, la plus haute montagne de Corse, 132.
Golfe de Portovecchio, 108.
 — de Santa Manza, 109.
 — de Ventilegne, 111.
 — de Figari, 111.
 — de Valinco, 111.
 — d'Ajaccio, 112.
 — de Sagone, 113.
 — de Porto, 114.
 — de Girolata, 114.
 — de St-Florent, 117.
Grimaldy, commissaire général de la Corse, arrive dans cette île, 4, — répond par écrit à la députation de la Nation, 5, — cabale pour gagner les principaux habitants, 5-7, — on lui persuade que M. de Cursay nuit aux intérêts de sa république, 5-6, — envoie à Gênes une liste nombreuse de partisans de Gênes, 7, — envoie un détachement à

Quenza, 7, — entreprend de traverser la Corse, 8, — manque d'être pris, 8.
Guise (duc de), apaise une sédition à Naples, 19.

H

Hanno, général carthaginois, 82.
Henri II, roi de France, fait la conquête de la Corse, 44-88-89.
Hôpitaux, 54, — pertes que le roi y fait annuellement, 77-78.
Hérodote, ce qu'il dit des Corses, 81.

I

Introduction, 1, — Suite de l'Introduction, 21.
Impositions (les), ne sont pas perçues avec équité, 31, — échauffent les esprits, 31, — excèdent celles de Paoli, 34.
Ingénieurs des places, 54, — font construire une citadelle à Corte, 63.
Ingénieurs des ponts et chaussées, 54.
Isidore, ce qu'il dit des Corses, 81.
Ile de Lavezo, 110.
— de Barelino, 110.
— de Capraja, 102.
— d'Elbe, 102.
— de Monte Cristo, 102.
— de Sardaigne, 102.
— de la Madeleine, 110.
Iles Sanguinaires, 112.
Ile de Gargano, 114.
Iles-rousses, 116.
Ilot de Centuri, 118,

J

Jérome de Marini, ses écrits sur la Corse, 23.
Juridictions royales, leur création et leurs fonctions, 157.
Jadar, commissaire des guerres, fait sa cour à Madame de X***, 39, —

fait sa cour à Madame de Y***, 39, — est mis à contribution par Madame de X***, 39, — conte son aventure, 40.
Juntes, 54, — leurs fonctions et leur création, 154.

L

Liguriens (les), aujourd'hui les Génois, 82.
Lagrange, capitaine des grenadiers dans Bourbonnais, 186.
Lac san Pellegrino, 107-134.
Lac de Creno, 132-133.
Lac d'Ino, 132.
Lettre de M. de Chauvelin qui justifie M. de Cursay, 12.
Lin, 142.
Livres rouges, 154.
L'Isle, directeur des vivres, 54, — fait de la Corse une seconde terre promise, 59, — fait supprimer le traitement des troupes, et s'en vante, 59.
Lourdel (abbé), est chargé des affaires du comte de la Marche, 117.

M

Marmignale, araignée venimeuse, 153.
Maillebois (le maréchal), 2-8-38, — remplace M. de Boissieux, 44, — fait la conquête de la Corse, 44, — repasse en France après avoir soumis l'île entièrement, 44-97-98.
Maillebois (le comte), fait sa cour à Madame de X***, 38.
Marais de St-Florent, 117-134.
Marais de Portovecchio, 134.
Mary, Génois, ce qu'il dépense en Corse pour la République, 7.
Maquis, 144.
Matra (famille de), 36, — a un parti considérable, 37-183, — le colonel au service des Génois passe à celui de la France, 37, — se plaint à la Cour, 37, — passe à Livourne et donne sa démission, 37, — doit passer en Corse avec des troupes, 38, — jouit de la plus grande réputation, 38.
Marbeuf (comte de), passe en Corse, 46-101, — sa conduite blâmée à Toulon, 25-29, — raisons qui pouvaient altérer la vérité, 25, — part

de Bastia pour soumettre les révoltés, 29, — bruits sourds de son rappel, 29-64, — reçoit des avis sur une conspiration, 30, — capitule avec les bandits, 32-61, — qualifie de révolte quelques mécontentements, 33, — ne profite pas de son congé, 33-64, — fait sa cour à Madame de X***, 39, — est rappelé, 39, — retourne en Corse, 39-58, — achète le jardin de Madame de X***, 40, — mécontente les troupes, 40, — ne parait se plaire qu'avec les Corses, 41, — fait accorder la grâce à un assassin, 41, — obtient de M. de Monteynard une lettre indécente sur le compte des troupes, 41, — ne sait pas en imposer aux Corses, 41-61, — preuves de sa bonté, 43, — établit un armistice avec Paoli, 47-101, — évacue quelques places, 47, — sa conduite équivoque avec les bandits, 60-66-68, — met la tête des bandits à prix, 61, — montre son embarras, 64, — passe en France, 64, — on ne parle plus de son retour, 65, — repasse en Corse, 68, — change de conduite avec les Corses, 68, — passe d'un excès de douceur à un excès de sévérité, 71, — agit hostilement avec Paoli, 75-101, — ménage peu Paoli, 74, — ce qu'il pense des Corses si on parvient à les civiliser, 188.

Mariana (ville de), est brûlée par les Sarrasins, 88, — sa position géographique, ses ruines, 107, — sa fondation, 127, — érection de son évêché, 159.

Marius, consul romain, 127.

Maîtrise des eaux et forêts, 55, — ses procédés injustes, 57, — fait fabriquer du charbon, 57.

Maréchaussée (la), est comme inutile, 60, — ses fonctions sont remplies par les Volontaires de Buttafoco, 60.

Mécontentement des troupes sur la conduite de M. de Marbeuf, 40.

Mécontents (les), se révoltent dans le Niolo, 29, — mettent les armes bas, soixante sont exécutés, 29, — époques où ils font véritablement la guerre aux Génois, 44-45-91-92, — reprennent les armes contre les Génois, 45, — reprennent les armes, 46, — le nombre des mécontents augmente, 59, — aventure de Finale, et d'un receveur des impôts, 91, — se soulèvent contre Sinucello, 86, — se révoltent sous leur chef Sambucuccio, 86, — se révoltent sous la conduite de la Rocca, 87, — se révoltent sous Sampiero de Bastelica, 88-89, — cause de leur première révolte sous Pompiliani, 90-91-92, — s'emparent de Corte, et élisent pour chefs Andrea Ceccaldi, Luigi Giafferi, Domenico Raffaelli, 92, — se soutiennent contre les Impériaux, 93, — reprennent les armes sous Maldini et s'emparent de Corte, 94, — élisent pour chefs Ceccaldi, Hyacinthe Paoli, Luigi Giafferi, 94, — négocient avec M. de Boissieux, 97, — reprennent les armes, 97, — sont soumis par le maréchal de Maillebois, 98, — reprennent les armes sous Gafforio et Matra, 98, — reprennent les armes sous Rivarola, 99, — font le siége de Bastia sous Gafforio, aidés des Piémontais, 99, — se divisent entre eux, 99-100.

Merles, 152.

Mémoires de M. de Cursay, 1.

Monte Rotondo, une des plus hautes montagnes de la Corse, 132.

Monteynard (marquis de), 30, — écrit indécemment contre les troupes, 41, — obtient le gouvernement de la Corse, 42-58, — écrit à M. de Marbeuf et aux troupes, 60, — est remercié, 63.

Moines (les), leurs couvents, 161, — leur ignorance, 161, — leur ascendant sur les esprits, 161-162-169-183, — leur fourberie, 162, — sont séditieux, 162, — leurs mœurs, 162-163, — se mêlent de presque tous les mariages, 176.

Mouillage de St-Nicolas, 117.
— de la Mortella, 117.
— de Porto, 114.
— de Girolata, 114.
— de Bitorsima, 112.
— de Porto piano, 112.
— de Porto polo, 112.
— de Sagone, 113.

Moyens mis en usage pour acquérir la Corse, 43.

Muffoli (les), 152.

Muy (chevalier du), est fait ministre de la guerre, 64.

Muratori, ce qu'il dit des Corses, 24.

N

Nonza (village de), sa situation, 118.

Narbonne (comte de), remplace M. de Marbeuf, 29-64, — arrive en Corse, 64, — veut détruire les bandits, 65, — fait sommer les bandits de se rendre, 65, — fait brûler les maisons des bandits, 65, — fait chasser leurs femmes et leurs enfants, 65, — fait arrêter tout ce qui a quelques relations avec les bandits, 65, — punit les moindres fautes, 65, — fait arrêter les plus proches parents des bandits, 66, — fait poursuivre Champalini, 67, — fait vivre les troupes à discrétion, 67, — sa fermeté et sa justice remettent l'ordre, — 68-196, — passe en France

regretté des troupes et des habitants, 68, — reçoit le titre de premier baron de la Corse, 68, — fait sortir de Livourne Clemente Paoli, 75.
Nugulo, roi de Corse, 83-84.

O

Oliviers (les), 137-138, — exemple de culture, 138, — perte annuelle des olives, 138.
Orticoni (chanoine), est agent des Corses à Livourne, 95, — envoie le baron de Neuhoff en Corse, 95, — capitule avec M. de Boissieux, 97.
Ornano (Sampiero di Bastelica dit d'), 88, — est fait colonel des Corses, 88, — épouse Vannina d'Ornano, 88, — engage Henri II à se saisir de la Corse, 44-88, — passe en Corse, 89, — est assassiné par Vittolo, 89, — deux de ses descendants sont faits maréchaux de France, 88.

P

Patrizj, capitaine dans Royal-Italien confère avec Gafforio, 17.
Paomia (pays de), 124-128.
Paoli (Pascal), gouverne la Corse, 31, — passe en Angleterre, 31-52-75, — fait passer de l'argent à son frère, 31, — tire des subsides d'Angleterre, 33-34-38, — est élu capitaine général, 100-183, — sa sage administration, 46-100-156, — de son administration, 47-156, — son éducation, 47, — situation de la Corse sous son administration, 48, — corrige quelques abus, 48-49-50, — fait des lois et les fait observer, 49, — a peu de talents militaires, 49, — change le gouvernement des Corses, 50, — s'aliène la noblesse Corse, 51, — craint d'être assassiné, 51, — se ménage une retraite, 51-52, — rejette les propositions de la Cour, 52, — est joué par M. de Buttafoco, 74, — sacrifie sa nation à ses vues, 74, — est peu ménagé par M. de Marbeuf, 74, — assemble sa nation, 75, — s'embarque à Portovecchio, 75.
Paoli (Hyacinthe), 183.
Paoli (Clemente), se retire à Livourne, 31-52-75, — profite de la fermentation des esprits, 32, — fait passer en Corse trois de ses chefs de parti, 32, — achète des munitions avec l'argent de M. de Marbeuf, 32, — fait passer 150 bandits en Corse, 32-37-38, — envoie des chefs et des bandits en Corse, 60, — est forcé de se retirer à Pise, 76.

Pieve, signification de ce mot, 160.
Pinne marine, 153.
Piémontais (les), font le siége de Bastia, 1-3-45-99, — leur départ, 16-100.
Pisans (les), perdent la Corse en voulant l'imposer, 70-86, — sont chassés par les Génois, 85, — reçoivent la Corse du St-Siége, 85-105, — rendent la Corse au St-Siége, 86.
Philippini, ce qu'il dit des Corses, 88.
Patriotes (les), signification de ce mot, 75.
Pinarius, préteur romain, 82.
Papirius Maso, romain, 82.
Pascal, pape, 84.
Plage de Farinole, 118.
— de Negro, 118.
— de la Mortella, 117.
— de Sta-Giulia, 109.
— sans nom, 108.
— de Roccapina, 111.
— de Barbarina, 111.
— de Porticciolo, 112.
— de Sant'Antonio, 113.
— de Calcatoggio, 113.
— de Sagone, 113.
— de Scalo Greco, 114.
— de la Renella, 115.
— d'Algajola, 116.
— d'Algo, 116.
Pline, ce qu'il dit des Corses, 82.
Pluies abondantes, 141-147.
Praslin (duc de), nomme aux charges de la marine, 53-69, — établit un bureau d'amirauté, 55, — sa réponse à l'égard de Madame de Chauvelin, 73.
Procope, ce qu'il dit des Corses, 83-150.
Petriconi, se retire du service, 37, — cherche à perdre M. le comte de Marbeuf, 43-68.
Passages des Monts, 119.
Pievano (le), 160-161.
Podestat (le), 55, — aventure d'un podestat, 55-56, — ses fonctions, 154-155-158.
Pères du commun (les), 158.

Poissons d'eau douce, 133-134.
Poissons d'eau salée, 135.
Population de la Corse, 163-164-165.
Portovecchio (ville de), sa situation, sa population, son commerce, ses fortifications, son port, 109-126.
Port de Figuari, 111.
— de Sagone, 113.
— de Provenzale, 113.
— de Galeria, 115.
— de Fournache, 117.
— de Centuri, 118.
Pradine, intendant de la Corse, 55-56.
Prévôté (la), 54.
Productions de la Corse, 135.
Province d'Aleria, 119-123-124.
— d'Ajaccio, 120-124.
— de Bastia, 119-121.
— de Balagna, 119-121.
— de Bonifacio, 121-126.
— de Calvi, 119-122.
— de Corte, 119-122-126.
— du Cap-Corse, 119-120.
— de Nebbio, 119.
— de Sartene, 120-125.
— de Vico, 120-124.
Prusse (le roi de), ce qu'il dit des Corses, 24-192.

Q

Quenza (village de), 7.

R

Relations (les), se contredisent sur la Corse, 1-71-190.
Règlements garantis, 3-4-5-7-8-9-10-12.
Révolte du Niolo, 25-29-64, — motifs de la révolte, 30-69, — éclate en mai, 32-38.

Régie des vivres, 54.
Révolutions de la Corse en abrégé, 81.
Rivarola, génois, passe en Corse, y suscite des troubles, 99, — est élu généralissime des Corses par son parti, 99, — prend le château de Bastia, 99, — passe en Sardaigne, 99, — repasse en Corse et y meurt 100.
Rivière de Secco, 116.
— d'Ostricone, 116-122.
— d'Alesani, 124.
— d'Abbatesco, 124.
— de Gravone, 133.
— de Bravone, 107-124.
— de Bambino, 116.
— de la Restonica, 123-132.
— de Fiumorbo, 118-132.
— de Fiumalto, 121-133.
— de la Novella, 122.
— de la Regina, 122.
— de Sagone, 114.
— de Tagnone, 124.
— de Chebbia, 124.
— de Travo, 108.
— de Valinco, 112-133.
Royal italien, envoie des piquets en Corse, 45.
Romains (les), tributs qu'ils imposent aux Corses, 82, — bâtissent les villes d'Aleria et de Mariana, 127, — leur tyrannie envers la Corse, 195, — actions valeureuses, 198, — différence de leurs descendants, 198.
Rousseau (Jean-Jacques), ce qu'il des Corses, 24-190.

S

Sambucuccio, est fait chef des Corses, 45.
Sartene (ville de), sa situation, ses ruines, 126.
St-Florent (ville de), sa position géographique, sa description, sa population, son commerce, ses fortifications, 117.
Sagone (ville de), sa position géographique, ses ruines, 113-114-159.
Sarrasins (les), brûlent et saccagent la Corse, 57-85-127, — Lanza Ancisa s'empare de la Corse, 83-195, — Hugues Colonna les chasse de la

Corse, 83-84, — Nugulo les soulève contre Bianco Colonna, 84, — Nugulo est tué, 84, — Abdala se met à leur tête, 84, — tributs qu'ils paient au St-Siége, 84.

Salz, sa compagnie de grenadiers est détruite, 75.
Sansonetti, guerre de famille à famille, 184.
Sampiero de Bastelica (voyez Ornano).
Sénèque, ses écrits sur la Corse, 23-192.
Scipion, romain, fait la conquête de la Corse, 82.
Sinucello, commissaire général de Gênes en Corse, 86.
Sources minérales, 132-133-134.
Sylla, dictateur romain, fonde la ville d'Aleria, 127.
Strabon, ses écrits sur la Corse, 22.
S..... (Madame), exemple de la sujétion des femmes Corses, 177.
Statuts de Corse, 154.

T

Tarentule (la), 153.
Tarenta (la), 153.
Traité de cession de la Corse, 31-34.
Tableau des pertes annuelles dans les hôpitaux de la Corse, 77-78.
Tite-Live, ce qu'il dit des Corses, 82.
Thermomètre (le), son élévation en Corse, 147-148.
Théodore, roi Corse, aborde en Corse, 95, — sa vie, 95, — est couronné, 96, — s'évade et est arrêté à Amsterdam, 96, — son neveu passe en Corse avec des munitions de guerre, 97, — se met à la tête d'un faible parti, 98, — son neveu reste en Corse, 98, — Théodore repasse en Corse sans succès, 98, — il passe à Londres où il meurt, 98.
Tour d'Aleria prise par les mécontents, 95-107.
— de Tollare, 104.
— de l'Agnello, 104.
— de la Chiapella, 104.
— de Macinaggio, 104.
— de Meria, 104.
— de Santa-Severa, 104.
— de Cagnano, 104.
— d'Iossa, 105.
— di Ampuglia, 105.
— d'Erbalunga, 105.

Tour de Vasina, 105.
— de Miomo, 105.
— de Grisone, 105.
— de Pietra Negra, 105.
— de Toga, 105.
— de Jesuiti, 105.
— d'Arco, 106.
— de San Pellegrino, 107.
— de Padulella, 107.
— de Prunete, 107.
— de Florentino, 107.
— de Bravone, 107.
— de Diana, 107.
— de Solenzara, 108.
— de Fautea, 108.
— de St-Cyprien, 108.
— della Sponsaglia, 109.
— de Santa Manza, 109.
— d'Olmeto, 111.
— de Roccapina, 111.
— de Tizzano, 111.
— de Senetose, 111.
— d'Aille, 112.
— de Portopolo, 112.
— du Cap Negret, 112.
— de Capannella, 112.
— de Sanguinaire, 113.
— de Fieno, 113.
— Provenzale, 113.
— de Palmentogio, 113.
— de Capiola, 113.
— de Sagone, 113.
— de Carghese, 114.
— d'Orchino, 114.
— de Capo Rosso, 114.
— de Porto, 114.
— de Girolate, 114.
— de Gargana, 114.
— de l'Elbo, 115.
— de Galeria, 115.

Tour de Caldano, 115.
— de l'Ile-Rousse, 116,
— de Lozari, 116.
— de la Mortella, 117.
— de Vecchiara, 118.
— de Negro, 118.
— de Nonza, 118.
— sans nom, 118.
— de Centuri, 118.
— de Sénèque, 127.

Théophraste, ce qu'il dit d'un vaisseau construit avec des bois de la Corse par les Romains, 145.

Thermes (maréchal de), fait la conquête de la Corse, 44-88.

Tressan, premier président du Conseil supérieur, 55, — réponse d'un podestat, 56, — sa conduite ridicule, 56, — il cabale et est rappelé, 56.

Totila, les Goths s'emparent de la Corse, 83.

Tournésis, (régiment de), passe en Corse avec M. de Cursay, 47.

V

Vaux (Marquis de), fait la conquête de la Corse, 1-52, — commande en Corse, 39, — est rappelé, 39, — obtient le gouvernement de la Corse, 52-53, — raisons de son mécontentement, 53, — avait déjà commandé dans la Balagne, 53, — son plan d'administration, 53, — son plan n'est pas accepté, 53-54, — son plan justifié par la conduite de M. de Cursay, 54, — ce qu'il avait prévu sur l'administration arrive, 55, — un de ses bons mots sur les Français qui passaient en Corse, 56, — demande son rappel, 58, — passe en Corse avec des troupes, 75-101.

Villages (des), 126-127.

Volontaires corses (les), font le service de la Maréchaussée d'une manière vicieuse, 60-61, — augmentent le nombre des mécontents et des bandits, 61.

U

Urbain II (le pape), donne la Corse aux Pisans, 85.

Urbain IV (le pape), les Pisans lui rendent la Corse, 86, — la donne à Alphonse, roi d'Aragon, 86.

W

Wachtendonck, général autrichien, passe en Corse avec des troupes, 93, — offre la paix aux mécontents, 93, — évacue la Corse avec ses troupes, 94.

Wurtemberg (duc de), 2, — passe en Corse avec les Autrichiens, 93, — évacue la Corse avec ses troupes, 94.

X

X*** (Madame de), abuse de la confiance de M. de Marbeuf, 36-37, — anecdotes, 38, — ses amours avec M. de Contades et M. le comte de Maillebois, 38, — ses amours avec M. de Cursay et M. de Marbeuf, 39, — son aventure avec M. Jadar, 39, — lui offre sa fille à sa place, 39, — sonde la générosité de M. Jadar, 39, — vend son jardin à vie à M. de Marbeuf, 40, — est peu considérée des Français et des Corses, 40, — protège les Corses contre les Français, 41-61, — son adresse a gagné la confiance des généraux, 42, — est peu considérée de M. de Marbeuf, 42, — nomme aux emplois, 59.

Y

Y*** (Madame), perd son mari, 182, — épouse M. d'A....., 185, — sa conduite avec M. Jadar, 39.

Y*** (Monsieur), conseiller, épouse Mlle de X***, 39.

FIN DE LA TABLE

ERRATA

page	5	ligne	13	au lieu de 1747	lire	1748 (*)
—	13	—	15	— rendaient	—	rendraient
—	32	—	28	— réparties	—	reparties
—	162	—	22	— dysenteries	—	dyssenteries
—	168	—	19	— dysenterie	—	dyssenterie
—	238	—	33	— sous	—	tous

(*) Toutes les fois que l'auteur parle de l'arrivée en Corse de M. de Cursay, il indique la date de 1747. C'est une erreur. M. de Cursay est arrivé à Bastia le 29 mai 1748.

Publications de la Société.

Bulletin de la Société des Sciences Historiques et Naturelles de la Corse, années 1881-1882, 1883-1884 et 1885-1886, trois vol., 724, 663 et 596 pages.

Lettres de Pascal Paoli, publiées par M. le docteur Perelli, deux vol., 600 et 752 pages.

Mémoires de Rostini, texte italien avec traduction française par M. l'abbé Letteron, deux vol., 482 et 588 pages.

Memorie del Padre Bonfiglio Guelfucci, dal 1729 al 1764, 1 vol., 236 pages.

Dialogo nominato Corsica del Rmo Monsignor Agostino Justiniano, vescovo di Nebbio, texte revu par M. de Caraffa, conseiller à la cour d'appel, 1 vol., 120 pages.

Voyage géologique et minéralogique en Corse, par M. Emile Gueymard, ingénieur des mines, (1820-1821), publié par M. J.-M. Bonavita, 1 vol., 160 pages.

Pietro Cirneo, texte latin, traduction de M. l'abbé Letteron, 1 vol., 414 pages.

Histoire des Corses, par Gregorovius, traduction de M. Pierre Lucciana, 1 vol., 168 pages.

Corsica, par Gregorovius, traduction de M. P. Lucciana, deux vol., 262 et 360 pages.

(Ces trois derniers volumes font partie du même ouvrage).

Pratica delli Capi Ribelli Corsi giustiziati nel Palazzo Criminale (7 Maggio 1746). Documents extraits des archives de Gênes. Texte revu et annoté par M. de Caraffa, conseiller, et MM. Lucciana frères, professeurs, 1 vol. 420 pages.

Pratica Mañuale del dottor Pietro Morati di Muro. Texte revu par M. de Caraffa, deux vol., 354 et 516 pages.

La Corse, Cosme Ier de Médicis et Philippe II, par M. A. de Morati, ancien conseiller, 1 vol., 160 pages.

La Guerre de Corse, texte latin d'Antonio Roccatagliata, revu et annoté par M. de Castelli, traduit en français par M. l'abbé Letteron, 1 vol., 250 pages.

Annales de Banchero, ancien Podestat de Bastia, manuscrit inédit, texte italien publié par M. l'abbé Letteron, 1 vol., 220 pages.

Histoire de la Corse (dite de Filippini), traduction de M. l'abbé Letteron, 1er volume, XLVII-504 pages.

Deux Documents inédits sur l'Affaire des Corses à Rome, publiés par MM. L. et P. Lucciana, 1 vol., 442 pages.

BULLETIN

DE LA

SOCIÉTÉ DES SCIENCES HISTORIQUES ET NATURELLES DE LA CORSE

PRIX DU BULLETIN :

Pour les membres de la Société, un an . . . **10 fr.**

ABONNEMENTS :

Pour la Corse et la France, un an . . . . **12 fr.**
Pour les pays étrangers compris dans l'union postale, un an. . . . . **13 fr.**
Pour les pays étrangers non compris dans l'union postale, un an . . . . **15 fr.**

NOTA. — Tout abonnement est payable d'avance, et se prend à l'année, du mois de janvier au mois de décembre.

S'adresser pour les abonnements à M. CAMPOCASSO, Trésorier de la Société, ou à la librairie OLLAGNIER, à Bastia.

Prix du fascicule : **3 francs**

www.ingramcontent.com/pod-product-compliance
Lightning Source LLC
Chambersburg PA
CBHW050339170426
43200CB00009BA/1659